山崎繁樹
野上矯介
著

臺灣史

楊鴻儒 譯

1600～1930

鴻儒堂出版社發行

裕仁皇太子來台紀念（1923年4月27日攝於總督官邸）太子右側是田總督，左側是福田司令官

樺山總督初次與原住民會面

學務官僚遭難之碑

芝山巖神社

鐵道飯店

台灣總督府專賣局台北煙草工場（上奎府四丁目一番地）

自序

日前與著者相聚時，談論如下的話題。

「有關臺灣的雜著相當多，但以歷史編纂的書籍卻很少見。」

「整本都是歷史的書籍可說連一冊也沒有，只偶爾看到雜纂中分散刊載史實而已。」

「吾等負責臺灣人的教育，如果連臺灣的歷史都不清楚，如何能從事教育指導，因此必須深入研究臺灣的歷史。然而做為歷史適當編纂的書籍卻一本也沒有，心中甚感不安。我倆在此商量，互相繼續調查研究史實，待大致有結論時就編成歷史。」

「其實我本身也感慨良深，日本人在面對臺灣人時，先理解他們才是第一要務。而理解他們必須先理解他們的歷史，探究他們的風俗、習慣、興趣、思想等。而且大體上來說，現在的臺灣人並不清楚臺灣的歷史，學校也沒教，因此從國小到中等學校的學生等以及青少年，不少人把今天臺灣文化進步的現狀誤以為只是過去的延續。並不了解往昔台灣曾被各國人佔領而受到壓迫，又遭受苛歛誅求等困苦的狀況，也不清楚當時臺灣的狀態如何。不只是青少年，就連相當年長者不僅不了解遙遠的過去，就連改隸前不久的情況都不清楚的人也不少。由此，今天在日本一視同仁的統治下，做為日本帝國的新臣民而深蒙恩澤，過著無憂無慮安穩的生活，可是感謝之念卻很淡薄而感到不滿足。這些都是因為不了解台灣的歷史，也就是不了解自己的歷史所致。」

「確實如此，遙遠的過往又當別論，從改隸始政後三十年間，教育的普及、產業的發達、交通的進步、都市設施的改善、衛生設備的充實、生活的提升等如何變遷推移一直到現在，如果不了解這些，感謝之情、感恩之念自然淡薄。」

「不只台灣人，就連日本人也應把臺灣做為日本帝國的防衛關卡、殖產的樞區，從國防上、實業上著眼的同時，啟導化育住民，在諸般的經營上帶來好結果才行。為此，首先必須對有關臺灣的歷史沿革具備一貫的知識。」

「歷史原本是縱向的記述，地理是橫向的記述，因此把兩者混為一談不僅有困難，而且又無趣，但如果要編纂歷史，把改隸後在地理上應敘述的有關統治、教育、殖產、貿易、交通等事項一併記入史實也是不得已的。」

「這是理所當然，從始政後三十年間地理性事項變遷推移的狀態來了解現況是絕對必要的。而且歷史並無所謂今日的歷史或明日的歷史，但仍須歸納推論將來的趨向以做為敘述的結論。」

以上的對話，其實是編纂本書的動機，付諸實現的始末。

想起來，臺灣因孤懸於南荒的海洋，故直到比較近代才為世界所知，也不過僅距今約三百餘年。在此期間，前一百餘年相繼被西班牙、葡萄牙、荷蘭或鄭氏等佔領佔據，在渾沌殺伐中度過，後二百餘年則在前清的治理下，被視為蕞爾小島，又以化外的蕃夷被疏離，以擁有生蕃的難治地區為人所懼怕，以致這個日本南方的富庶台灣長期被忽略，鎖住天府之秘鑰，全島的真相不為世界所知，政治長久弛廢，住民無生色，但改隸後在日本一視同仁的統治下，庶政大舉提升，建設成為文物燦然的日本的台灣，這是全島四百萬民眾值得慶賀之事。如此，臺灣本島絕不缺乏黑暗面與光明面的史實材料。然而已出版的有關臺灣的著書雖不少，但多半是特殊的書籍，要不是僅止於局部的觀察調查，或是專門的學術性研究，否則就是由探險家旅行者等撰寫而成的斷簡零墨，在這當中可能有加入古來史蹟的書籍，但不僅詳彼疏此、繁簡不宜，而且多半是片斷又雜亂無章，體裁整齊把重點置於史實上一貫敘述，以精確歷史所編纂的書籍，迄今尚未問市，甚感遺憾。據聞，前不久才設置台灣總督府史料編纂委員，這些委員雖各自分擔從事某種程度的史料調查，但可能因某種原因而中止。如精確的修史事業，需要時日、費用，也需要人材，因此以個人的工作來說當屬不易，為保持史實的正確性，做為官府的事業來進行最適當。著者在編輯本書期間，必須進入先史考古學性研究，因此親自前往東勢地方挖掘石器土器等，但依照這種進度不可能趕上，因此努力廣泛涉獵各方面的史實、國內外的圖書，蒐集正確的材料整理節項，敘述也以簡明平易為宗旨，以期釐清事實的脈絡關係，但草稿完成後一看，才發現不免有繁簡不宜之處，或散落雜駁的內容。終於事與願違，編著的成果與著者對臺灣歷史的熱心不相稱，因此不敢有向社會誇耀本書是權威歷史的野心。著者畢竟才疏學淺，以致無法達到完美的地步，因此盼他日能獲得社會各方的指正，改版而更有成就，或可達成本書的使命。倘若果真如此，著者既感安慰又光榮至極。

昭和二年（一九二七年）八月下浣　於台中橋仔頭的寓所

著　者　識

例言

一、依歷史順序編纂史實為主，儘可能避免史論及著者的主觀或持論推論等，除少數部分之外均未加上。

二、改隸日本以前的史實依年代整理順序、網羅排列，而和中國的年代一起併記日本的皇紀與西曆，以方便對照。

三、於改隸後也努力依時代別敘述事象，但加上自然地理性記述的結果，也產生與此旨趣無法一貫的部分。

四、做為地理性記述，刊載統治、貿易、交通、教育、生蕃的情況等，言及始政三十年間變遷推移的狀態與現況。

五、因把重點置於史實的立體，以致對地理性事象的平面記述有疏漏之處，這是編纂的旨趣上不得已之處。

六、查証史實所參考的書冊名稱，在此省略一一列舉，這是因其數量繁多且雜駁所致。

七、編纂本書的有關參考資料，承蒙臺灣總督府圖書館長並河直廣君、前台中州立台中圖書館長石井龍豬君、臺灣總督府殖產局大南蔗苗養成所屬下澤伊八郎君各位先生的大力協助，在此特書以表深厚的謝意。

目錄

第一篇　無所屬時代

第一章　臺灣與中華民族的來往……一

第一節　臺灣的名稱與起因……一

一　臺灣的異名……一

1 漢代以前的名稱　2 漢代的名稱　3 隋代後的名稱　4 明代後的名稱

二　臺灣名稱的起因……三

1 從東蕃轉化的說法　2 從東蕃記的臺員錯轉的說法

3 顏思齊命名臺灣的說法　4 荷蘭人命名的說法　5 從臺吾灣族錯轉的說法

第二節　臺灣史的起頭與中國人的經營臺灣……五

1 朱寬的渡臺　2 其後的狀況　3 經營臺灣　4 元朝設置巡檢司

5 明朝湯和的統治　6 鄭和與三保的來航　7 俞大猷的統治

第二章　臺灣與日本民族的來往……八
第一節　倭寇……八
一　倭寇的猖獗……八
1　臺灣是諸民族的混住地　2　倭寇的起源　3　騷擾朝鮮與明朝的倭寇
二　臺灣與倭寇……一〇
1　倭寇來臺　2　臺灣府志有關日本的記事
第二節　日本人在臺灣的史蹟……一一
一　臺灣與弘法大師及智證大師……一一
1　弘法大師　2　智證大師
二　臺灣與豐臣秀吉……一三
1　豐臣秀吉的大志　2　臺灣與御朱印船　3　豐臣秀吉招聘臺灣
三　臺灣與納屋助左衛門……一六
1　納屋助左衛門的奇利　2　有關納屋助左衛門的記事
四　臺灣與山田長政……一七
1　山田長政的成功　2　臺灣通史的記事
五　臺灣與德川家康……一八
1　接見蕃人　2　有馬晴信的探險　3　村上等安的征臺　4　日本甲螺

第三章　臺灣與歐洲民族的來往……二〇
第一節　歐洲人東進的由來……二〇
一　馬可波羅的見聞……二〇
1 在中國出仕　2 東方見聞的記事
二　發現印度航路……二一
1 產物豐富　2 鄂圖曼土耳其帝國的興起
第二節　葡萄牙人・西班牙人・荷蘭人的東航……二二
一　葡萄牙人的東航……二二
1 歐洲人東航之始　2 命名福爾摩沙
二　西班牙人的東航……二三
1 世界一周　2 馬尼拉
三　荷蘭人的東航……二四
1 巴達維亞　2 歐洲人的史蹟

第二篇　荷領時代

第一章　荷蘭的興起……二六
第一節　荷蘭的獨立與發展……二六
一　西班牙的富強與荷蘭的獨立……二六
1　西班牙的富強　2　荷蘭的獨立
二　荷蘭的強盛……二八
第二節　荷蘭東印度公司……二八
一　設立東印度公司……二八
1　設立公司的原因　2　設立公司的狀況
二　東印度公司的活動……三〇
1　東印度公司的日本貿易　2　東印度公司的爪哇經營
第二章　荷蘭佔領臺灣……三三
第一節　荷蘭襲擊澳門……三三
一　荷蘭的猖獗……三三
二　襲擊澳門的原因……三三

第二節　荷蘭佔領臺灣……三四
一　荷蘭佔領澎湖島……三四
1 第一次佔領　2 第二次佔領
二　荷蘭佔領臺灣……三六
1 熱蘭遮城與赤崁樓　2 當時的地形
第三章　荷蘭人的統治臺灣……四〇
第一節　東印度公司的臺灣經營……四〇
一　東印度公司的性質……四〇
二　東印度公司的委任統治……四〇
第二節　在臺荷蘭人與日本及中國的貿易……四一
一　與日本人的貿易……四一
1 關稅問題　2 荷蘭在日本的貿易
二　與中國人的貿易……四三
1 課稅　2 統治臺灣的基礎
第三節　荷蘭人的獎勵產業……四四
一　利用中國移民……四五

二　發展生產與振興工業……四六
1 移民的職業　2 巧妙利用
1 農產畜牛　2 開發臺灣本島的目的
第四節　荷蘭人的理蕃……四六
一　土蕃的撫化……四七
1 教化的區域　2 布教的方法　3 土蕃的歸服
二　土蕃的教育……五一
1 教化學童的程度　2 刷新土蕃教育
三　蕃地的開拓……五三
1 蕃地開發的方法　2 克拉依布伊斯的活動
第四章　西班牙人的佔據臺灣……五四
第一節　西班牙人的遠征臺灣……五四
一　佔據北部臺灣……五四
1 佔領基隆　2 佔領淡水
二　與荷蘭人的衝突……五五
1 北部臺灣的西班牙人　2 西班牙與荷蘭的衝突
第二節　西班牙人的經營臺灣……五七

一　西班牙人的臺灣教化事業……五七
1　教化之初　2　日本人傳教士
二　西班牙人的理蕃事業……五八
1　宗教感化　2　東部臺灣的理蕃
第五章　日荷人衝突的經緯……五九
第一節　衝突前日荷人在臺灣的根據地……五九
一　日本人在臺灣的根據地……五九
1　臺灣航路　2　白人的入侵
二　荷蘭人在臺灣的根據地……六〇
1　臺南的赤崁樓　2　安平的熱蘭遮城
第二節　柏原太郎左衛門的偉大功動……六二
一　在臺日本人的潛在勢力……六二
1　日本人居住南部　2　日本人居住北部
二　關稅問題的紛爭……六三
1　日本人的抗議　2　荷蘭領事的來日
三　扣押日本武器……六三
1　濱田彌兵衛的乘船　2　邀請土蕃

四　柏原太郎左衛門的英勇事蹟……六五
1　柏原太郎左衛門的渡臺　2　荷蘭領事的屈服
五　日荷政府的交涉……六七
1　領事努伊茲的來日　2　報復的效果
六　臺灣事件的誤傳……六九
1　誤傳的起因　2　事件的真相
第六章　荷蘭人的沒落……七三
第一節　日本人及中國人的反抗……七三
一　日本人的反抗……七三
二　中國人的反抗……七三
1　郭一儀的反抗　2　中國人的自強
第二節　經營臺灣的失敗……七四
一　經營臺灣的懈怠……七四
二　防備臺灣的薄弱……七五
1　要塞的不完備　2　東印度公司的怠慢

第三篇　鄭氏時代

第一章　鄭成功在日與鄭芝龍……七六
第一節　鄭芝龍與日本……七六
一　鄭氏的家系……七六
二　鄭芝龍的出生與赴日……七八
1　出生　2　赴日
三　鄭芝龍的誕生與遺蹟……七九
1　誕生　2　遺蹟
第二節　鄭芝龍與海盜……八二
一　鄭芝龍的據臺……八二
1　鄭芝龍的日本甲螺　2　臺灣外記的記事
二　鄭芝龍的侵略明朝……八三
1　弟鄭芝虎的抗明　2　鄭芝龍的攻明
第二章　鄭成功的赴明與遵奉明室……八五
第一節　掃蕩海盜與接回鄭成功……八五

一　劉香之禍……八五
二　鄭成功的渡海……八五
1 接回鄭成功　2 鄭成功的幼時

第二節　明室的危機……八七
一　李自成的劫掠……八七
二　愛新覺羅氏的興起與流寇的平定……八八
1 清太祖　2 流寇的平定
三　鄭芝龍的霸業……八九
1 遵奉明室　2 隆武帝與朱成功　3 田川氏的赴明
四　鄭芝龍的降清……九二
1 降清的原因　2 鄭芝龍與德川幕府的交往　3 田川氏的自刎
4 鄭芝龍的降清

第三節　鄭成功的孤忠……九六
一　擁立永明王……九六
1 鄭成功的忠誠　2 鄭成功向德川幕府請援
二　七左衛門的聲援……九七
三　鄭成功的經略南方……九八

1 鄭成功的施政　2 鄭成功的經略

第三章　鄭成功的渡臺與統治臺灣……一〇一

第一節　鄭成功的佔領臺灣……一〇一

一　佔領臺灣的動機……一〇一

1 必須另設根據地　2 在臺中國人內應鄭氏

二　佔領澎湖島與臺南附近的地形……一〇三

1 佔領澎湖島　2 臺南附近的地形

三　佔領臺灣……一〇四

1 攻擊熱蘭遮城　2 鄭荷議和條件

四　荷蘭人的反攻……一〇八

第二節　鄭成功的經營臺灣與經營呂宋……一〇八

一　鄭成功的經營臺灣……一〇八

1 施政的緒端　2 撫化土蕃　3 施行寓兵於農

二　鄭成功的經營呂宋……一一〇

1 教會維多利奧、里科西歐的使命　2 經營呂宋的失敗

三　鄭成功之死……一一二

1 鄭成功的憤死　2 開山神社的由來　3 國姓爺交戰 …… 一一七

第四章　鄭氏的末路

第一節　鄭經的統治臺灣 …… 一一七

一　鄭經的經營對岸 …… 一一七
1 鄭經鄭襲之爭　2 鄭經與清朝的交涉　3 鄭經的經營廈門
二　鄭經的經營臺灣 …… 一一九
1 臺政的革新　2 產業的勃興　3 獎勵文教　4 締結條約
三　鄭經的經營呂宋 …… 一二一
1 經營呂宋的宿願　2 反對經營呂宋
四　鄭經的沒落 …… 一二一
1 鄭經的意氣　2 鄭經的末路

第二節　鄭克塽的放棄臺灣 …… 一二三

一　鄭克塽與鄭克臧之不和 …… 一二三
二　清朝對鄭客塽的方略 …… 一二三
1 清佔領澎湖島　2 鄭克塽的降清　3 鄭克塽的經略呂宋
4 靖寧王的殉國

第五章　鄭氏的理蕃

第五章　鄭氏的理蕃……一二七

第一節　土蕃的理蕃……一二七

一　討伐土蕃……一二七
1 恩威並行主義　2 討伐的情況

二　土地的開拓……一二八
1 屯田法　2 開拓的效果

三　開拓的區域……一二九
1 鳳山瑯嶠地方　2 半線地方　3 竹塹地方　4 淡水地方
5 雞籠地方　6 水沙蓮地方

第二節　山蕃的理蕃與採金的計畫……一三〇

一　討伐山蕃……一三〇
1 討伐傀儡蕃　2 討伐斗尾龍岸蕃　3 西爾畢亞山的探險

二　採金的計畫……一三二
1 哆囉滿的探險　2 文獻記載的採金記事

三　各鎮屯田與守將的配置……一三三
1 各鎮屯田與莊名　2 臺灣的守將與配置

第四篇　清領時代

第一章　清朝的領有臺灣與治臺……一三七

第一節　清朝的領有臺灣……一三七

一　清朝領有臺灣的起源……一三七

1 姚啓聖與施琅的功績　2 鄭克塽的幼弱

二　清朝的臺灣棄保論……一三八

1 施琅的保留臺灣論　2 清朝的收攬民心政策

第二節　清朝的統治臺灣……一四〇

一　臺灣最初的統治政策……一四〇

1 招降政策　2 治臺政策

二　臺灣最初的統治機關……一四一

1 臺廈兵備道與道臺　2 臺灣府與臺防三縣　3 臺灣鎮臺與總兵

4 臺灣的國防計畫　5 總括臺灣統治機關　6 臺灣最初的統治

第二章　中國人遷居臺灣與開拓……一四九
第一節　中國人的遷居臺灣……一四九
一　遷居臺灣的由來……一四九
二　遷居臺灣的盛況……一四九
1　渡航臺灣的三禁　2　臺灣移民的戶口田園
第二節　中國人的開拓臺灣……一五四
一　中國人的開拓平地……一五四
1　臺北平原的開拓　2　下淡水平原的開拓
二　中國人的開拓蕃地……一五五
1　噶瑪蘭的開拓　2　埔里社的開拓　3　卑南奇萊的開拓　4　獎勵開拓蕃地
第三章　清朝的理蕃……一五九
第一節　對熟蕃（土蕃）的理蕃……一五九
一　土蕃的撫化……一五九
1　郁永河的理蕃意見　2　撫化的效果
二　劃定民蕃境界與保護土蕃……一六〇
1　劃定民蕃境界　2　保護土蕃

三 設立理蕃廳……一六一
1 理蕃同知的職掌 2 理蕃的效果
四 屯蕃的組織與熟蕃的漢族化……一六三
1 屯蕃的組織 2 熟蕃的漢族化
第二節 對生蕃的理蕃……一六四
一 劃界封鎖……一六四
二 開山撫蕃……一六五
1 開山撫蕃的開端 2 吳鳳與阿里山蕃 3 開山撫蕃的設施
第三節 清朝的蕃人教育……一六八
一 熟蕃的教育……一六八
1 土蕃教育的端緒 2 設立土蕃社學 3 土蕃社學的設施
二 生蕃的教育……一七〇
1 設立蕃童學堂 2 蕃童學堂的設施
第四章 臺灣的匪亂……一七三
第一節 臺灣匪亂多的原因……一七三
一 行政的腐敗與軍務的頹廢……一七三
二 各種土民的混住……一七三

三　1 鄭氏的遺民　2 海盜的追隨者　3 閩粵的械鬥
臺灣人好亂的思想……一七五
1 臺灣人的盜賊習癖　2 臺灣人的功利慾望　3 臺灣人的迷信信仰
4 臺灣風土的瘴癘
第二節　臺灣的十五匪亂……一七七
一　三大匪亂……一七八
1 朱一貴之亂　2 林爽文之亂　3 戴萬世之亂
二　其他的匪亂……一七九
1 吳球之亂　2 劉卻之亂　3 吳福生之亂　4 黃教之亂　5 陳周全之亂
6 高孌之亂　7 林永春之亂　8 楊良斌之亂　9 張丙之亂
10 林供之亂　11 吳差之亂　12 施九段之亂
第三節　清朝對匪亂的處置……一八二
一　劃界遷民之策……一八三
1 劃界遷民的意義　2 藍廷珍的反對
二　藍鼎元之策……一八四
1 厲行保甲制度　2 團練制度的組織　3 蕃界的經綸　4 政治的革新

第五章　臺灣的分類械鬥……一八六
第一節　分類械鬥的狀況……一八六
一　分類械鬥的起源……一八六
1 福建人　2 廣東人
二　分類械鬥的慘禍……一八七
1 莿桐腳事件　2 李通事件
三　分類械鬥的餘弊……一八八
1 匪徒的蜂起　2 公私的混淆　3 殺戮良民
第二節　分類械鬥的預防對策……一九〇
一　諭民策……一九〇
二　勸和策……一九一
三　機先策……一九一
四　共存策……一九一
第六章　臺灣的外患……一九三
第一節　西洋人的侵略臺灣……一九三
一　畢尼奧斯基的經營臺灣……一九三

二 1 討伐東方蕃地 2 臺灣拓殖的計畫 …… 一九五
三 亞羅號事件及廣西西林教案的餘波 …… 一九七
1 亞羅號事件與廣西西林教案的概要 2 英軍的襲擊安平
四 羅勃號事件 …… 一九九
1 羅勃號的遇難 2 里全德與庫阿爾蕃的交涉
五 密里西的經營南澳 …… 二〇〇
六 中法戰爭的餘波 …… 二〇一
1 中法戰爭的概要 2 庫爾貝的封鎖臺灣 3 劉銘傳的臺灣防備
第二節 中國人的侵略臺灣 …… 二〇五
一 蔡牽的入侵 …… 二〇五
二 朱濆的入侵 …… 二〇五
第七章 明治七年征臺之役 …… 二〇六
第一節 征臺的原因 …… 二〇六
一 牡丹社事件 …… 二〇六
1 漂流民的遇難狀況 2 楊友旺的義舉 3 琉球蕃民五十四名之墓

二 小田縣民被害事件……二一一
第二節 征臺的朝議及與清廷的交涉……二一二
一 征臺的朝議……二一三
1 大山綱良的奏請征臺 2 處理臺灣蕃地的意見
二 與清廷政府的交涉……二一四
1 副島種臣的赴清 2 朝議的分裂
第三節 征伐臺灣……二一五
一 征臺的準備……二一五
二 征臺軍的情況……二一六
1 石門之戰 2 蕃社總攻擊 3 授與歸順章
第四節 清廷對征臺的態度……二二〇
一 清廷的異議……二二〇
1 清廷異議的旨趣 2 西鄉都督的果斷
二 簽訂北京條約……二二一
1 談判的狀況 2 條約的要旨
三 征臺軍的撤退……二二二

第八章　劉銘傳的治績……二二四
第一節　政治的革新……二二四
一　政治機關的改造……二二四
1　臺灣省城的經營　2　臺灣省的設立
二　兵備的擴張……二二七
1　一改防臺方針　2　充實防備
第二節　確立經濟……二二九
一　整頓交通機關……二二九
1　開通鐵道　2　開通航路及道路　3　開通電信及郵政
二　提振殖產興業……二三一
1　獎勵特產品　2　獎勵各種產業
三　整理財政……二三二
1　清丈土地　2　改正租制　3　改善通貨
第三節　撫蕃的措施……二三四
一　設立撫蕃局……二三四
二　膺懲兇蕃……二三四
三　設立蕃學堂……二三五

1 教育的狀況　2 教育的結果
第九章　改隸前的教育・產業・交通・法制……二三九
第一節　改隸前臺灣的教育……二三九
一　學制……二三九
二　學校……二四〇
1 府縣儒學　2 書院　3 義學　4 社學　5 土蕃社學　6 民學
三　學宮（孔子廟）……二四二
1 孔子廟的構造　2 釋典
四　考試……二四四
1 屬於府縣儒學的考試　2 屬於書院義學的考試　3 考試的弊害
第二節　改隸前臺灣的產業……二四六
一　農業與林業……二四七
1 米　2 砂糖　3 茶　4 家畜　5 樟腦
二　礦業……二五一
1 煤炭　2 石油　3 砂金　4 硫磺　5 鹽
第三節　改隸前臺灣的交通……二五五
一　道路……二五五

二 鐵道……二五六
三 航路……二五六
四 驛遞……二五六
第四節 改隸前臺灣的法制……二五七
一 法律……二五七
1 成文法 2 慣習法與私刑
二 訴訟……二五八
1 告訴 2 預審 3 審判
三 刑具……二五九
1 枷號 2 械手 3 挾指 4 夾棍 5 皮鞭 6 短棍 7 竹板
第十章 統治臺灣的末路……二六二
第一節 對劉銘傳施政的反動……二六二
一 島民反抗的原因……二六二
1 急進的政治革新 2 地租的增徵
二 施九段之亂……二六三
1 原因 2 騷擾
三 帝國領事的報告……二六四

第二節　劉銘傳後的臺灣巡撫……二六五
一　邵友濂的統治……二六六
二　唐景崧的失政……二六六
1　臺灣防備的增置　2　建設臺灣民主國

第五篇　改隸時代

第一章　領有臺灣……二六九
第一節　甲午戰爭……二六九
一　甲午戰爭的梗概……二七〇
1　戰爭的原因　2　戰爭的經過　3　日清的講和
二　馬關條約……二七一
1　條約的要項　2　有關割讓地的廟議
第二節　臺灣的授受……二七三
一　臺灣授受前的情況……二七三
1　謠言與懸賞　2　清朝的苦肉計　3　臺灣民主國的獨立宣言
二　臺灣授受的情況……二七五

1 完成授受　2 授受的協定文
第二章　平定臺灣……二七七
第一節　平定澎湖群島……二七七
一　佔領澎湖群島……二七七
1 澎湖的三戰　2 施行民政
二　霍亂的流行……二八〇
第二節　平定臺灣全島……二八一
一　佔領北部臺灣……二八一
1 登陸澳底　2 佔領瑞芳　3 佔領基隆　4 佔領臺北淡水
5 佔領新竹　6 佔領尖筆山
二　佔領中部臺灣……二八五
1 佔領臺中　2 佔領彰化　3 佔領鹿港
三　佔領南部臺灣……二八七
1 佔領嘉義　2 佔領枋寮鳳山打狗　3 佔領臺南　4 佔領安平
四　佔領後島內的情況……二八八
1 北白川宮能久親王去世　2 匪徒的出沒
第三章　總督政治的緒端……二九〇

第一節　統治臺民……二九〇
一　領臺當時的政治……二九〇
1 始政紀念日　2 施行軍政
二　綏撫臺民……二九二
1 綏撫臺民的諭示　2 租稅蠲免的諭示　3 施行匪徒處罰令
4 桂總督．乃木總督的訓示　5 制定臺灣紳章條規　6 明治天皇的勅語
三　施行臺灣島民離去規定……二九五
1 離去臺灣規定的內容　2 臺灣島民編入日本國籍
第二節　領有臺灣的宣言……二九六
一　有關日西兩國境界的宣言……二九六
二　對訂盟各國的宣言……二九七
三　對在臺各國領事的宣言……二九七
第四章　樺山總督的治績……二九九
第一節　整頓內治……二九九
一　確立鴉片制度……二九九
1 吸食鴉片的由來　2 吸食鴉片流入臺土　3 漸禁鴉片　4 發布鴉片令
5 國際鴉片問題

二　改正度量衡制度……三〇三
1　清朝式的度量衡　2　日本內地式的度量衡
三　確立裁判制度……三〇五
1　軍政時代的裁判　2　民政時代的裁判
第二節　諸般的施政……三〇六
一　開始日臺航路……三〇六
1　開始命令航路　2　驅逐道格拉斯輪船
二　設置監獄……三〇七
1　設置十三處監獄　2　改廢監獄則
三　文化的設施……三〇八
1　設立醫院　2　設立學校
第五章　北白川宮能久親王的治績……三一〇
第一節　北白川宮親王的簡歷……三一〇
一　系譜……三一〇
二　簡歷……三一二
1　明治以前　2　明治以後
第二節　北白川宮親王在臺灣的治績……三一三

一 平定土賊……三一四
1 登陸澳底 2 進入臺北城 3 南進 4 進入臺南城
二 北白川宮親王生病……三一九
1 去世 2 臺南遺跡
第三節 北白川宮親王的威德……三二一
一 英勇仁慈……三二一
二 學問豐富……三二二
三 臺灣神社的由來……三二三
第六章 平定土匪……三二五
第一節 領臺後蜂起的土匪……三二五
一 北埔事件……三二五
1 暴動的原因 2 襲擊北埔支廳 3 鎮定匪徒
二 林圯埔事件……三二七
1 暴動的原因 2 襲擊頂林警察官吏派出所
三 土庫事件……三二八
1 暴動的原因 2 發覺陰謀
第二節 大正後興起的土匪……三二九

一　苗栗事件……三三〇
1 暴動的原因　2 五起事件的結合　3 襲擊東勢角支廳　4 羅福星的失勢
二　六甲事件……三三三
1 暴動的原因　2 進擊六甲支廳
三　西來庵事件……三三四
1 暴動的原因　2 首魁余清芳與副將江定羅俊的出身　3 嘯集匪徒與發覺陰謀
4 襲擊甲仙埔支廳　5 襲擊噍吧年支廳　6 鎮定匪徒
第七章　改革官制……三四〇
第一節　行政設施……三四〇
一　行政組織的變遷……三四〇
1 置縣時代　2 置廳時代　3 置州時代
二　行政形式的變遷……三四三
1 從軍政到民政　2 從武官總督到文官總督
第二節　行政機關……三四四
一　臺灣總督府……三四四
1 臺灣總督府職制的變遷　2 臺灣總督的職權
二　公共團體……三四九

1州　2廳　3市與街庄

第八章　佐久間總督的理蕃與現在的對蕃政策……三五三

第一節　理蕃政策的變遷……三五三

一　綏撫時代……三五三

1樺山總督與水野民政局長的諭示　2設立撫墾署

二　中止時代……三五五

1廢止撫墾局　2決定理蕃大綱

三　討伐時代……三五六

1分立蕃務本署　2膺懲蕃社

四　威撫時代……三五七

第二節　佐久間總督的討伐……三五七

一　對未歸順蕃人的處置……三五八

1隘勇線的意義　2推進隘勇線

二　討伐蕃社……三六〇

1威壓六蕃社　2討伐的結果

第三節　現在的理蕃政策……三六二

一　撫育蕃人……三六三

1 授產　2 教化　3 醫療　4 交易　5 觀光與拍攝影片
二　威壓蕃人 …… 三六八
1 配置警備線　2 警察航空隊的威脅　3 討伐蕃社
三　蕃人難以駕馭的理由 …… 三六九
1 蕃人的智識低　2 蕃人被迷信所惑而盲動
3 蕃人富尚武的氣息而不怠忽訓練　4 蕃人利用險惡的地形且擅長山地戰
第九章　教育的發達 …… 三七三
第一節　臺灣教育的濫觴 …… 三七三
一　芝山巖學堂 …… 三七四
1 開始日語傳習　2 芝山巖事件　3 芝山巖合祀
二　伊澤修二先生的功績 …… 三七八
1 開拓臺灣教育　2 辦學設施　3 著手生蕃教育
第二節　教育的普及 …… 三八四
一　教育機關的設立及其變遷 …… 三八四
1 日語學校　2 日語傳習所　3 師範學校　4 中學校　5 高等女校
6 實業學校　7 高等學校　8 專門學校　9 其他的教育機關
二　日語的普及 …… 三八八

1 日語必須普及的理由 2 臺灣教育的三大系統……三九〇
第三節 教育的發達……三九〇
一 臺灣教育制度的三大變遷……三九〇
1 差別時代 2 過度時代 3 共學時代……三九一
二 臺灣教育的概況……三九一
三 對岸教育的概況……三九四
第十章 產業的發達……三九五
第一節 農業……三九五
一 主要農產品……三九五
1 米 2 香蕉 3 甘蔗 4 茶 5 甘藷
二 農業設施……三九九
1 農會 2 米穀檢查所 3 植物檢查所 4 養蠶所 5 種畜支所
6 獸疫血清製造所 7 業佃會與農事實行小組和
第二節 林業……四〇〇
一 主要林產品與森林的分布……四〇一
1 主要林產品 2 森林的分布

二　二總督與三森林……四〇二
1　佐久間總督與阿里山森林　2　安東總督與八仙山、濁水溪二森林
三　林業設施……四〇四
1　造林　2　伐木　3　林野調查與林野取締
第三節　礦業……四〇五
一　主要礦產品……四〇五
1　煤炭　2　金　3　銅　4　石油　5　硫磺
二　礦業設施……四〇七
1　礦產及地質調查　2　獎勵石油礦業
第四節　水產業……四〇八
一　漁業……四〇八
1　主要漁獲品　2　採取珊瑚貝類及石花菜
二　水產製造業……四〇九
1　乾鹹魚　2　製鹽
三　養殖業……四一〇
1　鹹水池養殖　2　淡水池養殖
四　水產設施……四一〇

1 漁業試驗船　2 養殖試驗所　3 海洋調查
第五節　工業……四一一
一　臺灣的二大工業……四一一
1 製糖業　2 製茶業
二　各種工業……四一三
1 機械及器具工業　2 纖維工業　3 化學工業　4 食品工業　5 其他工業
第十一章　交通的發達……四一六
第一節　陸上交通……四一六
一　道路……四一六
1 縱貫道路　2 蕃界道路　3 橋樑　4 特殊的交通工具
二　鐵道……四一八
1 縱貫鐵道　2 其他的官線　3 阿里山鐵道　4 製糖公司線
5 輕便臺車軌道
第二節　水上交通……四二二
一　海運……四二二
1 基隆神戶線　2 高雄橫濱線　3 沿岸線　4 華北線　5 華南線

6 南洋線
二 築港……四二三
1 基隆築港 2 高雄築港 3 蘇澳築港 4 海口築港
第三節 郵政……四二六
一 改隸前的郵政……四二七
1 郵政 2 電信
二 改隸後的郵政……四二八
1 郵政 2 電信 3 電話
第十二章 財政與金融……四三一
第一節 臺灣的財政……四三一
一 兒玉總督的財政政策……四三一
1 土地調查 2 實施專賣制度 3 制定事業公債法
二 財政的獨立與發達……四三五
1 財政的獨立 2 財政的發達
三 發行彩票……四三九
1 發行彩票的原因 2 發售彩票
第二節 臺灣的金融……四三九

一　金融機關……四四〇
1 銀行　2 信用組合　3 互助信貸公司與產業獎勵資金
二　幣制……四四二
1 改隸前的幣制　2 改隸後的幣制
第十三章　蕃人與土俗……四四五
第一節　熟蕃……四四五
一　平埔蕃……四四五
1 平埔蕃的分布　2 平埔蕃的土俗　3 平埔蕃的大遷徙
二　南世蕃……四四九
1 南世蕃的分布　2 南世蕃的土俗
第二節　生蕃……四五〇
一　生蕃的分布與蕃情……四五〇
1 生蕃的分布　2 蕃情
二　生蕃的土俗……四五三
1 衣服　2 裝飾　3 家屋　4 食物　5 生業　6 刑罰
7 生產　8 婚姻　9 疾病　10 死亡　11 馘首

第十四章　田總督與確立自治制……四五六
第一節　施行自治制……四五六
一　田總督的施政方針……四五六
1　第一次訓示　2　第二次訓示
二　修正地方制度與設置協議會……四五八
1　修正地方制度　2　設置協議會
第二節　確立自治制……四五九
一　六三問題的處置……四五九
1　六三問題的由來　2　解決六三問題
二　設置臺灣評議會……四六一
1　臺灣評議會的官制　2　臺灣評議會的運作
第十五章　臺灣的民俗……四六三
第一節　臺灣的住民……四六三
一　臺灣人的分布……四六三
1　閩族　2　粵族

二　臺灣人的風土適應……四六六
1 在文獻出現的臺灣風土　2 風土適應的時效
第二節　臺灣人的民俗……四六八
一　生活的樣式……四六八
1 儀容　2 食物　3 住屋
二　宗教……四七〇
1 儒教　2 道教　3 佛教（中國式）　4 齋教　5 基督教（西洋人傳道）
6 神道　7 佛教（日本式）　8 基督教（日本人傳道）
三　迷信……四七三
1 巫覡　2 術士
四　興趣……四七四
1 音樂與雜念　2 文學　3 藝術
第十六章　文化運動與臺灣議會……四七六
第一節　文化運動的端緒……四七六
一　臺灣人的思想……四七六
1 同化主義　2 民族自決主義　3 大亞細亞主義　4 無主義
二　實現文化運動……四七六

第二節　文化協會與臺灣議會……四八〇
1 臺灣同化會的設立　2 私立中學校的設立計畫
3 六三撤廢期成同盟會的組織　4 後援高砂青年會
一　文化協會……四八〇
1 文化協會的動態　2 文化協會的使命　3 公益會的對立
二　臺灣議會的請願……四八二
1 臺灣議會請願的旨趣　2 臺灣議會請願的謬誤
第十七章　日臺蕃的種族關係……四八五
第一節　從種族上來看日臺蕃……四八五
一　近代日本人……四八五
1 舊蝦夷族　2 南通古斯族　3 印度支那　4 印度尼西亞族
5 尼格利陀族　6 漢族
二　臺灣人……四九〇
1 印度支那族　2 印度尼西亞族
第二節　日臺蕃的連鎖……四九三
一　考古性調查……四九三

1 依據銅鐸與石斧的形狀　2 依據土器的圖案
二 民俗性調查……四九六
1 依據相撲　2 依據打陀螺　3 依據栽培稻米
第十八章　融合同化與統治制度……四九九
第一節　同化本島人的前提……四九九
一 板垣退助的同化會設立計畫……四九九
1 在臺日本人的有志之士對同化會的質疑　2 同化問題的夢想
二 明石總督的同化主義……五〇〇
1 在施政方針中出現的同化主義　2 在諭告中出現的同化主義
三 整頓統治制度……五〇二
1 各國殖民地制度的概要　2 在臺灣確立自治制的根本
第二節　同化島民的可能性……五〇四
一 同化島民的可能性……五〇四
1 民族精神　2 經過長久歲月後能實現同化
二 母國人的心理準備……五〇六

第一篇　無所屬時代（西元一六二四年以前）

第一章　臺灣與中華民族的來往

第一節　臺灣的名稱與起因

記述臺灣的歷史時，必須先了解臺灣自古以來被稱呼過哪些名稱，以及臺灣這個名稱是如何產生的，因為這是臺灣史的出發點。

一　臺灣的異名

以下記述臺灣自古以來被稱呼過哪些名稱。

1　漢代以前的名稱

遠在秦代時所謂的島夷、東夷、海夷或夷州、東鯷等，可能就是指臺灣而言，在後漢書東夷傳記載：「會稽海外有冬鯷人、分為二十餘國、又有夷州澶州、傳言秦始皇帝遣方士徐福、將童男女數千人、入海求蓬萊神仙不得徐福畏誅遂止此州」。

2　漢代的名稱

漢代以大寃國聞名，可能就是指臺灣。

3　隋代後的名稱

進入隋代，併稱臺灣與澎湖琉球為琉球，依據文獻通考的記錄，「琉球國在泉州之東有島曰澎湖煙火相望水行五日而至」，但所謂的琉球即指琉球（沖繩列島）有獨立的中山王，因統治該地，受明朝冊封等，而把沖繩稱為大琉球，臺灣稱為小琉球來區別。現在臺灣西南的海中有一座渺小的小琉球島嶼，其實就是遺留下來的名稱。

4　明代後的名稱

僅從以上記述就了解臺灣被稱呼過各種名稱。從明代起稱為東蕃、臺員，尤其鄭氏統治臺灣後稱為東都或東寧，但鄭氏亡後又再恢復臺灣的名稱。葡萄牙人稱臺灣為「福爾摩沙」，又日本在戰國末德川幕府初期遠征該地方後，很多人為了貿易等渡航來此，多數稱為高沙或塔伽沙古，永祿二年豐臣秀吉托原田孫七郎送到台灣的書簡中記載的高山國，即是臺灣，有一種說法，塔伽沙古是現在高雄（舊名打狗）附近叫做塔伽沙古社成為名稱的由來，也有一說是日本人出入的港稱為打狗港土名「打狗山仔」，以訛傳訛所致，總之塔伽沙古日後變成臺灣全島的名稱。蕃人把臺灣稱為巴庫汪，臺灣本島人則稱為貝岡或貝岡多。

二　臺灣名稱的起因

以上列舉臺灣的異名，其次敘述所謂臺灣的名稱是如何產生的。所謂臺灣名稱的起源，有如下五種說法。

1　從東蕃轉化的說法

如上所述，在明初臺灣被稱為東蕃，所謂東蕃就是東方的蕃民之意，何喬遠的閩書記載：「東蕃夷不知所自始居，澎湖外洋島中、起魍港加老灣、打鼓嶼、小淡水、雙溪口、加里林、沙巴里、大幫坑皆居也，斷續千餘里種類甚蕃」，此東蕃一詞同樣在明萬曆年間錯轉為TAIWAN的音，初期以臺員、大冤、臺灣等文字充當，最後定為臺灣的文字。

2　從東蕃記的臺員錯轉的說法

記載明代周嬰遠遊篇的東蕃記中寫成臺員，而臺灣即是臺員的錯轉。在瀛儒百詠序中記載：「至明季、莆田周嬰遠遊篇、載東蕃記一篇稱其地為臺員蓋閩音之偽也，臺灣之名入中土實自茲始」，此外，在臺灣隨筆中記載：「臺灣於古無考，惟明季莆田周嬰著遠遊篇，載東蕃記一篇，稱臺灣為臺員，南音也」，足以證明。

3 顏思齊命名臺灣的說法

明萬曆末福建的海賊顏思齊佔據臺灣時，他把該島命名為臺灣是起因，蓉州文稿中記載：「萬曆間海寇顏思齊有其地始稱臺灣」。

4 荷蘭人命名的說法

十七世紀荷蘭人佔領臺灣，在臺江（安平附近）的灣頭築城砦而取頭一個字稱臺灣。臺灣縣志中雖記載：「荷蘭設市于，此築磚城，制若崇臺，海濱沙環水曲曰灣，又泊舟處既謂之灣，此臺灣所由名也」，但這是拘泥於文字的牽強附會之說。

5 從臺吾灣族錯轉的說法

最近臺北醫學專門學校的教授、臺灣研究者宮原博士，就臺灣名稱的起因發表新說，宮原博士以此反駁以前伊能梅蔭先生（明治三十五年間著臺灣志的人）說排灣族的一支扎克先族初次看到中國人時稱為拜拉岡而轉為臺灣的舊說，宮原博士認為臺灣的名稱是往昔居住在臺南到鳳山地方的平埔蕃之一支臺吾灣的名稱錯轉為臺灣，宮原博士立足於研究先住民族，並調查石器土器，研究內地先住民族，調查臺灣蕃族等來證明此一說法，因此不失為臺灣史研究上的指南針。

第二節　臺灣史的起頭與中國人的經營臺灣

臺灣古來不成一國，佇立於中國的東海，因距離近而和中國的關係深，尤其在近代成為中國史的一部分並非偶然。

1　朱寬的渡臺

隋書記載：「煬帝大業元年（推古天皇十三年、西元六〇五年）海師何蠻奏每春秋二時，天清風東望依稀似有煙霧之氣，亦不知幾千里煬帝令羽騎尉朱寬入海求訪異俗，遂與何蠻俱行，同到琉球國，言不相通掠一人相反，明年帝復令寬慰撫之不從，寬取其布甲而還，時倭國使來朝見之曰，此夷邪久人所用，帝遣虎賁陳陵（中略）率兵自義安浮海至高華嶼，又東行二日𪓟鼊嶼，又一日便至琉球，初稜將南方諸國人從軍有昆崙人，頗解其語，遣人慰諭之，琉球不從拒逆官軍，稜擊走之，進至其都焚其宮室，載軍需還，自爾遂斷」，在此記載的琉球亦指臺灣而言，這是隋派遣朱寬、陳陵探險臺灣的記事，但並未把臺灣列入隋的版圖，因此不能以此就說中華民族經營臺灣，只不過可能成為臺灣史的起點。

2　其後的狀況

之後唐太宗十三年（舒明天皇十一年、西元六三九年）有琉球（臺灣）進貢的情形。此外，元世宗至元三十年（伏見天皇時期、西元一二九三年）派遣軍艦前往琉球，但也很難以此就說經營臺灣。

3　經營臺灣

臺灣歸荷領之前，可確實視為中國人經營的事實如下。

4　元朝設置巡檢司

元末葉（足利美詮時期、西元一三六〇年）在澎湖島設置巡檢司，隸屬福建省同安縣，開啟統治臺灣的基礎。

5　明朝湯和的統治

之後明洪武五年（足利義滿時期、西元一三七二年）信國公湯和率兵至澎湖，統治島民，但因叛服無常而不得已在洪武二十一年把島民悉數遷往福建省泉州、漳州，廢巡檢司，對臺灣本島並未伸出任何經營之手。

6 鄭和與三保的來航

同樣在明永樂年間（足利義持時期、西元一四〇三年）遍歷東西兩洋，在東方史上聞名的鄭和，率師至澎湖，以及同樣在明宣德五年（足利義教時期、西元一四三〇年）太監王三保赴南洋途中偶遇颱風而漂泊臺灣本島，為土蕃種植藥草後離去。

7 俞大猷的統治

俞大猷是明朝都督，在嘉靖四十二年（足利義輝時期、西元一五六四年）於澎湖設師治理該地，但之後廢除而設置巡檢司，之後經過三十年在萬曆二十年（日本文祿元年、西元一五九二年）增加澎湖的遊兵，並在萬曆三十五年設置衝鋒兵等，這是無所屬時代中國人經營臺灣的明顯事例。

如上所述，臺灣在荷蘭人來到、開始統治之前，是由元明等的中國人設置一些設施加以經營，但在地理範圍上僅止於澎湖，並未果敢涉足於澎湖以外之地，而且就連統治澎湖也因土民叛服無常以及海賊的猖獗而毫無治績，其經營渾沌不足掛齒。

第二章　臺灣與日本民族的來往

第一節　倭寇

以下就從以胡蝶軍之名在南方一時展現威勢的倭寇談起。

一　倭寇的猖獗

1　臺灣是諸民族的混住地

臺灣周圍有黑潮流經，因此當南方發生颱風時，在近海航行中的船隻通常會漂流到臺灣澎湖等陸地。此外，與中國大陸隔著澎湖位於一葦帶水之間，和沖繩琉球諸島接近，因此臺灣古來就成為大陸南洋琉球的接壤點，由此可推知是諸民族的混住雜居地。如此一來，日本民族也在遙遠的古代就開始和臺灣交往，但能夠確認的史實是明朝以後。十七世紀初在荷蘭人佔領臺灣的南部，西班牙人佔據臺灣的北部之前，自十五世紀初期起，日本民族就已和臺灣有多次交往。那麼究竟是哪種階級的日本人往返臺灣或加以割據呢？就是海賊，即倭寇。

2　倭寇的起源

所謂倭寇，就是日本的海賊，是明朝人取的名稱。十五世紀末足利氏衰微，室町幕府失去統治的實力，演變成群雄割據的戰國時代，此時在日本國內不得志的四國、九州等西邊的冒險家組隊成列，以貿易為目的前往海外，不滿意時就訴諸武力掠奪，如意時就安分從事貿易獲利歸國，但爾後專以掠奪為目的，前往朝鮮中國以及南洋，大膽從事這種海賊的行為，因此被稱為倭寇而令人喪膽。

3　騷擾朝鮮與明朝的倭寇

朝鮮距日本最近，因此最早遭受倭寇之禍，當時朝鮮稱為高麗，領有朝鮮半島，但沿岸到處蒙受其害，甚至因此成為高麗衰亡之一因。倭寇如此掠奪朝鮮到渤海口，從山東沿海南下，侵略沿岸一帶，災害波及福建、廣東的南部、臺灣的南部北部，在明洪武及永樂年間（日本足利將軍義滿及義持時代）是倭寇勢力最為猖獗的時期，尤其在永樂二十三年攻陷崇明縣的治城，擄獲官民三百餘人，明朝屢屢蒙受其禍。武備志中對有關倭寇有如下記事。

「倭夷慣為胡蝶陣，臨陣以揮扇為號，一人揮扇皆舞刀而起，向空揮霍，我兵倉皇仰首則從下斫來，又為長蛇陣前耀百腳旗，以次魚貫而行（中略）每隊相去一二里，吹海螺為號，聞聲即合救援，亦有二三人一隊者舞刀橫行，人望之股慄遠避，延頸授首」，於是明朝並稱為南倭北虜，甚恐倭寇，在各處設望樓警戒。著者曾在廈門及福州拜訪望樓的遺跡，均設在一眼就能望見倭寇來航的高燥臺地。如此，在足利末期出現豐臣秀吉，完成天下統一大業，接著禁止倭寇活動，使其勢力大為衰弱，但明朝卻年年蒙受倭寇之害，為此，日夜苦於防禦，加上財政不足，終於成為明朝滅亡之一因。

二　臺灣與倭寇

倭寇自日本的西邊興起，經朝鮮山東打劫浙江福建二省，逐漸南下，臺灣宛如位於九州南清的中央，彼等了解臺灣所在，故以此做為根據地也是理所當然之事。

1　倭寇來臺

從明朝的記錄來看，「嘉靖四十二年（足利義輝時期、西元一五六三年）倭寇駕船至閩粵之境，明將戚繼光出兵迎戰擊潰，寇民（倭寇）遁逃入海，前往臺灣之地」。此外，「之後中國流寇林道乾和倭寇結黨，因詳知地理而充當嚮導，打劫閩浙海邊，被都督俞大猷所破，被逐至澎湖，道乾逃往臺灣」。如此，倭寇在各個賊船樹立八幡宮的旗幟，其眾少則數十人，多達數千人，通常乘七八百石（七八十噸）的日本船從事海盜行為，船員不只是日本人，朝鮮中國的亂民流寇也加入。明史記載：「道乾倭唯恐被倭寇吞併，又畏懼官兵的追擊，揚帆直抵泥渤（婆羅洲北部），又佔據其邊陲地居住，取名為道乾港（安平）」，由此可見日本人進攻臺灣而發生民族關係是始於明嘉靖年間。當時臺灣並無領主，因此最適合做為海盜的根據地，除中部以外，北從現在的基隆到淡水、宜蘭、新竹的海岸，南部的澎湖臺南以南的海濱均淪為倭寇的侵略地。如此，倭寇以臺灣為根據地，打劫南清南洋，又遠至呂宋汶萊、咬留肥（爪哇）安南、東京、占城（安南之一部）、太泥（馬來半島之一部）加以侵略，或潛入臺灣內地討伐土蕃等從事民族性活動，在荷蘭、西班牙指染臺灣之前，彼等已經先下手。

2　臺灣府志有關日本的記事

最重要的臺灣史料臺灣府志，是康熙二十三年高拱乾所編，在本書外島篇中記載的「日本（中略）位於臺灣的東北，其民硬頸，好勇視死如歸，生男子時授與一把利刃，出入時佩帶，偶有所爭時即以死相期，先刺仇家，然後割其腹」內容明顯有誤，但剛毅勇敢的模樣躍如眼前。總之這種性格的人即為倭寇，由此可知其毒害甚大，如何為人所懼怕。

第二節　日本人在臺灣的史蹟

一　臺灣與弘法大師及智證大師

倭寇侵略朝鮮、明朝、臺灣是在十五世紀中葉，但相傳早在八世紀末葉，日本的僧侶就漂流臺灣海峽。所指的僧侶就是舉世聞名的弘法大師與智證大師。

1 弘法大師

桓武天皇時期（唐代）弘法大師通過臺灣海峽漂抵福州。延曆二十二年桓武天皇親自為遣唐大使藤原葛野麿、副使石川道益等在宮中設宴，在酒酣耳熱之際賜葛野麿御被三領、御衣一襲、金二百兩，賜道益御衣一襲、金一百兩，並把兩人召來御前，賜予御製詩歌。如此，遣唐使感嘆至極而流淚，在哀別離苦中，於翌二十三年六月初一乘船從灘波出發，此時弘法大師也以學問僧乘遣唐使之船。該船從瀨戶內海到五島近海，是取和現在的臺灣航路大致相同的航路前進，駛往目的地揚子江畔的蘇州揚州，但船被海流沖向南七百里，最後通過臺灣海峽漂抵福州。著者旅行福州時曾走訪當時弘法大師的史蹟，但據說大師居住的寺已荒廢，現已不存在，僅留下傳說大師接受護法的白塔孤寂的矗立。

2 智證大師

文德天皇時代有一位名為智證大師的名僧，在今昔物語中有如下一篇記事：「十九歲出家，名圓珍，和尚心有所思，渡宋登天臺山禮拜聖蹟、參拜五臺山獲文珠知遇，在仁壽元年四月出京往鎮西，東風忽來，船如飛行，同在仁壽三年八月十三日漂抵琉球國，該國位於海中，食人國也（中略），遙望陸地時，數千人持矛徘徊（中略），和尚念不動尊（中略），此時突來辰巳之風指向戌亥，如飛前進，次日抵達大宋嶺南道福州連江縣邊，該州的刺史聞和尚之遭遇甚表同情，暫住該州的開元寺」。由此可見，智證大師漂流臺灣海峽是在弘法大師漂流臺灣海峽後的第四十七年。此等事蹟雖是偶然事件，但是在倭寇以臺灣為根據地的七百年以前，即使是少數人，也值得在日本民族與臺灣交往的歷史上記上一筆。

二　臺灣與豐臣秀吉

蓋世英雄豐臣秀吉經營臺灣是眾人皆知，完全展現一名海國男人的面貌，可謂日本海外發展的歷史上最重要的資料之一。

1　豐臣秀吉的大志

應仁之亂以來，天下亂如麻長達百餘年，室町幕府無力平息，社會日益混亂，呈現戰國狀況，天正元年終為織田信長所亡，但天正十年發生本能寺之變，織田信長被弒，其臣豐臣秀吉起而討伐逆臣明智光秀，終於完成統一天下的大業，因懷抱征明之志，欲討明成為日本的領土，把帝都遷移北京，在東亞建設新日本，企圖擴張國力，終於發動跨文祿、慶長的征韓之役，乃眾所週知之事。然豐臣秀吉不僅使用武力，也嘗試在海外從事貿易獲利。

2　臺灣與御朱印船

豐臣秀吉針對當時前往海外從事貿易的人，在文祿元年授與捺朱印的貿易許可證。這種許可證稱為御朱印狀，擁有御朱印狀的貿易船稱為御朱印船，多半是中國式船，以航行大洋，遠航至呂宋阿媽港、安南、東京、占城（法屬印度支那）、柬埔塞、暹羅、太泥（馬來半島之一部）等地，以後也有些船前往西歐。船主多為京都、長崎、堺的豪商，獨占巨利。當時臺灣海峽是此等御朱印船的通路，而且臺灣是砂糖的產地，致使次等船舶出入頻繁，以下所敘述的納屋助左衛門、村上等安等的御朱印船，遠至臺灣嘗試貿易，尤其納屋助左衛門賺取巨利。豐臣氏滅亡、德川氏掌握天下政權後，德川家康也企圖發展海外貿易，因此出航的御朱印船甚多，遠至汶萊、田彈（太泥的別名）、麻利迦，當然也抵達高砂，大肆發揮國民的精神，但進入德川家光時代後，國策丕變改採鎖國的方針，廢御朱印船，因此與臺灣的關係自然也變淡，僅由外船把砂糖輸入長崎而已。

3　豐臣秀吉招聘臺灣

企圖討明、建設新日本的豐臣秀吉，因朝鮮不肯擔任嚮導，而在征明前出動征韓之師，在文祿元年（西元一一五年）二、三月左右，以小西行長、加藤清正為先鋒進軍，總兵力十四萬以破竹之勢進軍，在五月三日攻陷漢城，朝鮮王宣祖逃至義州，如此加藤清正佔領咸鏡道、擒二王子，小西行長攻陷平壤，八道幾乎全被日軍佔領。明朝應朝鮮之請派遣大軍與日軍作戰，在碧蹄館一戰明軍敗北，名為沈惟敬者前來議和是眾所週知之事。豐臣秀吉在此兵馬倥傯之際命琉球徵發糧食，另一方面促菲律賓諸島與臺灣來朝。豐臣秀吉在碧蹄館之戰後，文祿二年十一月趁貿易商原田孫七郎前往呂宋之際，托下列文書促來朝。

夫日輪所照臨，至海岳山川草木禽獸，悉莫不受他恩光也，予際欲處慈母胞胎之時，有瑞夢，其夜已日光滿室，室中如晝，諸人不勝驚懼，相士相聚占筮之曰，及壯年輝德色於四海，發威光於萬方之奇異也，不出十年之中而誅不義，立有功，平定海內，異邦遐陬嚮風者，忽出鄉國，遠泛瑲海，冠蓋相望，結轍於道爭光而服從矣，朝鮮國者自往代於本朝有牛耳盟，久背其約，況又予欲征大明之日，有反謀，此故命諸將伐之，國王出奔，國府付一炬也，聞事已急，大明出數十萬援兵，雖及戰鬥絡依不得其利，來敕使於本邦肥前前之州，而乞降，繇之築數十箇營，收兵於朝鮮城中慶尚道而屢決真偽也，如南蠻，琉球者，年年獻土宜，海陸通舟車，而仰我德光，其國未來入幕中，不庭之罪彌天，雖然不知四方成亭，則非其地疏志，故原田氏奉使命而發船，若是不來朝可令諸將征伐之，生長萬物者日也，枯渴萬物亦日也，思之不具

文祿二歲星集癸巳十一月初五日

日本國前關白 印
高山國

所謂的高山國即為臺灣，當時臺灣除遍佈未開化的土蕃之外，只有少數的日本人與明朝人遷居而已，並無代表臺灣的主權者，於是豐臣秀吉也未收到任何覆函，加上慶長二年再度發生朝鮮之役（慶長之役）而出師朝鮮，翌三年八月豐臣秀吉死於伏見，於是撤回征韓之軍。因為處在這種情況下，與臺灣的交往也暫時停止。之前的弘法、智證二僧也僅在臺灣海峽漂流，並未踏上臺灣的土地。雖然倭寇登陸臺灣建立根據地，被視為臺灣與日本民族的交往，但很難因此就說日本人經營臺灣。然而雖未實現其抱負，但豐臣秀吉促臺灣來朝，可說是真正經營臺灣的先驅。

三　臺灣與納屋助左衛門

如下記述因與臺灣貿易而成名的納屋助左衛門的事蹟。

1　納屋助左衛門的奇利

豐臣秀吉促臺灣來朝的翌年即文祿三年（明神宗時代、西元一五三九年）泉州界的商人納屋助左衛門從事臺灣貿易獲取奇利，歸國晉見豐臣秀吉獻上珍品。

2　有關納屋助左衛門的記事

納屋助左衛門的記事在和漢三才圖繪中記載：「天正初泉州堺有商人納屋助左衛門者，寓居小琉球，復到呂宋，文祿三年還來拜謁秀吉公，土產傘蠟燭各千挺，活麝香獸二匹，茶壺五十個獻之，公賜價數千金」，所謂的小琉球即是臺灣，納屋助左衛門在臺灣的事蹟不詳，但可謂日本人在臺灣活動的先驅之一。

四　臺灣與山田長政

以下記述好漢山田長政的冒險式海外發展之歷史。

1　山田長政的成功

德川氏初期所謂御朱印船的貿易船頻繁前往安南暹羅方面，出現許多貿易家時，有一位以冒險家聞名的山田長政仁左衛門的人。他是駿河人，胸懷大志，隨商人進入暹羅，受國王之託募集數百名住在暹羅的日本人，自己率領平定國亂。因其功績成為國王的女婿治理國政，揚名異域是眾所皆知之事，但山田長政在前往暹羅途中的慶長九年（萬曆三十二年，西元一六〇四年）停泊臺灣。山田長政與臺灣的關係僅此而已，但之後了解日本人在臺灣的經營絡繹不絕。

2　臺灣通史的記事

該史記載：「萬曆三十二年，山田長政赴暹羅途次臺灣，於時日本入在台日多，或採金於哆囉滿，或寓居小琉球，既復攻雞籠番，脅取其他，明朝憂之乃增澎湖遊兵」，由此就能了解日本人在臺灣的活動狀況。

五　臺灣與德川家康

豐臣秀吉死後，遵其遺命，由德川家康與前田利家協助豐臣秀賴，但不久前田利家死亡，自此天下的實權自然落入德川家康之手，雖然石田三成企圖再興豐臣家，但在關之原一戰敗北後，天下的政權全歸德川家康，慶長八年在江戶開幕府，開始執政，此時豐臣秀賴僅為攝河泉三國六十餘萬石的一名諸侯而已，但因承其父之威望與財力而居住大阪的堅城，然德川家康企圖刺殺以除後患，假借鐘銘事件終在元和元年（西元一六一五年）攻陷大阪城，殺豐臣秀賴，滅豐臣家，時值豐臣秀吉死後十七年，德川家康名符其實掌握天下。

1　接見蕃人

慶長十三年居住臺灣東部的邦加族，即阿美族的觀光團前往駿河訪問德川家康，由大御所（德川家康）接見，這是臺灣本島蕃人首次赴日本。

2　有馬晴信的探險

翌十四年，九州的諸侯有馬晴信受德川家康之密令，率軍艦數艘前往臺灣探險，企圖經略卻未獲充分的成果，僅得俘虜而歸。

3 村上等安的征臺

德川家康早已懷抱發展海外的雄心壯志，元和元年長崎商人村上等安取得德川家康的御朱印狀，艤船召集邊民三、四千，企圖征伐臺灣，但因無後援而歸諸失敗。然當時很多日本人前往臺灣，雞籠（基隆附近）幾乎成為日本人的勢力範圍。德國人盧德耶・利斯的臺灣島史中記載：「德川家康委任村上等安等耶穌信徒征伐臺灣，於是村上等安與其子率船艦前往該地，他們在西元一千六百十五、六兩年（元和元年、二年）率兵三、四千，在臺灣建立鞏固的立足地，但因缺乏後援而不久敗北」。

4 日本甲螺

福建人顏思齊來日本經商，逐漸累積財富，故以不堪明朝的壓迫為名，與泉州人天生勾結，率海盜佔據臺灣的西部笨港（現在的北港），自稱日本甲螺，其勢力遠近皆知，也是此一時期之事。鄭成功之父鄭芝龍也加入，顏思齊死後鄭芝龍被推為首領。

以上敘述村上等安的臺灣經略與日本甲螺（甲螺是頭頭之意）的海盜行徑，但他們的行動均歸諸失敗。自此以後九年，臺灣被荷蘭人佔領。

第三章　臺灣與歐洲民族的來往

第一節　歐洲人東進的由來

自元代起東西交通逐漸開啟，從十五世紀末葉到十六世紀，歐洲人陸續來到東方，終和臺灣開始交往。歐洲人來到東方的原因有二。

一　馬可波羅的見聞

馬可波羅（西元一二五四年~西元一三二三年）是義大利威尼斯人，父為尼哥羅波羅。

1　在中國出仕

十三世紀末馬可波羅與父親一起從陸路進入中國侍奉元世祖（忽必烈），因頗受優遇而滯留中國十七年，在此期間旅行亞洲各地，見聞視察各處的地理風土民情等，在回到義大利後把旅行記寫成的著書就是東方見聞記。

2　東方見聞的記事

其中一節有如下記述。

「日本是位於中國大陸東方四千哩海中的一大島，住民膚白，風采美，拜偶像，產黃金多，但來到此地的他國商人甚少，國王的宮殿是以純金的瓦來建屋頂，用厚的純金金條鋪地，連窗也以純金打造，該島也有許多寶石，也產紅色的珍珠。」，由此顯著刺激歐洲人的精神，煽起遠征東方熱。

二　發現印度航路

第二個原因是發現印度航路。

1　物產豐富

古來印度地方就有豐富的香料、象牙、寶石等產物，古羅馬人、希臘人等因和印度地方交往而獲利。

2　鄂圖曼土耳其帝國的興起

東西的通路皆從小亞細亞來到美索不達米亞地方，但在十五世紀末葉鄂圖曼土耳其帝國興起，佔領小亞細亞，西元一四三九年攻陷東羅馬帝國的首都君士坦丁堡後，東西交通的商路完全斷絕，因此當時歐洲人渴望的胡椒、肉桂茶等日用品就無法獲得，這些食料品皆為東方的特產，在與印度的交易中取得。然因東西交通斷絕而無法取得後感到非常痛苦。於是必須發現經由無土耳其人的通路到達印度，歐洲人終於開啟從海路至印度的航路，計畫從印度直接輸入這些特產。而使這個計畫成功的是葡萄牙王亨利親王，在西元一四九八年開途。以下敘述其經緯。

第二節　葡萄牙人、西班牙人、荷蘭人的東航

因發現印度航路，歐洲人陸續湧入東方。

一　葡萄牙人的東航

由此，葡萄牙人的東航風氣愈來越熱，又有亨利親王的後援，於是他們就開始東航。

1　歐洲人東航之始

西元一四九六年葡萄牙人巴索羅繆·加斯發現非洲南端的好望角接近東方，之後經過二年，葡萄牙人瓦斯科達·加瑪繞過好望角抵達印度西岸的加里科。時值西元一四九八年，而中國是明寧宗時代，日本則是土御門天皇時代，這是歐洲人發現印度航路。於是歐洲人達成多年來的宿願，葡萄牙人成為在世界尋寶的先鋒。自此葡萄牙人陸續來航印度，葡萄牙的印度總督阿爾普開爾夫在西元一五一〇年佔領印度的果阿，做為經營東方的根據地，接著又攻略錫蘭島

及印度的等地，並取得麻六甲，進而和暹羅及馬來群島交易，又再進入中國和明朝交往，在廣東設商館。

2　命名福爾摩沙

葡萄牙人從廣東進入臺灣海峽，遙望東邊的臺灣，與廈門、寧波從事貿易，在該地設商館，並把澳門做為永久租借地，在西元一五四三年（天文十三年）也來航日本，他們在往返航行臺灣海峽時，望見臺灣島上的中央山脈，在東空淡靄間森林茂密的翠綠美景，而發出「伊拉！福爾摩沙」的讚嘆聲，所謂伊拉就是島，而福爾摩沙則是華麗之意。當時福爾摩沙是僅稱呼包括基隆一帶的北部臺灣地方的名稱而已，但日後卻成為指臺灣全島的名稱。把澎湖島稱為畢斯卡杜爾。總之，福爾摩沙的名稱是由葡萄牙人所命名，而向世界廣為宣傳。

二　西班牙人的東航

接著西班牙人也出現在東方的海上。

1　世界一周

在此之前，義大利人哥倫布從葡萄牙的里斯本港出發，向西航行大西洋，在西元一四九二年發現美洲大陸，當葡萄牙人傾力於經營新大陸，從事開墾事業時，同是葡萄牙人的麥哲倫受西班牙王之命，企圖環繞世界一周，他繞過南美洲的南端進入太平洋，在西元一五二一年發現菲律賓群島。麥哲倫雖在此地被土人所殺，但他的船卻在西元一五二二年回到西班牙，完成環繞世界一周的任務，自此以後，西班牙人在菲律賓建設馬尼拉府。

2　馬尼拉

西班牙人把馬尼拉做為東方貿易的根據地，航行臺灣附近，來到明朝及日本嘗試從事貿易，但葡萄牙人在東方的勢力已定，因此西班牙人的商業不及葡萄牙人。

三　荷蘭人的東航

當西班牙人、葡萄牙人的船忙於海上競爭之際，荷蘭的船也來到東方。

1　巴達維亞（雅加達）

此一時期從西班牙分離的荷蘭人，晚至西元一五九五年才來到蘇門達臘、爪哇從事東方貿易，以新進興起之勢到處掠奪葡萄牙人、西班牙人的商船，並奪取殖民地，西元一六一六年在爪哇建巴達維亞，做為東方貿易的根據地，該船後也北上來到日本，從事密切的日荷貿易，但傾注全力的卻是在西元一六二四年佔領臺灣，由此統治臺灣長達三十八年，有關這點在第二篇詳述。

2 歐洲人的史績

在本篇的無所屬時代，幾乎沒有歐洲人的史績，唯葡萄牙人從海上遙望臺灣本島，稱之為福爾摩沙，以及西班牙人、荷蘭人航行臺灣近海，從事東方貿易而已。白人踏上臺灣的土地或在北部南部留下足跡、經營統治的事蹟，是在以下的第二篇才開始。換言之，在上述第一篇有關臺灣，可看出日本民族、中華民族略為經營的事蹟，但白人除將臺灣命名為福爾摩沙之外，並無任何值得記載的事蹟，白人的船只不過南北航行臺灣的近海而已。

第二篇　荷領時代（西元一六二四～一六六二年）

以下依序敘述荷蘭、西班牙、葡萄牙等企圖在東方建立貿易上穩固的地盤時互相激烈對抗的狀況，以及荷蘭最終佔領臺灣的經緯。

第一章　荷蘭的興起

第一節　荷蘭的獨立與發展

現在荷蘭與比利時合稱為前尼德蘭，屬於西班牙領地，但在十七世紀中葉獨立，以新進勢力興起，終於趕來東方佔領臺灣，並統治臺灣本島三十八年。

一　西班牙的富強與荷蘭的獨立

以下敘述其狀況。

1 西班牙的富強

十六世紀後半西班牙出現菲力普王，擁有西西里、米蘭、菲律賓、亞美利堅新殖民地（墨西哥以南的大半）與尼德蘭等，當時囊括全世界的廣大領土，因此國王被歌誦為「日不落大君」。此外，因土耳其的海軍掌握東地中海的海上權，並和非洲的海盜相呼應大肆掠奪，逐漸向西方逼近，因此國王在希臘的雷班多外海擊滅其海軍，接著又兼葡萄牙王，其財富與勢力遠遠凌駕歐洲列國之上。

2 荷蘭的獨立

西班牙雖在全世界擁有廣大的領土，但其國情民風卻低微，在統治上有各種困難，因此國王企圖以褫奪各地的特權滅新教來達成政治宗教上的統一，成為天下的霸主。然尼德蘭的住民富勤勉進取之氣象，通商工業早已興起，多數城市擁有各種特權，但菲力普二世卻奪取住民的特權，並嚴禁新教，頒布苛刻的政令。為此，尼德蘭的人民非常憤慨，在四處引發暴動，破壞舊教的寺院以提高氣勢。菲力普二世察覺事態嚴重，在西元一五六七年派遣阿爾巴大公加以鎮撫，但徒勞無功，尼德蘭的北部七州組成同盟，以奧雷齊大公威廉為盟主，終在西元一五八一年宣布獨立，並把國家稱為尼德蘭合眾國，這就是現在的荷蘭。菲力普二世非常懼怕而派刺客刺殺威廉，但英吉利的伊莉莎白女王痛恨菲力普二世的毒辣手段，派兵援助荷蘭，因此菲力普二世最終未達目的而去世，菲力普三世即位，但國王不得已在西元一六〇九年與荷蘭締結十二年間的停戰條約。在此，荷蘭達成實質上獨立的目的，以西元一六四八年的威仕特法力亞條約正式承認獨立。

二　荷蘭的強盛

從西班牙獨立的荷蘭，頻繁向海外活躍發展，在十七世紀前半幾乎和全世界均有通商的關係，尤其因西班牙、葡萄牙的殖民政策錯誤，而趁其領土叛離之機，逐漸蠶食兩國的領土與商權，之後終於成為歐洲第一的富強國家。

第二節　荷蘭東印度公司

自西元一五八一年荷蘭宣布獨立後十年左右，設立所謂的東印度公司。試圖藉此遠征東方從事貿易，在日本與臺灣獲得成功。

一　設立東印度公司

以下敘述設立該公司的由來。

1 設立公司的原因

在荷蘭宣布獨立的前一年，荷蘭併領葡萄牙，因此西班牙王為報復荷蘭，禁止原本來到西班牙的里斯本，裝載東方的貨物，運往歐洲諸國獲利的荷蘭船進入該港。於是荷蘭的海運業者遭受一大打擊，而非尋求其他活路不可，這是設立東印度公司的原因之一。此外，荷蘭不像西班牙般擁有富有的貴族，國民也不豐裕，因此貿易商也沒有巨額的資金，因此託運貨物的貿易船一旦出錯無法回港時，相關商人就不免為此破產，故必須保護貿易商，這也是設立東印度公司的原因之一。

2 設立公司的狀況

此時多年在印度精通東方航路及貿易的揚・霍伊韓、方・林斯合滇、齊爾克黑爾・利尊等歸國，傳授有關東方的正確知識，因此阿姆斯特丹的有力貿易商船主等相互商議，在西元一五九四年設立貿易公司，並自翌年起派遣商船至東印度公司，之後在阿姆斯特丹、鹿特丹、米德爾布魯克等各地紛紛設立這種貿易公司，競相派遣商船前往東方，但因競爭的弊害日漸嚴重，於是在有力的政治家斡旋下，於西元一六〇二年三月聯合各公司組成聯合荷蘭東印度公司，受政府的特別保護從事東方貿易。這就是荷蘭東印度公司。資本額是五百萬元，分成二千五十股，全額的五成七是在阿姆斯特丹募集，其餘在基蘭特、迪爾福特、鹿特丹、霍恩奎森等城市募集。公司的事務是由居住荷蘭的職員開會辦理，國會指定的十七名董事掌握全權。總之，東印度公司是以東方貿易為目的的國家大型公司。

二 東印度公司的活動

1 東印度公司的日本貿易

在此之前，西班牙人以維持現狀為條件，派遣談判委員前往海牙，與荷蘭締結十二年的停戰條約。此時已設立的東印度公司，在締結上述條約之前，企圖在東方擴大勢力範圍，於是急派報知艦，命當時在東方的荷蘭艦隊司令長官威廉・夫芬與東方諸國的君主締結通商條約，夫芬是在西元一六〇九年二月從新山駛向爪哇的航行中接獲該命令，立即命停留在新山的二艘商船駛向日本。兩船在五月十日從新山出發，企圖途中在臺灣海峽截獲從中國的澳門駛往長崎的葡萄牙船，但該船巧妙逃過荷蘭船的追擊而免於被捕。荷蘭船向日本直航，在慶長十四年五月（西元一六〇九年）抵達長崎的港口，在引導下進入平戶，設立商館，而一行人又前往駿府，由德川家康頒賜貿易許可的御朱印狀，在同年九月從平戶出航，駛向爪哇。從此，荷蘭人與先前來到平戶（西元一五八四年）的西班牙人相互競爭從事日本貿易，但在島原之亂（德川家光的寬永十四年、西元一六三七年）後，僅荷蘭人獨占日本的貿易。

2 東印度公司的爪哇經營

明朝窮於應付倭寇與北胡，日本也處在為戰亂所苦的足利末期，歐洲列國競相派船前往東方，急於獲利。西元一五一一年葡萄牙王艾瑪尼爾一世命安德拉為使節，派遣遠征隊前往中國，西元一五五七年（日本弘治三年、明嘉靖三十六年）在廣東河口獲得澳門為領地，由此北上航行中國海途中，遙望臺灣而命名為福爾摩沙。這個名稱由葡萄牙人向全世界廣為宣傳，但與葡萄牙爭海權的諸國，隨後也來到東方，西班牙在西元一五七一年獲得馬尼拉，做為貿易的根據地，而荷蘭在西元一五九五年（日本文祿四年、明萬曆三十三年）以柯爾尼里亞斯・夫德曼為使節，率艦隊佔領爪哇，西元一六一九年建巴達維亞市，設總督府，設立一家大公司，就是爪哇的東印度公司。總督擁有文武之權，駐巴達維亞，其最盛時在麻六甲、錫蘭、開普敦、模里西斯等地設置知事，官吏與勞工均服從該公司，宣示效忠國會。以此監督該領地的行政外交及印度諸王的事務以及維持海陸軍等，換言之，公司一切的公務是委由總督及其官吏（相當於社長與職員）之手。如此，東印度公司完全站在經濟的觀點，一心一意謀求荷蘭貿易的發展。可謂與葡萄牙人、西班牙人一樣，並非以宗教文化為目的，而僅以商業為目的，商業以外的事務均為次要。

雖然本國荷蘭是熱愛自由的共和國，但該公司卻產生中央集權的弊端，在廣大的版圖上施行貴族政治，即發揮專制又傲慢無慈悲的殘酷主權，模仿西班牙或葡萄牙設專賣權的方法，使數百萬土民全淪為政治上的奴隸，由此該公司成為確立荷蘭勢力、專制獨斷的一個商業機構。該公司雖實行貴族專制政治，但荷蘭卻企圖藉由該機構趁葡萄牙、西班牙在東方的殖民地無法與土民相融合而企圖叛離之隙，唆使土人脫離葡西二國的羈絆。以致在創立第十三年，就擁有八百艘的武裝商船，掠奪五百四十五艘敵船，一年平均分配二成乃至五成的利益。由此，巴達維亞早已成為人口五十萬的大都會，繁榮之至，被喻為東方的阿姆斯特丹也不為過。東方的貨物必先集中於此地再輸出歐洲。因此他們供應中國的貨物給印度，把印度的產物供應給日本，把大陸的產物供應給各島嶼，並把其他物品帶回本國，只管謀求貿易的發展。因此，荷蘭以爪哇為中心，在東方貿易大獲成功。

第二章　荷蘭佔領臺灣

第一節　荷蘭襲擊澳門

當西班牙以呂宋為根據地，而葡萄牙以澳門為根據地，相互競爭東方貿易之際，荷蘭則以爪哇為根據地，與葡萄牙、西班牙二國為敵，在東方的海上大肆爭霸。

一　荷蘭的猖獗

擁有大批軍艦與軍隊的爪哇的東印度公司，企圖攻擊敵商西班牙的根據地呂宋，但未果，而在西元一六〇二年七月轉向澳門，攻擊葡萄牙的根據地。

二　襲擊澳門的原因

這並不單只是壓迫葡萄牙的商業，而是深思熟慮的結果。亦即，隨著荷蘭人與日本貿易日漸隆盛之際，當時荷蘭從日本輸入的商品中，最重要的是中國產的生絲，因此認為如果直接從中國輸入，必能獲得更大的利益，只要把葡萄牙人趕出澳門，就能以和中國貿易來坐收龐大的

（荷蘭的軍艦航經臺灣的圖）

利益。於是，先攻擊葡萄牙人的根據地澳門，西元一六二二年從巴達維亞派遣由柯爾尼里斯・賴耶爾率領的艦隊駛向澳門，但該地是葡萄牙的永久租借地，名義上是中國的領土，因此明朝政府與葡萄牙聯合擊潰荷軍，以致荷蘭人未能如願。

第二節　荷蘭佔領臺灣

以下敘述襲擊澳門失敗的荷蘭，終於佔領臺灣全島的始末。

一　荷蘭佔領澎湖島

荷蘭船攻擊澳門時，通曉荷蘭語的中國人勸說佔領澎湖島，因此東印度公司對準澎湖島，柯爾尼里斯・賴耶爾率領的二艘軍艦在攻擊澳門失敗後，航向臺灣海峽，在翌西元一六〇三年七月抵達澎湖島。

（荷蘭人初次登陸澎湖島的圖）

1　第一次佔領

當時澎湖島並無任何軍事設施，因此輕易就佔領。荷蘭人立即構築營房訂定永住之計，開始貿易，因此明朝大為驚慌，總兵施德政命部下沈有容要求荷蘭撤兵，表明若不答應就訴諸武力之意，荷蘭畢竟不能以兵力相爭，因此佔領後僅十天就被迫撤退。

2　第二次佔領

不得不從澎湖島撤退的荷蘭軍，西元一六二二年四月（日本的元和八年、明天啟二年）在荷蘭的將軍凱傑爾尊的指揮下，以十七艘船艦再度來到澎湖島，登陸媽宮附近的紅木埕，佔領澎湖島。荷蘭人掠奪六百艘中國的漁船，役使搭乘該船的中國人，建築城塞，在各地設砲臺，做為長

熱蘭遮城市之景（安平）

久之計。在此之前，福建巡檢司南居益曾上書有關防備澎湖島等事宜，但尚未著手就被荷蘭人佔領。翌西元一六二三年南居益率舟師在白沙島的東方鎮海港登陸，與荷蘭軍交戰長達八個月。此期間荷蘭人派多艘船至廈門，掠奪沿海地區，為難中國官吏，之後又派使節要求擁有和葡萄牙一樣的一個地區做為通商。此期間戰爭尚未定出勝負，可是明朝政府卻讓步，以下列為條件締結和約。

一、荷蘭人如果放棄澎湖島，明朝政府就對荷蘭人佔領澎湖島對岸的化外一大島臺灣沒有異議。

二、從今以後允許荷蘭人從事對中國貿易。

二　荷蘭佔領臺灣

荷蘭人和明朝締結和議的西元一六二四年八月（三代將軍家光的寬永八年）放棄澎湖島，東進臺灣海峽，從臺灣島的西南鹿耳門（現在的曾文溪口）進入臺江（安平地方），在現今的臺南地方登陸，佔領安平、臺南地方一帶的臺灣南部。爾後澎湖島完全無荷蘭人的蹤影，唯留下比斯卡德爾（漁民）的名稱而已。

1　熱蘭遮城與赤崁樓

東印度公司在第一鯤身、即現在的安平設商館，做為對中國貿易的根據地，西元一六三〇年在此地築熱蘭遮城（紅毛城），以防禦外敵。經過二十年的西元一六五〇年，在臺江西岸、即現在的臺南築普羅民遮城做為政務廳。所謂普羅民遮，就是荷蘭語的攝理之意。土人稱此地為赤崁，因此把城稱為赤崁城或赤崁樓。赤崁樓迄今猶存在臺南。熱蘭遮城則成為廢墟，僅孤寂的成為過往雲煙。

2　當時的地形

現在安平與臺南是陸地接壤一里多，但荷蘭人佔領當時的地勢與現今有明顯差異，當時安平是稱為第一鯤身的島，而且臺南又直接面海，海一直延伸到赤崁城下，而且從第一鯤身到臺南有七座島嶼並列，船沿著這些島進入赤崁樓下。如此，荷蘭佔領臺灣後，以臺南為首府，以安平為貿易地，受爪哇的東印度公司的支配，從事臺灣的統治與對中國貿易。

熱蘭遮城的遺跡（安平）

赤崁樓即普羅民遮城
（臺南）

第三章　荷蘭人的統治臺灣

第一節　東印度公司的臺灣經營

從西元一六二四年荷蘭人佔領安平、臺南後，迄放棄臺灣的三十八年間，始終一貫是商業性的治理。

一　東印度公司的性質

該公司本來是為了東方貿易所設的民間事業，但以後在政府的指導監督下活動，取得在東方與土人宣戰媾和、割讓土地、締結條約等特權，而具有半官半民的性質。因此如領事等都是有本國政府委任狀的東印度公司的職員。以致於赤崁樓的政廳、熱蘭遮城的領事，既是東印度公司派遣的政務官，同時也是貿易商。

二　東印度公司的委任統治

安平的領事、臺南的大官皆在東印度公司的委任統治下駐留本島，因此舉凡貿易的獎勵、土蕃的教化理蕃、土地的開墾、產業的開發等，均對母國的商業發展有利，以增進國富為主要目的。第二節以下來敘述其經緯。

第二節　在臺荷蘭人與日本及中國的貿易

在荷蘭人佔領臺灣之前，日本人或中國人遍佈澎湖、臺灣等，但荷蘭人初期對在臺灣的日本人與中國人殷勤，承諾絕不妨礙他們的貿易，但在築熱蘭遮城又築普羅民遮城後，態度突然丕變，賦課輸出稅，因此免不了和日本人、中國人發生衝突。

一　和日本人的貿易

當時在臺灣的荷蘭人的重要事業就是和日本及對中國的貿易。

1　關稅問題

臺灣的特產鹿皮、砂糖輸出日本，其一年的數額達鹿皮四五百萬張、砂糖七八萬擔。對中國人課以輸出稅，但日本人卻以自己是比荷蘭人早一步來臺的先住民為由，主張有免稅的權利，以致雙方僵持不下。荷蘭人雖已擁有堅固的城砦與砲台，但對日本人卻不能以這些武備為背景來達成目的，原因是如果嚴格對日本人課稅，唯恐在長崎的對荷蘭貿易遭到報復。此時居

平戶荷蘭商館古圖

住臺灣全島的中國人已達二萬五千人，日本人在人數上雖不及中國人，但據說對貿易投入的資本比中國人更多。總之，荷蘭人不能斷然的處置對在臺日本人課稅，是唯恐在日本的日荷貿易遭受報復所致，這也是荷蘭人在臺灣無法制縛日本商人的原因。由此，以下概要敘述在日本的日荷貿易。

2　荷蘭在日本的貿易

如上所述，慶長十四年五月（西元一六〇九年）葡萄牙船抵達長崎，由此進入平戶，但在此之前的天文十九年（西元一五五〇年）葡萄牙船已來到平戶，在天文到永祿年間從事貿易，而荷蘭人來的慶長十四年左右，葡萄牙人已遷居長崎，領主松浦式部法印鎮信公正頻頻策劃繁榮平戶之策，因此對荷蘭船入港大喜，准許在平戶設商館，史畢克斯、普爾瓦、卡隆等相繼處理商館的事務，與爪哇的巴達

平戶荷蘭牆

維亞聯絡，於是平戶成為日本唯一的日荷貿易港，爾後至寬永十八年（西元一六四一年）五月移轉長崎出島之前，約三十三年間平戶成為荷蘭人的貿易港，商館常掛三色旗，那些所謂的荷蘭宅邸都是他們的遺跡，現今在平戶的北方海濱仍散布名為常燈鼻的防波堤或荷蘭井、荷蘭牆（長二十丈、高七、八尺的水泥樣土牆）倉庫（五丈左右的土牆）的斷垣殘片，訴說著昔日日荷貿易的往事。之後荷蘭人移居長崎出島，受到非常嚴格的管制，但其貿易依然是相對買賣，僅生絲不得不遵守絲割符會所的評定，但這也只是針對中國產的生絲，對荷蘭商館專門輸入的東京、印度的生絲則不加管制，而且在明曆元年（西元一六五五年）該會所被廢除，因此其影響並不算大。一年間來航的船隻數有四、五艘乃至十一、二艘，輸入有六、七十萬乃至二百萬荷盾，輸出有一百萬乃至三百萬荷盾，因此獲利也多，自寬永十九年（西元一六四二年）到萬治三年（西元一六六〇年）十九年間的總收益高達約一千三百九十萬荷盾，扣除經費一百四十八萬荷盾，平均一年的淨利為六十五萬荷盾、即銀二千二百八十貫（一貫三・七五公斤），相當龐大。總之，在荷蘭人佔領臺灣、從事貿易與政治的十五年前，已來到日本內地，首先在平戶，壟斷日本貿易的利益之際，又在臺灣對中國人課征輸出稅，獨占利益，雖同樣想對日本課稅，卻因遭到反對而無可奈何，理由如上所述，因壟斷日本貿易的利益所致。

二　與中國人的貿易

當時荷蘭人對中國主要的貿易品是臺灣米和從母國購買的金屬素材，把這些賣給中國人，向中國人購買生絲與陶器類，輸出爪哇，賺取年額三、四十萬荷盾的利益。

1　課稅

荷蘭人對中國人的態度極為嚴峻殘酷，對砂糖、米穀等課徵輸出稅，中國人私下發出不平之鳴，卻不得不服從。如此，荷蘭人取代先住民的日本人、中國人，成為此新領土的主人，其獲利光是西元一六二七年，扣除在臺灣所需的費用二十一萬四千荷盾，以及送給巴達維亞政廳後的淨利高達八萬五千荷盾。

2 統治臺灣的基礎

荷蘭最初為在中國獲得一座商港，因而從爪哇遠征，卻意外獲得臺灣這個天產豐富的新殖民地，因而日漸鼓舞他們的精神，一開始就樹立永久統治的基礎。

第三節　荷蘭人的獎勵產業

此時中國已在東北興起愛新覺羅氏而陷入混亂，南方的良民遷居臺灣避難的不少，於是荷蘭人利用這些難民，謀求發展臺灣產業與自身的利益。

一　利用中國移民

明崇禎九年（西元一六三六年）中國改國號為清，滿清軍南下，中國南部亂如麻，福建廣東的良民大批移居臺南附近避難，西元一六四四年左右據稱戶數達三萬、人口十萬。

1 移民的職業

移民住在市區者經營商業，住在平地者從事開拓荒地與耕作、製造砂糖，與土蕃交易等。

2 巧妙利用

荷蘭人早已企圖借這些中國人之手開發島內的富源，巧妙利用中國移民，即獎勵中國人移居臺灣，或支付資金，或交付耕牛、分配種苗等，一心一意謀求借中國人之手來發展各種產業。

二 發展殖產興業

荷蘭人利用中國人榨取利益的同時，另一方面傾力於臺灣內地的生產與工業。

1 農產畜牛

西元一六五六年稻米耕作地幾乎變成蔗園的三倍，當時砂糖的輸出額達到七、八萬擔，公司的收益也超過三十萬荷盾。其他還傾力於發展牧牛、捕野牛馴化，或輸入印度牛謀求改良牛種，並致力於修築堤防、埤圳、井泉、橋樑，用心開發臺灣本島，因此中國移民中有人因此而發大財。

2 開發台灣本島的目的

總之，荷蘭人以東印度公司的利益為主要目的來開發臺灣本島的富源，另一方面，對七歲以上的中國人，每月課徵一定的人頭稅，獲得七萬兩上下的金額，處處讓中國人感到痛苦，但總之臺灣因荷蘭人獎勵產業而更進一步發展。

第四節　荷蘭人的理蕃

荷蘭人在臺南設政廳（赤坎樓），把南部臺灣置於東印度公司的支配下來統治臺灣，當時在臺灣西部平原有土蕃，即平埔蕃與三萬戶的中國人，中國人從事各種產業，平埔蕃則從事落後的農業，但荷蘭人專注於土蕃的撫恤教化。

一　土蕃的撫化

荷蘭人最傾力於土蕃的教化，但教化的目的是教化馴服土蕃，開發臺灣內部的富源以把臺灣做為荷蘭永久的根據地。於是藉由宗教的力量來撫化教育土蕃。

1　教化的區域

荷蘭人著手土蕃的撫化是西元一六二六年，即據臺後二年。對當時所謂新港社的土蕃，居住臺南城（赤坎樓）附近之處，由傳教士傑歐爾奇・甘齊烏斯擔任主任，首先著手撫化蕃社獲得好結果，新港社、大目降社（新化）、目加瑠灣社、蕭瓏社（佳里）、麻豆社、大傑顛社等蕃人，悉數服從其教化，西元一六三九年布教區域北至笨港（現在的北港），受洗的人新港社有一千四十七人，目加瑠灣社有二百六十一人，蕭瓏社有二百十五人，之後改由羅貝爾特・尤

荷蘭人在臺灣建的教堂（嘉義附近）

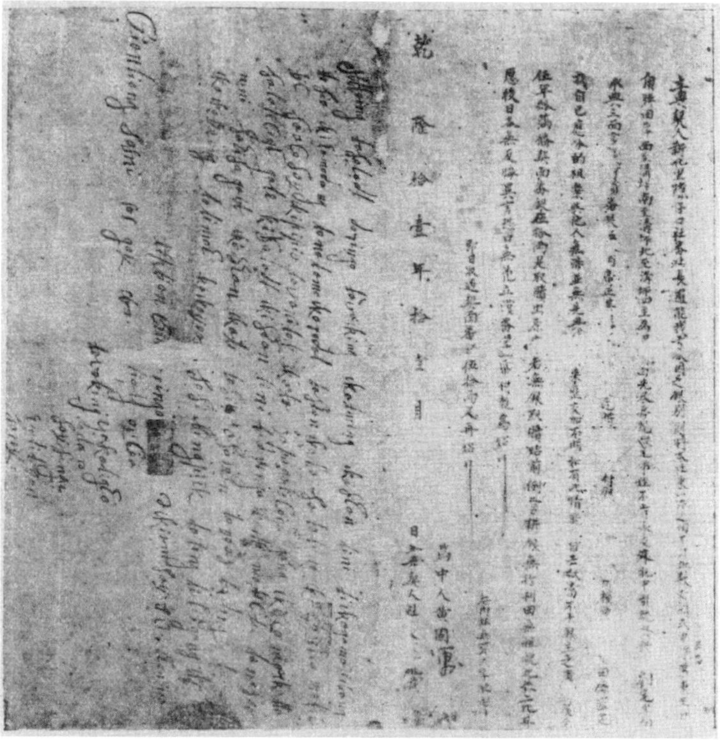

以羅馬字書寫的蕃語古文書

尼烏斯出任傳教士，由於熱心活動十三年，在西元一六三〇年共有五千四百人受洗，一千對夫妻以基督教儀式結婚。

2 布教的方法

傳教士通曉蕃語，因此主要以蕃語說教，而且把各種教典譯成蕃語，讓蕃人學習，舉例來說，西元一六四五年尤尼烏斯把宗教問答譯成蕃語，西元一六六一年克拉烏尤把新約聖經中的馬太福音與約翰福音譯成蕃語，其他傳教士則把十誡信仰條目、對主的禱告、早晚的祈禱文譯成蕃語，讓蕃人學習。如此，在西元一六四五年集合各歸順土蕃的長老召開評議會，告知荷蘭政廳所頒布的布告旨趣，並做為諮詢蕃人荷蘭人施政滿意度的機構，即把全部蕃社分為南北二部，每年召開一次，每次開會教導對荷蘭人盡信義，鼓勵日益效忠為旨，東印度公司並承諾協助土蕃的災厄，遇到敵寇時派兵來保護做為義務，開完評議會後還贈送各種物品，並以盛宴招待山珍海味，因而據說每次與會的人不下七、八百。

3　土蕃的歸順

結果土蕃誠心誠意服從荷蘭人的命令，雖為同族，為了荷蘭人也不惜為敵，事實上就有一個實例，在西元一六五二年九月七日，中國移民郭一懷煽動中國人企圖叛亂，在中秋節當天招待臺南的官吏商民、荷蘭人之際加以殺害，然後藉故送賓客佔領赤坎城，此時赤坎城的守將菲爾邦召集歸順土蕃，應允前來者多達二千人，與城兵協力擊退兇徒。這些都是拜傳教士的獻身傳教所賜，從傳教士傑歐爾奇・甘奇烏斯寄給故鄉友人的信函就能窺知一二，以下敘述其中一節。

為陳述在臺灣傳播基督教的方法，以我個人的淺見，本島成為我國領土極為必要，若我國放棄此地的統治權，本島將立即歸入西班牙人之手，或落入日本人之手，二者中有一者出頭是再明白不過。若果真如此，顯而易見宗教相異的彼等政府，不會保護我國的基督教傳道者（中略），因此派遣本島的傳道者必須有把這個職業視為終身之職的覺悟，假使不能做為終身之職，至少也要服務十年乃至十二、三年左右，而且非充分習得土語不可，新傳道者赴任之際，盼能攜家帶眷，如果是單身的傳道者，來到本島後，更希望能與土人的女子通婚（下略）。

二　土蕃的教育

荷蘭人一方面以宗教的力量撫化土蕃，另一方面以教育的力量啟蒙而建學堂，傳教士兼任教師來教育學生。

1　教化學童的程度

西元一六三九年學生人數四百八十一名，西元一六四三年（據臺後十九年）達到六百，其中能巧妙書寫羅馬字者多，皆能背誦十誡信仰條目、對主的禱告等祈禱文，荷蘭人教導以羅馬字來拼成其語言，可謂荷蘭人的事業中最著名的項目。有關拼成羅馬字，在不久荷蘭人撤出本島後，經由鄭氏之手再度回歸清朝的統治下後，依然沿用百餘年間。當時以羅馬字拼成的證書有不少流傳至今。

2　刷新土蕃教育

西元一六四二年荷蘭人採用通曉基督教教義，且能讀寫的五十名土蕃為教師，派遣至各蕃社來擴大土蕃教育，同時以養成正式土蕃教師為目的，在新港、蕭瓏二社建設傳教士養成學校，並把教堂的一部分充當教室，刷新以往不正式的學校教育。以下敘述學校的要旨。

時間	課程	
上午六時~八時	授課	副校長以蕃語教授耶穌教問答
上午八時~九時	早餐	餐前餐後禱告
上午九時~十時	授課	讀書與習字
上午十時~十一時	授課	校長以蕃語教授耶穌教問答
正午	午餐	學生輪流讀譯成蕃語的聖經
下午三時~五時	授課	教授荷蘭語
下午六時	晚餐	和早餐時一樣
要旨	1 學生名額三十名 2 年齡及身分是十歲至十四歲，最好是貧困的孤兒 3 教員包括校長、副校長、幹事 4 訓練法是學生在日出前起床、穿衣、洗臉、整髮後做早禱 5 處罰學生的是校長，副校長主要是保持校內清潔，提醒學生養成清潔的習慣 6 為獎勵學荷蘭語，在規定時間內禁止說荷蘭語以外的語言。	

雖然土蕃教育曾收到一定的成效，但至荷蘭人撤出臺灣本島前的西元一六五八年，與其他一般內治一起衰頽，突然變得消極。

三　蕃地的開拓

如上所述，荷蘭人致力於教化方面的同時，在其他方面也著眼於經濟方面，獎勵土地的開拓與產業。

1　蕃地開發的方法

發給土蕃農具及埤圳的修理費，獎勵耕作穀菽、栽培甘蔗等，又開發水利、獎勵開墾。現在前往嘉義附近時，仍能看到紅毛井，新竹附近也有紅毛驛，皆為荷蘭人的遺跡。

2　克拉依布伊斯的活動

當時土蕃連一頭牛都沒有，因此東印度公司無息貸款四千兩給傳教士克拉依布伊斯，購買一百二十一頭種牛，分配給土蕃來繁殖，在耕作與搬運上役使等，因此並未忽略在文化的啟發與生活幸福上的關心。

第四章　西班牙人的佔據臺灣

第一節　西班牙人的遠征

臺灣西班牙人佔領菲律賓後，又遠征臺灣佔領北部，統治十六年間，但終和荷蘭人發生衝突而被迫撤出。

一　佔據北部臺灣

西班牙人在西元一五六九年佔領菲律賓群島，以馬尼拉為根據地從事東方貿易約三十年。

1　佔領基隆

西班牙人企圖佔領臺灣，以保護呂宋與中國、日本之間的貿易為名，率二艘帆船從馬尼拉出發，踏上遠征臺灣之途，但在巴士海峽遇到颱風而未達目的，於是又在西元一六二六年（日本寬永三年、明天啟六年）、即荷蘭人佔領臺灣二年後，再度整軍，以安東尼奧・卡列尼歐維提督，率十二艘帆船，從呂宋出發航向臺灣，但當時荷蘭人已佔領臺灣南部一帶，因此把航路轉向東海岸，三天後發現東北角，而命名為聖地牙哥，這就是現在的三貂角。西班牙人又再沿著西北海岸航行，於同年五月登陸基隆，在社寮島及小基隆的東方築聖薩爾瓦多城，西班牙的太守岡薩羅波爾・羅吉立歐居住在此，又建天主教堂，並在附近山上三百呎的高地築城砦，命名為桑迪希瑪・托里尼達特，在要地設砲台四座，實質佔領基隆（雞籠）。

2　佔領淡水

西元一六二九年（日本寬永六年、明崇禎二年）航抵淡水，隨即加以佔領，把此地命名為康杜爾，築聖地牙哥城，在臺海使槎錄中有記載基隆及淡水的景勝：「淡水港圭柔山西下數里、有紅毛小城高三丈、圍二十丈，今圮城西至海口，極目平衍（中略）雞籠港口有紅毛石城，非圓非方圍五十丈」，由此可知其規模。又建天主教堂等，訂定逐漸鞏固其根底的計畫，他們又溯淡水河進出臺北的平原，因此從基隆到臺北淡水的北部臺灣，一時由西班牙人佔據，其中太守薩爾健特・瑪朱爾在職當時（西元一六三四～一六三五年）是最盛時期。

二　與荷蘭人的衝突

據當時荷蘭人的記錄顯示，臺灣有二難，一是日本人，另一是內賊，這個內賊就是指西班牙人。

1　北部臺灣的西班牙人

當時歐洲的荷蘭、西班牙二國因本國之間相爭而處在吳越般的立場，以致在東方也互不相容，尤其西班牙人佔有北部臺灣，大肆開採北部山脈中的特產硫磺，而且又設立教堂，一步步踏實經營。

2　西班牙與荷蘭的衝突

若西班牙在北部臺灣的二大良港確立勢力：⑴以基隆、淡水二港與日本或中國聯絡，比荷蘭領有的安平更為便利；⑵基隆、淡水二港與日本、中國、西班牙本國的聯絡妨礙荷蘭的海上權。因此熱蘭遮的荷蘭領事寄函給基隆的西班牙太守，「若汝不忍與汝的生靈一樣遭遇烽鎬，宜速將城砦交付與我」，西班牙太守岡薩羅波爾・羅吉立歐回覆：「欲得城砦，自己來取」，於是荷蘭軍在西元一六二九年舉兵攻打淡水的西班牙人，但卻大敗，西元一六四二年（日本寬永十九年、明崇禎十五年）荷蘭人再度舉兵才擊潰西班牙軍。於是，西班牙人從西元一六二六年到西元一六四二年領有北部臺灣長達十六年，但終在這年九月四日被迫撤出臺灣。亦即，荷蘭人把不利於本國對日本及中國貿易的西班牙人逐出臺灣島外，爾後在西元一六六〇年被鄭成功驅逐，在此前後的三十八年間，是荷蘭人跋扈的時期。

第二節　西班牙人的經營臺灣

西班牙人統治臺灣僅十六年，尚未就緒，除宗教性教化之外，並無特別的建樹。

一　西班牙人的教化事業

當時西班牙人處在其強敵荷蘭人在南部臺灣擴張勢力之際，因忙於防禦外敵，而沒有餘力著手如發展生產、工業等經濟性事業，僅採挖北部山脈中的硫磺而已。

1　教化之初

在教化方面建學校，據說對居住的日本人、中國人及土蕃等教導哲學、神學等。到底成果如何不詳，但從其教化及於臺北平原、淡水河流域、金包里、三貂角附近，可窺知教化已漸次就緒。

2　日本人傳教士

從此一時期記錄來看，約三十二名傳教士中有二名日本人，這二名都是馬尼拉的多明尼加派神學校的畢業生，來到本島擔任傳教士，可視為為日本人教化土蕃值得一書。

二　西班牙人的理蕃事業

西班牙人以宗教感化做為理蕃政策的手段。

1　宗教感化

佔領基隆的同年（西元一六二八年）在基隆建天主教堂，翌年同樣也在淡水興建，企圖以宗教的感化來馴化土蕃。然在淡水河口附近的土蕃（賽那蕃）生性凶暴慓悍，好殺戮，不接受招撫，因此西元一六三三年淡水的傳教士法蘭西斯科・瓦耶斯前往蕃社教誨時，土蕃發五百發箭殺之，接著在西元一六三六年派遣的傳教士路易斯慕洛也被斬首，為此西班牙人感到不得不以武力壓制，攻擊其巢窟，最後驅逐到東方的山中。

2　東部臺灣的理蕃

在此前後，西班牙人企圖把勢力範圍擴及東海岸卻未果，但西元一六三二年（德川家光時期、寬永九年）東埔寨的一艘帆船在航行中遭遇颱風而漂抵蛤仔難（現在的宜蘭），但五十名船員悉數被土蕃殺害。發生此一事件後，西班牙人認為必須在該港口設置守備隊，於是率呂宋的土人前來，燒毀七處土蕃的部落，擊斃十二人，但勇猛的土蕃卻佔領險要、頑強抵抗，因此無計可施，僅在灣口駐屯守備兵而已。

第五章　日荷人衝突的經緯

第一節　衝突前日荷人在臺灣的根據地

西元一六二四年荷蘭人領有臺灣南部不久，西班牙人就佔領臺灣北部，但在此之前日本人已在臺灣的南北取得根據地，因此與荷蘭人發生衝突。

一　日本人在臺灣的根據地

如第一篇第二節以下所述，十七世紀中葉（足利義光時期、西元一五六三年左右）有日本人渡海來臺，大膽從事海盜的行為，這是在臺灣扶植日本人勢力的開始。

1　臺灣航路

當時從日本前往臺灣似乎取道二條航路，一條是從九州西岸駛向南西，以雞籠島（基隆島）為目標前進，以現在的基隆、淡水為根據地。就如臺灣縣志中所記載：「嘉靖末，雞籠遭倭焚火，國遂殘破，初悉居海濱，既遭倭難，稍避居山」，另一條是經琉球西繞臺灣的南岬，以打狗、臺江（安平附近）、澎湖為根據地，企圖侵略中國南方一帶。之後，豐臣秀吉寄函臺灣欲招聘其首領，或納屋助左衛門、村上等安等從事臺灣貿易等，往返台灣的日本人絡繹不絕，因此在南部與北部確立其根據地。

2 白人的入侵

之後不久荷蘭人領有臺灣，居住在南部，而西班牙人則居住在北部，但在西元一六四三年荷蘭人以武力將西班牙人逐出臺灣，結果臺灣變成日本人與荷蘭人二大勢力，同在南部對立，因此發生衝突也是早晚的事。

二 荷蘭人在臺灣的根據地

西元一六二四年荷蘭領有臺灣時，在現在的安平、即一鯤身築熱蘭遮城做為海外的防備，在臺南築普羅民遮城做為政務廳，這些已在前面說過，但在此再稍微敘述那些城砦的狀況。

1 臺南的赤崁樓

普羅民遮城在五方設五稜的磚廓，且以牆壁圍繞，多數建物與邸宅多半設置其廓內，城廓之外設區劃方正的街市，荷蘭人與中國人的商家櫛比鱗次，城樓高可俯瞰街市，其前面即是鄰接安平的海，呈現帆桅林立的盛況。

臺灣縣志中記載：

赤嵌樓（普羅民遮城）在鎮北坊，永曆中荷蘭所築背山面海，與安平鎮赤坎城對峙，以糖水糯汁、搗蜃灰、疊磚為垣、堅埒千石，週方四十五丈三尺，無雉堞，南北兩隅，瞭奇雕欄凌空，一人站立，灰飾精緻，樓高凡三丈六尺有奇，雕欄凌空，軒豁四達，其下磚砌如巖，曲投宏邃，右後穴窖，左後浚井，前門外左復浚一升門，額有紅毛字四，精鐵鑄成，無能辨，因先是潮水直達樓下閩人謂，水涯高處為墈訛作崁，而臺地所用磚瓦，皆赤色，朝曦夕照，若虹吐，若霞蒸，故與安平城稱赤嵌

2 安平的熱蘭遮城

把安平城、即熱蘭遮城做為海外的防備，赤崁城做為政務廳，但樓在四方設五稜的磚廓，且以牆壁圍繞，儼然成為一座城廓，城寬二百七十六丈六尺，高三丈有餘，廓外直接面海，在二處築稜廓做為外寨，在異國高砂一卷中記載：「陸設屏障並有火砲設備」，就是指這種防備的狀況。如此，荷蘭人以安平、臺南為根據地，開啟統治臺灣的緒端。

第二節　柏原太郎左衛門的偉大功勳

寬永六年，由濱田彌兵衛任船長的日本船，在臺灣被荷蘭人沒收裝載的兵器後，使日荷人在臺灣爆發衝突，於是發生日本人在海外展現英勇氣概的痛快事件。

一　在臺日本人的潛在勢力

明天啟元年（西元一六二一年）左右，名為顏思齊者自稱日本甲螺，與倭寇勾結，以笨港（現在的北港）為根據地，招撫明朝人鄭芝龍（鄭成功之父）等流寇，也在安平建城居住，荷蘭人從澎湖島蜂擁來到臺灣。

1　日本人居住南部

當時臺灣的先住者如日本人等，不輕易准許荷蘭人居住，但荷蘭人在翌西元一六二四年以武力把鄭芝龍等逐出安平、佔據臺灣，從彼等海盜自稱日本甲螺，又勾結倭寇來看，顯見在臺灣南部根深蒂固潛在日本人的勢力。

2　日本人居住北部

在此之前在北部雞籠附近也有日本人佔據，如此一來，在荷蘭人據臺前，日本人的勢力已潛在本島的南北，因此西班牙人撤出後自然處在日荷人難免衝突的狀態，這是日荷人在臺灣發生衝突的遠因。

二　關稅問題的紛爭

荷蘭人據臺時，他們向住在臺灣的外國人課徵一定的租稅，也對他們的輸出入品課以關稅。

1　日本人的抗議

在臺日本人主張自己是先住者而不同意課稅，並表示如果強行課稅，恐有影響日荷貿易之虞，因此東印度公司也有所顧慮，終於更換在臺領事以圖解決關稅問題。

2　荷蘭領事的來日

新任領事努伊茲不久來到長崎交涉，之後決定不向日本人課稅。這是因當時荷蘭向日本輸出砂糖鹿皮等，獲利甚豐，唯恐因課稅的小利而損失貿易的巨利所致。課稅的紛爭雖圓滿解決，但此事對在臺日本人卻帶來不良影響，這是日荷人在臺灣發生衝突的遠因之二。

三　扣押日本武器

在此之前，中國海上的航行者均備有武器以防海盜來襲。

1 濱田彌兵衛的乘船

寬永四年長崎的代官末次平藏的船在駛往中國福州的途中停靠臺灣，船上備有十五門大砲與大批武器，且其乘員也有四百七十人之多，荷蘭人認為不單純是和平的通商，因而告知在登陸前先寄放武器，待出航時再歸還，但船長濱田彌兵衛不肯，表示不當，於是荷蘭領事用詭計將濱田彌兵衛邀來家中，設酒宴招待，乘隙派將官莫伊塞爾率若干士兵突然登船，檢點船上，最後扣押刀槍等武器，濱田彌兵衛大怒，辯解藏武器是為防備海盜，並非打劫臺灣，但荷蘭領事卻告知臺灣的海上並無海盜之虞，為何需要武器，待出航時再歸還扣押的武器，盼能息事寧人，然不僅不能安撫濱田彌兵衛心中的不平，也無法解開荷蘭人的疑慮。當時該領事寄給巴達維亞總領事卡爾貝齊爾的文書中提到如下的內容。

余對濱田彌兵衛等一事做如下說明：

(1)對吾人採取凶暴殘忍者

(2)破壞荷蘭與日本的和平的作亂者

(3)對荷蘭商館採取仇視行動者

凡違反上述三件者，不僅不容許互市，其罪該當死刑，但以格外的憐憫免死，即刻逐回該國。

2 邀請土蕃

濱田彌兵衛大怒，但無計可施，遂中止航向中國，邀新港的土蕃十六名乘船，懷恨踏上歸國之途，這就是日荷人衝突的導火線。

四 柏原太郎左衛門的英勇事蹟

船長濱田彌兵衛歸國後，向末次平藏報告事由，平藏欲報復而上報德川幕府，獲其許可，以柏原太郎左衛門為謀士，濱田彌兵衛為船長，準備二艘船，乘載偽裝商人的四百八十餘壯士，該船在翌寬永五年三月三日從長崎出航，三月二十二日抵達臺灣（現在的安平）。

1 太郎左衛門的渡臺

在此之前，柏原太郎左衛門來臺的消息已傳來，因此荷蘭人在港口安排二艘哨船，在陸地築砲臺，等待日本船的到來，因此順利拘禁太郎左衛門以及濱田彌兵衛等重要人物數名下獄，悉數扣押船上的武器，而且宣佈一個日本人也不能歸國，被拘禁的太郎左衛門等人對今後的處置進行各種商議，卻想不出好對策，最後太郎左衛門表示在五月五日拜訪荷蘭領事以表禮參之意，欲以必死的決心趁機挾持領事，但遭到肥前國村田彌左衛門、平戶町松永吉衛門二人的勸阻，而決定先由濱田彌兵衛、其子小左衛門、弟新藏等三人前往禮參以探虛實，假使情況許可就挾持領事，於是三人登城以探虛實，但發現不可能挾持領事，因而鎩羽而歸。

2 荷蘭領事的屈服

於是再次商議後，在五月二十九日以柏原太郎左衛門、濱田彌兵衛、其子小左衛門、弟新藏、雨形町喜左衛門、尾之道九郎右衛門、對島四郎右衛門等七人入城，乞求准許歸國，七人赤手空拳進入普羅民遮城，謁見荷蘭長官、即領事畢迪爾・努伊茲，太郎左衛門透過名為法郎梭的通譯，百般道歉懇求准許歸國，但未獲許可，因此決定當下採取非常手段，為卸下努伊茲的心防，太郎左衛門天南地北的暢談，特別提到在日本的名山富士山山腳發生的曾我兄弟報仇的有名故事，藉此逐漸靠近領事的身邊，當與領事相隔二丈時，領事毫無防備的正專心一意的聆聽故事，於是立即以迅雷不及掩耳的速度撲向領事，拔出預藏的短刀架在其頸上說：「閣下自年前就壞事幹盡，這下落入我太郎左衛門的手中任由宰割，除賠償年前的損失之外，也讓我們歸國，否則就以刀割喉」，其餘六人也威嚇長官四周的人，如果抵抗就予以殺死，因此其他人只好唯命是從，太郎左衛門拉領事帶出城外，帶上日本船，在交涉五天後的七月四日，獲得以下條件的承諾。

(1)年前在領事瑪爾添・松克時期，從日本商人扣押的生絲一千五百斤，又有在中國購買的生絲二萬斤，因荷蘭人的妨礙，在延遲交易中，海盜一官之勢日益增強，無法安全的渡航，而且這些貨物可能已落入海盜之手，因此賠償此兩船的生絲或相當的價格。

濱田彌兵衛逼迫荷蘭人圖

(2)以領事長子以下若干荷蘭人為人質，搭日本船，讓濱田彌兵衛之子以下若干日本人搭荷蘭船，抵達日本後雙方再交換。

(3)對濱田彌兵衛一行人給予相當的慰勞。

(4)在日本船出航前把荷蘭船的楫放在陸地。

(5)拘留的土蕃立即釋放。

於是在七月五日，荷蘭人依約把生絲二萬斤中的一萬二千五十二斤以實物償還，其餘的七千九百四十八斤及其他的一千五百斤，則以純金八萬六千馬克償還，七日太郎左衛門一行人從臺灣出發，踏上歸途。

五　日荷政府的交涉

做為人質伴隨而來的荷蘭人，被平戶奉行宣告有罪並下獄。

1 領事努伊茲的來日

巴達維亞的東印度公司歸咎於當時的領事努伊茲，予以免職且處以二年的禁錮，努伊茲在刑期屆滿後，為取回之前被押走的人質，於寛永九年來日，但在此之前的寛永八年末，其長子及另一人已在獄中病歿，其他荷蘭人則已無罪獲釋，但努伊茲又被處以禁錮，此期間在日荷蘭人全力救濟努伊茲，這從翌十年平戶荷蘭商務館館長呈給領主松浦大人的古文書中的一節即可略知一二。

(1)自今以後，由平戶高佐古很久以前所聘僱的荷蘭人柯貝爾、納德爾，私下商量不再繼續雇用。

(2)對科貝爾、納德爾，此次懇請遣送歸國，雖與本國連絡，但此人對日本來說是重罪者，因此不予雇用而加以軟禁較好，荷蘭人中也有人說他在這數年來製造不少麻煩，一點也不虛假（以下略）

平戶荷蘭商務館館長
尼古拉斯・柯凱哈卡里
法蘭斯・卡薩

松浦肥前守様

2 報復的效果

於是努伊茲在寬永十三年（西元一六三六年）被赦免，日荷的交涉前後共花費十年才告終。如此，太郎左衛門不僅報了年前之仇，也挫荷蘭人的銳氣，發揮日本男人的豪氣，在海外建立偉大功勳。

六　臺灣事件的誤傳

以上即所謂的臺灣事件，原本傳言是濱田彌兵衛的主功，但其實乃誤傳。

1 誤傳的起因

誤傳的原因很多，這是因在荷蘭方面的歐文記錄中認為是濱田彌兵衛所致，現在的記錄多半是以該歐文為資料來記述，因此產生誤謬也是理所當然，濱田彌兵衛並非謀士而是船長，因為他在中國沿岸到南洋方面廣泛從事航海，故在彼等之間反而比貿易商的太郎左衛門更為有名，而且濱田彌兵衛也在生擒領事的現場，以致荷蘭人相信代表者就是濱田彌兵衛。太郎左衛門的主要功勞，從太郎左衛門的嗣子金右衛門依據父親遺言所撰寫的異國高砂一卷，以及對被宣傳是濱田彌兵衛的功績一事，從太郎左衛門寄給菊原如安的抗議記錄、菊原如安的答覆，以及柏原家傳下來的古文書即可窺知，以下列舉其概要。

2 事件的真相

肥後國忠廣公聽聞太郎左衛門在臺灣的成功，立即從長崎召見，並表示來年春天將前往江戶參勤，把詳情上報德川幕府，但在此之前必須保密而再三叮嚀，先當場犒賞，賜米百袋，然翌寬永九年忠廣公轉任他職，遷往出羽的庄內，之後肥後國賜與細川忠利公，之後細川忠利之父三齋公忠興入國時，在太郎左衛門宅借住一宿，此時聽聞在臺灣發生的事，他說：「住在小倉時，菊原如安曾談到從長崎回來所談論的話題，而了解名為濱田彌兵衛者在臺灣生擒荷蘭長官，卻不知其實是你太郎左衛門的功勞」，而加以讚賞，此時太郎左衛門向三齋公報告，「如果菊原如安報告全是濱田彌兵衛的功勞，我太郎左衛門就會呈上挾持荷蘭長官的證據」，三齋公就回答：「不必，我早就相信是你的功勞，不必再提證據」，而在翌日抵達八代。

太郎左衛門對菊原如安的說法感到不快，去函給住在豐前小倉的菊原如安，信中寫道：「聽聞閣下之前向三齋公報告臺灣事件全是濱田彌兵衛的功勞，但其實是我個人所為，引起這種誤解令人甚感困擾」，而慎重提出以下的質問狀。

一、（上略）六月八代樣入國抵達豐前內宮時，閣下曾前往謁見，報告前一年高砂荷蘭的一卷，據說特別支持我等之事，在今年春天曾聽到因此前往貴地，聽取荷蘭的一卷之旨趣，在豐前國中無人了解荷蘭的一卷之事，因此不必前往（中略），告知前往長

崎，故請速來（中略），有關荷蘭的一卷功勞的經緯，在長崎也無人知曉，對有關此事概略說明我等在高砂的所作所為

二、同五月二十八日以總中達成協議，濱田彌兵衛、濱田小左衛門、濱田新藏、雨形町喜左衛門、尾之道九郎右衛門、對島四郎右衛門我等共七人前往荷蘭城參奏回到日本並謝罪，卻不被諒解，故以自己的想法下定決心生擒荷蘭大將，綑綁留置，但因荷蘭方面道歉，故把其身邊之大將五人做為人質帶回日本，其中四郎右衛門決定居住本國的對馬，其餘五人決定居住長崎，故荷蘭的一卷若非上述等人就無從知悉，其他人居住平戶，當中有名為法蘭梭的通譯，將此事委託給他處理較為有利，而預定在長崎披露，雖欲將荷蘭的一卷告知通譯，但若不直接見面就很難以書面傳達，惶恐謹言

寬永二年六月十日

天野屋太郎左衛門 印

在豐前之國小倉

菊原如安老

再次報告請速來長崎，若需要花費時日，我直接前往小倉面見聆聽亦可

之後由菊原如安寄來如下給太郎左衛門的道歉函。

（上略）有關在高砂的荷蘭的一卷，未聽說是閣下的功勞，我等報告八代樣不夠清楚，有關此事，村田彥兵衛殿、橋本物吉殿所說的是濱田彌兵衛殿與高砂談妥同行前往，就未聽到閣下功勞一事，報告僅聽到全是濱田彌兵衛殿之功勞，對有關功勞一事如此遭到誤解當然會心生不滿，然而我等並無意向閣下作出說明，無論如何在見面後再詳細報告，惶恐謹言

八月十九日

菊原如安

天野屋太郎左衛門樣

第六章　荷蘭人的沒落

第一節　日本人及中國人的反抗

西元一六二四年荷蘭完成領有臺灣後，在統治臺灣的三十八年間，與日本及中國的貿易、島內產業的開發、土蕃的教化等，其治績雖有目共睹，但從中國來的豪傑鄭成功降服荷蘭人而開始新的施政，以下概略敘述勢力持續近半世紀的荷蘭人如何沒落的經緯。

一　日本人的反抗

早在荷蘭人、西班牙人入侵時代以前，日本人就已在臺灣擴張勢力，打下根基。西班牙人在西元一六四二年被荷蘭人以武力驅逐，日本人則因柏原太郎左衛門的英勇而扶植其勢力，但不久德川幕府的國策丕變，改採鎖國主義，因此日本人在臺灣的蹤影也日益消失，然至此之前，日本人在島內的勢力對荷蘭的統治卻造成不小的妨礙。

二　中國人的反抗

明末在滿洲興起愛新覺羅氏，天下亂如麻時，中國的良民中有不少遷居臺灣。

1 郭一儀的反抗

彼等屬荷蘭人施政下聚集臺南地方，開拓土地與蕃人進行交易等（參照第二篇第三章第三節），但逐漸獲得勢力後，出現名為郭一儀者，圖謀反抗荷蘭人（參照第二篇第三章第四節），且因荷蘭人向七歲以上的中國人每月課以人頭稅等，使一般中國人加深對荷蘭人的憎惡之念。

2 中國人的自強

中國人的遷居愈來愈多，富源的開發也日益進展，因而在中國人之間逐漸產生自強之勢，終至展現不受荷蘭羈束而企圖獨立的氣勢。於是當鄭氏一旦走上佔領臺灣之途時，有些人背地互通款曲來內應，有些人從內部競相降其軍門，終成荷蘭人失去臺灣之一因。

第二節　經營臺灣的失敗

觀看荷蘭人經營臺灣的成敗時，治績最顯著最盛的是西元一六五〇年，以後就走上凋落的狀況。

一　經營臺灣的懈怠

當時僅向中國人徵收的人頭稅就高達七萬兩，其他年度收入也不少，但所作所為卻極為消極萎縮，一年的年度支出僅年度收入的十分之一而已，而且當局只顧私利，而怠忽治民之策。

二　防備臺灣的薄弱

守備臺灣的設施如下。

1　要塞的不完備

在赤崁（臺南）與鯤身（安平）設二座城砦，擁有二千名荷蘭兵，臨海設砲台，又把數艘舢板沉水，凡船欲入港均須曲折航行內灣，通過砲台之前，但卻是有名無實的防備。

2　東印度公司的怠慢

當時的荷蘭領事科耶特偶然得知鄭成功企圖征伐臺灣，緊急報告巴達維亞而大力要求增兵來防備，但東印度公司的評議會卻認為：「徒然畏懼無根據的傳言就輕舉妄動」，而退回要求，且命科耶特停職，以克雷克取而代之，但克雷克尚未到任，鄭成功已率大小船艦百餘艘，乘二萬五千名士兵，自廈門出發攻略澎湖，終於進入臺灣，攻陷鯤身、赤崁二城，驅逐荷蘭人，由此鄭氏開始建設臺灣。

第三篇　鄭氏時代（西元一六六二～西元一六八三年）

母親日本人、父親明朝人的鄭成功，出生於九州的平戶，幼年把母親留在日本赴明，長大後成為東亞的英雄，受明朝冊封，雖與清兵激戰，卻一敗塗地而退居臺灣，據此地盡忠報國，以下敘述留下鄭氏三代統治臺灣歷史的始末。

第一章　鄭成功在日與鄭芝龍

第一節　鄭芝龍與日本

其祖先不詳，但以下依據傳說來考證其家系。

一　鄭氏的家系

鄭氏世代居住福建省泉州府安南縣的石井，其曾祖父鄭壽寰，壽寰之子翔宇又稱紹祖，任

鄭芝龍

泉州大守蔡善繼的庫吏，娶妻黃氏、生四子，芝龍為其長子。鄭芝龍來日後娶田川氏，生成功、七左衛門二子，後娶顏氏、生五子。鄭成功赴明後娶董氏、生鄭經等五名子女，但年三九之秋歿於臺灣。長子鄭經字元之，娶妻唐氏，接著又迎陳氏、生六子。因長子克臧被諸叔所殺，故由次子克塽繼承鄭氏，但以後降清被封為正黃旗漢軍公。其妻馮氏乃漢軍伯錫范之女。三子以下不詳。

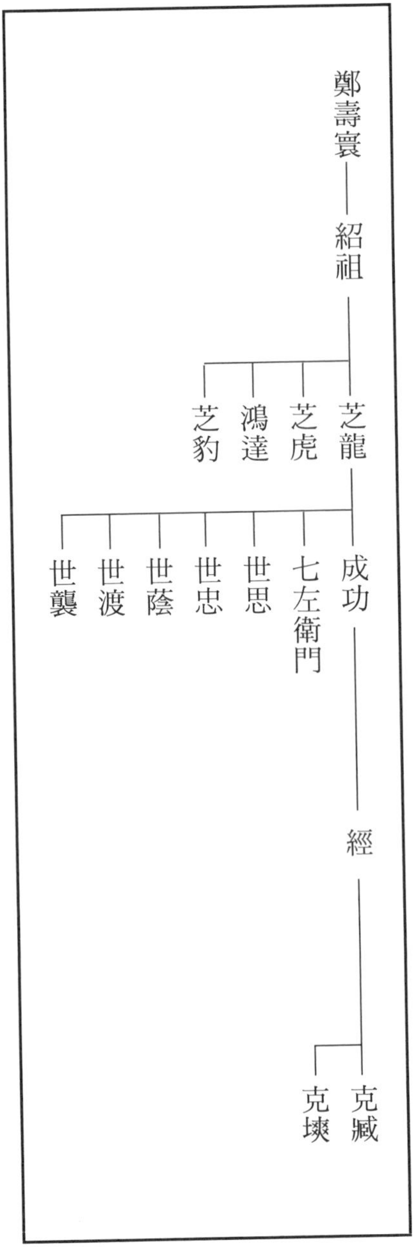

二 鄭芝龍的出生與赴日

以下敘述其狀況。

1 出生

鄭成功之父鄭芝龍字飛黃，號芝飛虹將軍，據傳天生容貌秀麗，稍長膽識才智過人，又頗有文才，吹笛彈琴並能歌善舞。十歲左右在讀書的歸途嬉戲投石，誤中太守蔡善繼的紗帽，其父紹祖叩頭謝罪時，太守見芝龍眉清目秀、氣宇軒昂，大為讚賞，稱其為寧馨兒而原諒芝龍。然年紀稍長後卻放蕩不羈，不愛讀書，自恃臂力驚人好拳棒，終於失去父愛，因此在明萬曆四十年五月（慶長十七年、西元一六一二年）乘商船來到日本平戶。

2 赴日

時值二十出頭，以賣履為業，但赴駿河的府中（靜岡）謁見德川秀忠將軍、獻藥品，將軍也親自詢問有關外國的狀況，並優待他居住長崎，以後遷居平戶，藩主松浦侯厚待他，在河內浦賜宅地，自此以後稱平戶的老一官，拜在藩士的門下，學習圓明流的雙刀法，又乘商船屢屢往返明朝（泉州）居住。

三　鄭成功的誕生與遺蹟

以下連同傳世的奇譚一併記述。

1 誕生

平戶有一名藩士田川某（臺灣外記為翁翌島），同住在河內浦，芝龍娶其女、琴瑟和鳴，在寬永元年七月二十三日（明天啟四年）妻產下一子，命名為福松，即鄭成功的幼名。之後經

千里濱鄭成功碑文（平戶）

過六年又得一子，取名為七右衛門，隨母姓稱田川氏，但有一則奇譚謂，母親將生福松之日前往千里濱拾貝中，突然引起陣痛不及返家，於是靠在濱的巨石產下，但此夜海上冒出火氣照亮天空，因此人皆視為怪異。

千里濱兒誕石

2　鄭氏的遺蹟

之後把田川氏分娩時所倚靠的巨石稱為兒誕石，現在猶被崇拜保存。後在福松、即後來的鄭成功出生的千里濱建名為鄭延平郡王誕芳蹤的鄭成功之碑，碑誌刻有鄭氏三代的經歷。此外，鄭成功之父鄭芝龍的邸址，就是名為修驗者喜相院居住之處，傳說就是現在河內浦的峰野氏宅，但並不確定，而其庭前的竹柏樹據說是鄭成功親手種植的。

第二節　鄭芝龍與海盜

秉性豪膽、臂力絕倫的鄭芝龍，不愛無事太平之鄉，因此暫且離開日本赴臺灣自稱日本甲螺，又騷擾中國的沿岸讓明朝大為頭痛，但因被利誘而終於降明。

一　鄭芝龍的據臺

此時中國有名為顏思齊者據臺，與倭寇勾結擁有十寨，劫掠福建廣東的沿岸等，兼綏撫土蕃或與荷蘭人的貿易等，威鎮島內外，但天啟五年（西元一六二五年）鄭芝龍從日本前往臺灣，終成顏思齊海盜的黨羽。

1　鄭芝龍的日本甲螺

因顏思齊死去取而代之成為日本甲螺威鎮四方，又招募對岸的饑民等，給每人三金一牛，獎勵島民遷居與開墾土地，因此無賴之徒等也加入，聲名大噪而稱霸海上。連明兵也壓制不了，只好將鄭芝龍收編任命為福建沿岸的防備提督。於是他在崇禎元年（西元一六二八）率部下向明朝投降，完全放棄臺灣。

2 臺灣外記的記事

據臺灣外記所載，當時鄭芝龍告誡部下，嚴禁以下事項，⑴擒婦女⑵屠良民⑶焚人家⑷割稻穀，此一禁令究竟有無厲行則不明，但由此可知他努力收攬人心。

二 鄭芝龍的侵略明朝

鄭芝龍赴臺灣繼承顏思齊，自稱日本甲螺加以佔據僅不過三年而已，對內侵犯荷蘭人，對外侵犯明朝，跋扈猖獗至極，連明兵也無可奈何。

1 弟鄭芝虎的抗明

只好命鄭芝龍的恩人泉州太守蔡善繼為書招降，鄭芝龍感動萬分而同意降明，但弟鄭芝虎卻不服，因此最後仍結為一黨騷擾，鄭芝龍再度劫掠明朝。

2 鄭芝龍的攻明

天啟六年率黨羽百餘萬攻廣州，翌七年入侵銅山，殺明守將茅宗憲，接著屠廈門泉州，制壓閩浙海上，展現銳不可擋的勢力。

同年八月明主熹宗崩殂，莊烈帝即位、改元崇禎，但明主除招降鄭芝龍之外別無他法，因此命福建巡撫熊文燦發招諭，鄭芝龍接受遂降明。從此以後鄭芝龍討伐附近的海盜，當時有荷蘭的賊船出沒、橫行至極，因此他加以攻擊焚船，生擒五十餘名荷蘭人，在崇禎二年又攻海盜李魁奇、鍾斌等加以消滅，才使閩的近海稍得寧日。此時鄭成功與母親一同住在平戶，年已六歲，是赴明的前一年。

第二章　鄭成功的赴明與遵奉明室

第一節　掃蕩海盜與接回鄭成功

被任命為福建沿岸防備提督的鄭芝龍，赴明掃蕩閩浙的海盜，為明立下殊功，因而殷切欲將留在日本的成功迎來膝下。

一　劉香之禍

劉香就是鍾斌的餘黨，閩中屈指可數的海盜。當時（崇禎五年）劉香嘯集四方無賴之徒，在這年十一月打劫福建的小埕，但為鄭芝龍所破，崇禎七年四月賊再舉侵海豐。巡撫熊文燦無力防禦，因此明朝派遣洪靈蒸及康承祖二人企圖招撫，但二人卻為劉香生擒，熊文燦大怒，在崇禎八年命鄭芝龍攻擊彼等，追至田尾洋殺之。鄭芝龍之弟鄭芝虎最賣力，而在此役戰死。

二　鄭成功的渡海

千里濱鄭成功之碑

早先離日據臺的鄭芝龍，不久又赴中國侍奉明主，因東征西討長達數年而無暖蓆之暇，終被任命為明朝提督，成為一城之主，開始獲得穩定的地位，因此欲從日本接來妻兒，而具書備厚禮托人前往肥前的平戶。

1　接回鄭成功

於是田川氏獲得幕府的許可，欲親自攜兩兒赴明，但因擔心次子七左衛門年幼，而僅送走福松（鄭成功）。此時福松已七歲，而七左衛門年僅二歲。於是福松獨自一人在這年（崇禎三年、西元一六二〇年）十月赴明，來到父親居住之城安平鎮。

2　鄭成功的幼時

鄭芝龍接見兒子成功時，見其相貌端正、眉宇軒昂，因而大喜，改名為森（森茂之意），爾後拜師習業，長大後懷抱雄心大志，好讀書，喜讀春秋及孫吳之書，又常仰望東方思念其母。叔父鄭鴻逵頗看重鄭森（鄭成功），褒稱為吾家千里駒。又金陵的看相者見鄭森，對鄭芝龍說：「令郎乃英才，非我能力所及」。據說曾以灑掃應對為題讓鄭森作文，他在句中寫著：「竭武之征誅一洒掃也、堯舜之揖讓一進退應對也」，讓老師大為稱奇，時年方十一。此時父親鄭芝龍忙於討伐海盜劉香，明末國家正值多事之際，鄭森長到十五歲被補諸生，敘高等官試補，之後唸金陵的大學，又因仰慕錢謙益者之德而入其門，努力學習，錢謙益賜號大木，自此鄭森字大木。

第二節　明室的危機

明末海盜在南方作亂，北方又興起清朝，流寇李自成等又擾亂國內，明室疲弊至極，國家的危機已迫在眼前。

一　李自成的劫掠

李自成是陝西省米脂縣人，性狡黠擅射騎，在鄉里時恣意暴行，而逮捕在即，故遠走甘肅省當兵，因立功而就把總官之職，卻殺參將終成流寇。與官兵在各地轉戰，勝敗無常，但漸次得勢而劫掠黃河邊，被眾人推舉為闖王，在崇禎十四年陷洛陽、殺福王，翌十五年殺唐王，十六年奪開封，陷襄陽出荊州，其眾近百萬，自稱奉天倡義大元帥，不可一世。如此，李自成攻陷陝西、河南、山西的諸城而逼近燕京，而流寇張獻忠在陝西興起，自稱八大王，掠奪河北一帶之地也在此一時期，明朝常為流寇所苦。

二　愛新覺羅氏的興起與流寇的平定

此一時期在滿洲之荒野興起愛新覺羅氏，合併附近的諸部，日益擴張其勢，國號後金，就是以後的清太祖。

1　清太祖

明天啟四年（西元一六二四年）遷都瀋陽（現在的奉天），展現南下之勢，但因清太祖崩殂而於天啟七年立太宗，併吞朝鮮漠南（內蒙古）之地，在明崇禎九年（寬永十三年、鄭成功年十三）國號大清，屢屢發兵征明，終於進入中原南下，時值清太宗崩殂而立世祖，帝僅六歲。因而由叔父睿親王多爾袞攝政，再進兵近逼燕京（北京、明都），明毅宗命名為吳三桂者防禦清軍，但未及抵達燕京已陷，帝自殺，崇禎十七年（西元一六四四年）明室滅亡，明自建國以來共二百七十七年。

明朝的世系

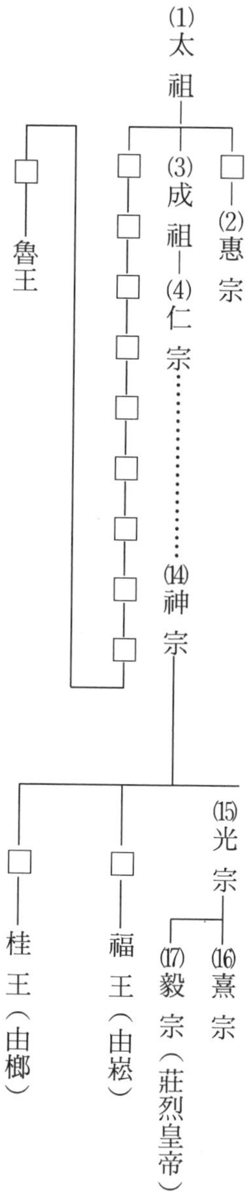

2 流寇的平定

在此之前，為防清軍奉命北上的吳三桂，聽聞燕京陷落、毅宗自縊而死，卻降清軍。而且吳三桂得清援，請求討李自成，於是清世祖讓睿親王援吳三桂、討李自成。李自成敗逃西安，中國的北部大致平定，因此清遷都燕京。此時清世祖遣將討吳三桂等以及李自成等流寇之徒。李自成之徒以及曾在四川得勢的張獻忠均被清軍斬殺，至此流寇全被剿滅。

三 鄭芝龍的霸業

暫奉正朔效力明室一族亦受重用的鄭芝龍，偕從日本接回的鄭森謁見隆武帝，鄭森被賜名為朱成功，之後會母親田川氏以敘久別之情，以下敘述其經緯。

1 遵奉明室

明室滅亡時，明神宗之孫福王由崧南下避亂，鳳陽總督馬士英、兵部尚書史可法等相迎，在金陵即帝位，以史可法為東閣大學士，馬士英為太子太師，年號改元弘光（西元一六四五年），此時鄭芝龍被封為南安伯。另一方面，清朝在同年十月遷都燕京，以破竹之勢南下，迫近揚州。此時鄭芝龍的二弟鄭鴻逵被封為靖西伯，與族人鄭彩等防備長江沿

延平郡王朱成功之像

岸，但寡不敵眾，揚州、金陵均被清軍所奪，福王遠走蕪湖，終向清軍投降。此時鄭鴻逵、鄭芝龍等又奉明王族唐王建鍵入福州即帝位，所謂的隆武帝即是此人。於是鄭芝龍被封為平西侯，鄭鴻逵被封為定西侯，鄭芝豹被封為澄濟伯，鄭彩被封為永勝伯，但鄭芝龍之弟最驍勇善戰的鄭芝虎，早在征伐劉香時即戰歿，因而未封爵。如此，鄭芝龍在府內設內閣，聲名地位漸高，軍政之事多為其所專斷。但鄭芝龍乃海盜出身，故沿岸的海盜均為其故舊或手下，於是鄭芝龍一受招撫後，海盜未得鄭氏之令旗不得航海，為得其令旗，每一船照例繳納三千金，由此他的收入高達數千萬金的巨額，富可敵國，其居城安平鎮的結構宏偉至極，舳艫能直入內庭，有凌駕王侯之勢。

2　隆武帝與朱成功

如上所述，鄭芝龍的聲望壓倒鄰邦、威鎮八閩，此時鄭森即成功年已二十二歲，曾隨父謁見隆武帝，當時應對如流，而受隆武帝撫背嘉許曰：「恨無一女配卿，請卿勿忘盡忠我家」，於是賜姓朱、賜名成功，被補為御營中軍都督、賜方劍，鄭成功甚為感動而留在福州服侍隆武帝，由此中外皆稱其為國姓爺。

3　田川氏的赴明

當年七歲赴明的福松，現今被隆武帝賜姓名朱成功，又任都督，但自一別以來，無日不思慕母親，與父一同寄不少書信至平戶邀田川氏母子前來，因此田川氏終下定決心在正保二年（西元一六四五年）赴明，抵達丈夫鄭芝龍的居城安平鎮。當時因近侍隆武帝而在福州的鄭成功，聽聞母親平安抵達喜不自勝，告假趕往安平鎮，以敘久別之情。

四 鄭芝龍的降清

此時鄭芝龍已開始怨恨隆武帝，終決意降清。

1 降清的原因

鄭芝龍隨著權勢日增，變得傲慢、需索無度，為一己之私求官位，但隆武帝皆予以拒絕，加上他平時就與文臣相爭而內心不平，並預見將來清主必統一天下，在這三個原因之下，即使清軍南進的警報已至，鄭芝龍也無意出兵。鄭成功獲悉後憂慮至極，某日謁見隆武帝時泣訴曰：「陛下之所以鬱鬱寡歡乃臣父之故，臣既受國家之殊恩，以義不會背叛，必以一死捍衛陛下」，然隆武帝已知鄭芝龍不自恃。

2 鄭芝龍與德川幕府的來往

清兵攻陷金陵，日益逼近，於是隆武帝命鄭芝龍防禦之，一手掌控大局的他，以兵糧不足為由按兵不動，這年（明福王弘光元年、後光明天皇正保二年）十二月命水師先鋒副將崔芝修書，由參將林高攜往日本，向幕府請求援兵，該書信內容如下：

恭惟，日本大國，人皆尚義，人皆有勇，人皆訓練弓刃，人皆慣習舟操，地鄰佛國，王識天時，我明人泉貨貿通，匪止一日敬愛相相將，下遠千里，芝蔡心是抱萇血在腦，欲盡主辱臣死之忱，難忘泣血枕戈之舉，時修奏楮，馳諸殿下，聊效七日之哭，乞借三千之師伏祈迅鼓雄威，刻徵健部，舳艫渡江，載仁風之披拂，旗旌映日，展義氣之宣揚，一戰而復金陵，使叨半臂再戰復燕都，並籍全功船機糧草暨仰攜來，報德酬勳應從厚往，從此普天血氣，共惟日國斷鼇補石之手，而中華君臣永締日國山河帶礪之盟，瀝血披衷，翹望明鑑，芝不勝激切痛之至，為此具文，專差參將林高齎捧謹具奏聞

另其副書記載：

芝承王命，總領水師，招討浙直以復南北二京（中略）竊慕日本大國威望隆赫籠蓋諸邦，敬修奏文，諸兵三千，一以聯唇齒之誼，一以報君父之仇，伏仰德威發兵，相助外線虜之長伎，以箭為先，芝軍固乏堅甲，戰輒受傷，固思日國之甲，天下共羨以禦弓矢，如金如石伏懇俞免准，芝平價貿易甲二百領，一同大國精兵前來征戰，倘得成功，皆荷大德統容竭誠厚報，事關激切，一併專差參將林高齎捧謹奏聞

翌隆武帝元年此書已達江戶幕府，但老中評議後認為不必上報，命長崎奉行傳其旨。

去月二十六日接獲書信，於是拜讀林高帶來的書信及林高所說的書籍，這是有關大明兵亂請求支援人馬及武器，雖向老中報告，但因日本與大明交往雖有百年之久，卻從未達成協議，日本人也未和唐交往，唐船雖往返長崎，但也僅以買賣為目的，只不過似乎也如走私般，此次林高所言也僅是口頭說明，因此告知上述的要旨，請他速搭船歸國，惶恐謹言

正保三年丙戌正月十二日

馬場三郎左衛門

井上筑後守

山崎權八郎殿

以上的意思是由松平伊豆守聆聽，在城內由林春齋親筆書寫，連記錄員也不知情

然幕府卻未回覆，之後又再遣隆武帝及芝龍之使者黃徵明來到長崎，齎禮奉書請求援兵。於是德川家光命親藩執政商議，權大納言源義直（尾張）賴宣（紀伊）權中納言賴房（水戶）等皆建議出援兵，但因井伊直孝以下老中提出異議而未決，適值從長崎傳來福州已敗，鄭芝龍降清之報，因此出兵之議皆作罷。

3　田川氏的自刎

如此，鄭芝龍雖向日本請求援兵，但已有降清之意，故不欲積極進兵，但依周圍的狀況不

得已發兵，命鴻逵、鄭彩等為將防禦清軍卻無效，清將貝勒博洛等企圖日益南進，在正保三年八月遣韓固山、李成棟兩將，攻略平定興化、泉州、江州、漳州等。當清兵尚未至泉州前，鄭芝豹進入泉州關閉城門，講求固守城池之策，此時清的韓固山率領的滿漢大軍逼近泉州城外，鄭芝豹因倉卒尚未完成準備防禦，故立即逃至安平鎮，唯獨田川氏不欲逃，留在城中嘆曰：「千里迢迢來到異域，事已至此，今若怕死又有何面目見人」，而登上城樓，下瞰睥睨滿漢之兵毅然自殺。清兵乍舌，感嘆曰：「婦女猶然，日人之勇令人可畏」。

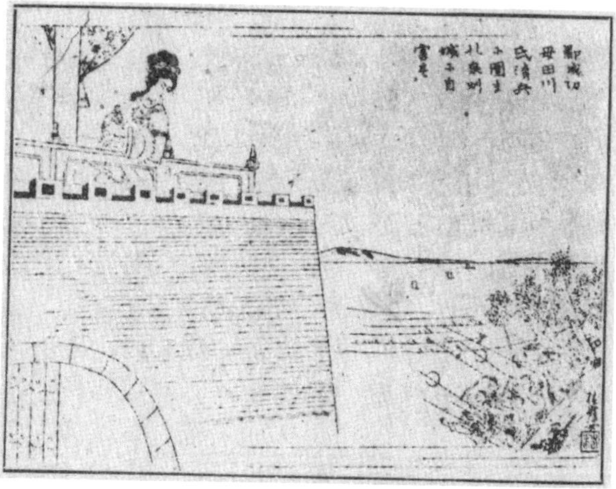

田川氏的自刎

4 鄭芝龍的降清

此時（隆武元年八月）隆武帝已遠走汀州，卻被清兵所捕，在福州與皇后一起被斬殺，因此鄭芝龍立永明王。與鄭芝豹一起在安平城的鄭芝龍雖和清暗通款曲，卻未迎清軍，因此韓固山率兵逼近安平，博洛遣人招之，於是鄭芝龍招來鄭成功謀事。鄭成功泣訴諫言曰：「有父教子忠，卻未聞教貳，但北朝有何之信，若夫虎不離山，魚不脫淵，離山即失威，脫淵即受困，願大人三思」，但父鄭芝龍不顧，因而怒不可抑，拂袖而去。自此以後，鄭芝龍率部下逃至金門，進降表，又率五百人到福州降博洛。此時鄭芝彩、鴻逵等再成為海寇，獨留鄭芝龍在安平。鄭芝龍久居日本西陲，習日本的劍道等接觸日本的性癖，深知日本的氣慨，這樣一個人卻忘明恩、棄君臣之義不顧倒戈降清，終使其一生陷入泥淖之中。

第三節　鄭成功的孤忠

受知遇的隆武帝為清兵所殺，父降博洛而被北送，加上母最後死於非命，悲憤慷慨不已的鄭成功率義兵奉明主，努力經略，卻於金陵一戰被破，之後退據臺灣，鄭氏三代在此統治。

一　擁立永明王

以下敘述率義兵以圖報復的鄭成功忠誠的經緯。

1　鄭成功的忠誠

鄭成功退至金門後拜文廟，脫儒服焚之，拜先師仰天曰：「往日為孺子，今為孤臣，向背去留各有用，謹謝儒服，但願有先師」，禮拜後離去。此時陳輝、施琅、張進等諸勇士願隨從者九十餘名，俱分乘巨艦徵兵各得數千人，把軍指向安平，自稱忠孝伯招討大將軍，軍罪臣國姓，又以悖父報國四字為旗號，出沒海上。鄭成功遙聞此時明神宗之孫永明王（由榔）即桂王已避亂梧州，但受廣西巡撫、兩廣總督等擁立即帝位，欣喜若狂，奉朔遣使，上書以盡孤忠。永明王改元稱永曆，但永曆三年鄭成功寄書給長崎的譯官，為永明王請求援兵。

2　鄭成功向德川幕府請援

其請援書曰：

大明興龍三百年治平自久，人忘亂，韃靼乘虛破南京，神州悉污腥羶，成功深荷國恩，故將喋血以報讎，徘徊浙閩間，感義頗有樂從者，然孤軍懸絕，千芳萬辛，中心未遂日月其邁，成功生干貴國，故深慕貴國，今艱難之時，貴國憐我假數萬兵，感義無限矣

向日本請求援兵，卻因故皆未回覆，翌三年鄭彩又寄書琉球請求甲劍槍硝之物，又向日本求援均未成。鄭成功生於日本，母為日本人，因此甚知日本人的英勇，故一直想依賴日本來恢復明室，忠誠之念受人敬佩。

二　七左衛門的聲援

隆武元年母田川氏得幕府之許可赴明時，七左衛門已十七歲，卻因外祖的請求留在日本繼

承家業。之後七左衛門遷居長崎，聽聞母親為守節而自刎，兄成功又為明舉兵，於是來到江戶請求幕府派兵赴明，與成功共同討清報仇，幕府略聽其願後，命七左衛門寄書鄭成功，托停在長崎的明船傳達其意，但此等明人有因貪念而私藏財貨者，故唯恐此書送達鄭成功時舊惡洩漏，因而未將書信送達鄭成功。碰巧幕府也遭逢將軍德川家光去世，故七左衛門之志終未能達而歿於長崎。其子名通順，雖曾企圖赴明，但未能成事，在正德時期來到江戶，居住吳服町，以醫為業終其一生。

三　鄭成功的經略南方

爾後鄭成功據南澳，屢屢出師攻略沿海的郡縣，攻陷同安進而入侵泉州，進入湖浦破清兵，抵達廈門兵勢日增，並攻陷南安、海徵、長泰，在永曆六年十月更進而包圍漳州長達六個月，城中因斷糧而死者達七十萬人，清軍來援雖曾解圍，卻又再被攻陷。

1　鄭成功的施政

永曆八年鄭成功把治府定在廈門稱思明縣，寓有思念明朝之意。在此把部所分為七十二鎮，以六官分掌庶政，又立儲賢、儲材二館，設察言、賓客二司，招撫豪傑之士等，經略之策非常可觀。

2 鄭成功的經略

永曆九年六月破安平鎮惠安、同安、安邑等三邑，又降舟山、臺州、寧波等地，七月鄭成功又寄信給幕府乞求交往，卻未獲回覆，該書信內容如下：

州同膽部就一水以判東西，境爾蓬萊連三島而索天地，域占為雷之位，光拂若木之華百篇古文，蚤得嬴泰之仙使，歷代列史並分上國之車書，道不拾遺，風欲追乎三代，人重然諾俗尤敦於四維，恭惟上將軍麾下才擅擎天，勳高浴日鑄六十五州之刀劍，雌雄為精服五百一郡版之圖，礫砂皆寶，文諧母府，屢有表使至金臺釋輔儒宗，再見元公參黃蘗，雖共臨乎覆載，還獨奠山河成功生日出，長而雲從一身擊天下安危，百戰占師中貞吉，叨世勳之賜李恩重分茅，效文忠之祚明，情深復旦，馬嘶寨外，肅慎不數餘兇，虜在目中，女真幾無剩蘖，緣征伐未息，致玉帛久疏，仰止高山，宛壽安之在望，溯洄秋水，悵滄海之太長，敬勒尺函，伸舟悃，爰賚幣篚，用締縞交舊交可敦，曾無趙居任之復往，中興伊近，敢望僧柱梧重來，文難悉情，辭不盡意，伏祈鑒炤，無任翹瞻。

如此，永曆十二年永明王自雲南遣使，封鄭成功為延平郡王，任招討大將軍。自此鄭成功之勢日益擴張，企圖大舉屠金陵，鄭成功率甲士十七萬、船三千艘北上，連陷浙江的諸州，翌年七月攻略瓜州、鎮江，迫金陵展現復明之氣勢，但於金陵一戰遇兩江總督郎廷佐之詭計而敗，失去甘輝以下多名將率與五百艘船艦，這年十月逃回廈門。清朝在翌十四年（西元一六六九年）派船艦八百艘追擊，此時鄭成功僅擁有船艦四百艘，卻予以擊退，自此以後清兵則不敢再覬覦南方。

第三章　鄭成功的渡臺與統治臺灣

第一節　鄭成功的佔領台灣

自金陵大敗以來，因地蹙而退至廈門，孤軍之勢不振的鄭成功，一轉進入臺灣、驅逐荷蘭人，開始經營臺灣的國土，在此奠定近世臺灣政治的基礎。

一　佔領臺灣的動機

以廈門與金門為根據地，伺機復明的鄭成功，決心佔領臺灣的動機有如下二項。

1　必須另設根據地

在廈門士氣不振，而永明王又逃至緬甸，生死不明，社稷的存廢在一髮之間，但鄭成功堅持明的正朔，為日後揮舞復明之旗，廈門這個彈丸之地不足以對抗滿清的大軍，達成反清復明之大義，因此鄭成功企圖渡東海佔領臺灣，故召集諸將說：

「吾夙聞臺灣離此不遠，意欲整師奪踞如何」。

名為吳豪者回答：

「臺灣前為曠野，故太師（鄭芝龍）曾據此，但現為紅毛（荷蘭人）所據，現築城二座，一在赤崁，一在鯤身，臨海設砲臺，又打沉舢板數艘，內港迂迴曲折，凡船欲入必從砲臺前經過，若越此船必被打沉，因有此堅固周密之防備長達二十餘年，取之徒費其力」。而加以反對，鄭成功聞此言而暫時中止，但已能窺知其領有臺灣之宿願。

2 在臺中國人內應鄭氏

在此之前，在臺中國人中已有人暗通鄭成功，因此荷蘭人知悉鄭成功有討伐臺灣的企圖，當時的荷蘭領事科耶特緊急報告巴達維亞，大力請求增兵來防備，但東印度公司的評議會卻以此乃毫無根據的傳言，不可輕舉妄動以免引起恐慌之由，拒絕其要求，且命科耶特停職，由克雷克取而代之，荷蘭方面也思考對付鄭氏之方策，但事實上防備臺灣處於不完備的狀態之際，荷蘭政廳的通事、名為何斌的中國人，獲悉鄭成功有據臺之志，認為奇貨可居，於是私吞荷蘭的公款十八萬兩，逃離臺灣至廈門，獻給鄭成功，且說：

「臺灣沃野千里實為霸王之區，若得此地以該國稱雄，必須使人耕種以足其食（中略），以十年生聚十年教養使國富兵強，就能進攻退守足以與中國爭霸」。

且從袖中取出地圖，歷歷指摘敘述水路變更的狀況等，勸說必須佔領臺灣，鄭成功大為心動，再下定決心佔領臺灣。在鄭成功謀議征臺之際，吳豪、黃延等以險遠之故而認為有困難，馬信、陳永華等則力倡不妨一試，故征臺之議日漸成熟遂決，此時正值永曆十五年正月。

二 佔領澎湖島與臺南附近的地形

1 佔領澎湖島

征臺之議終於決定，因此命世子鄭經守廈門，鄭成功親自率舟師，以大小船艦百餘艘、兵二萬五千人，在永曆十五年（西元一六六一年）三月自廈門、金門兩島發兵，而攻略澎湖、進入媽宮的是四月三十日，接著鄭成功祭海岳，並巡視附近的島嶼，眾將告知：「若得臺灣，以澎湖為門戶保障」，於是留下陳廣守備澎湖，其他則直指臺灣本島的鹿耳門出發。

2 臺南附近的地形

鄭氏與荷蘭人相爭地的臺南地方的地形與現在相去甚遠，徵之古圖，自安平至臺南一帶是稱為臺江的海灣，在此並列七座島嶼及二層行溪（二仁溪）的河口，此等島嶼稱為鯤身，熱蘭遮城即在所謂一鯤身（現在的安平）的島上。鄭氏指向的鹿耳門是指位於一鯤身附近的北線尾島與加老灣島所形成的水路，扼臺江的關口，因此在臺灣縣志中記載：「水底沙線若鐵板，縱橫布列，舟誤犯之則立碎，港路穿狹僅容兩艘，其淺處若戶限」，由此可見是如何天險的要地。船多數是從鹿耳門航行臺江，為達普羅民遮城，現在的臺南是面海。在臺灣縣志中記載：「臺江汪洋浩瀚，可泊千艘」，荷蘭人以臺南為治府，以安平為要塞，為和中國、南洋貿易，在此海停泊許多船舶。

三　佔領臺灣

在此之前荷蘭人風聞鄭成功將來襲臺灣，派兵前往澎湖，卻因不見來寇的狀況而撤回。翌日（四月三十日）恰巧錯開的鄭成功抵達，在此避風五天才出發，迫近鹿耳門。

1　攻擊熱蘭遮城

鄭成功趁荷蘭人疏於防備之機，以熟悉地理的何斌為嚮導，按地圖向鹿耳門前進，但當時鹿耳門入口狹窄，而且迂迴曲折，水淺經常僅七尺，非小船很難進入，於是鄭成功仰天祈禱曰：「皇天若佑我，就假湖水助我舟行」，不久忽然水漲及丈餘，於是鄭成功把手放在額頭，大喜曰：「此乃天哀孤不成溝壑」。但依據臺土開闢以來的天災日記，記載清順治十八年五月鹿耳門的湖水漲及一丈餘，可見時偶有天災，因此推測此乃鄭氏之幸，終能順利進入臺江。此時荷蘭守將聽到鹿耳門外砲聲隆隆，登望樓看到鄭成功的船艦排山倒海而來，但恃水路的險惡以及砲臺的堅固，談笑自若而毫無驚色，但聽說鄭軍進入內港後才下令嚴密警備，據說其中一

荷蘭人承諾鄭氏歸降圖

將說：「鄭成功之軍實有如天降之感」。此時荷蘭人的防備薄弱，實際能戰鬥的船艦僅二艘，而且當時在臺中國人加以應援，因此鄭成功親自率兵在敵前登陸，在斷絕普羅民遮城與熱蘭遮城與聯絡的地點進兵四千。荷蘭領事見狀，以二百四十名荷蘭兵在此位置擊退之而立即砲擊，但意外的鄭成功之兵不僅不退，更輪流開槍且分兵攻其側面，因此荷蘭兵大驚捨兵器，留下隊長與十九名兵卒敗走。海戰亦不利。當時港內的荷蘭軍艦有四艘，雖擊沉中國船二、三艘，但或被燒毀或逃往巴達維亞，如此鄭成功在登陸四小時後斷絕熱蘭遮城與臺南平原的聯絡，然後寄書給熱蘭遮城加以威脅：「若不速降，城內者必置於劍火之中」，守城者立即商議：「與其盡失荷蘭人之城，勿寧損失普羅民遮城」，而送信給鄭成功，對此鄭成功告之：「臺灣原屬中國，今需要此地，故外人唯離開此島，若不聽請揭舉紅旗」，荷蘭人企圖棄他城，將主力集中一城來固守此城，因此翌晨熱蘭遮城飛舞紅旗，展現一決雌雄之意，於是鄭成功以大砲二十八門攻之，巴達維亞的東印度公司解除科耶特之停職，以援兵七百乘十艘兵船前往臺灣，命其守備，當時在臺灣的荷蘭兵應該有約四千人。鄭成功從接近砲臺處的三面攻之，在數戰後終於攻陷一面，由此注定守城的命運，在固守城池九個月，失去一千六百名士兵後，在明永曆十五年（寬文元年、西元一六六一年）十二月，科耶特以如下的條件開熱蘭遮城交給鄭氏，自此放棄三十八年的統治而退出臺灣。

2 鄭荷議和條件

其條項如下。

(1) 鄭荷雙方中止一切敵對行為且忘之。

(2) 荷蘭人把熱蘭遮城及其外砦砲、軍備品、商品、寶物及其他國有財產移交鄭成功。

(3) 荷蘭人可攜帶米、麵包、葡萄酒、肉、油、醋、帆布、煤焦油、錨、火藥、砲丸、導火線等必要的糧食及必需品離去。

(4) 荷蘭人可攜帶一切私有財產離去。

(5) 荷蘭人可攜帶一定的金錢離去，其金額是評議員二十八人各自二百荷元，其他文官二十人合計一千荷元。

(6)荷蘭人可攜帶裝藥武器，奏樂退去。

(7)荷蘭人對中國人的一切債務，從公司的帳簿調查後付給鄭氏。

(8)荷蘭人可將屬於其政廳的一切文書類及帳簿攜至巴達維亞。

(9)鄭氏在八日或十日內將荷蘭人俘虜歸還荷蘭人的政廳。

(10)鄭氏把捕獲的小船歸還荷蘭人。

(11)鄭氏準備足夠的小船，把荷蘭人撤退時的荷蘭兵與荷蘭貨搬運至該船上。

(12)鄭氏對荷蘭人擁有的蔬菜、牛隻及其他獸類等，全部以相當的價格賠償荷蘭人。

(13)在荷蘭人撤退前，中國人不得進入熱蘭遮城或進出現在的居所。

(14)締結本條約後，雙方互以評議員為人質交換。

(15)警護倉庫的荷蘭警衛留至荷蘭的文官及軍人登上本國船二、三個月後，然後警衛與人質再一同登上該船。

(16)荷鄭雙方互相交換俘虜。

(17)有關誤解其他的重要事件，在相互協議下解決之。

如此，領事科耶特率千人兵與眾多官吏商人等，分乘八艘船向巴達維亞出發，至此荷蘭人的蹤影從臺灣消失。

四 荷蘭人的反攻

然花費三十八年的歲月經營臺灣的荷蘭人，因鄭成功而一敗塗地，故有人並未就此忘記臺灣。爪哇的東印度公司與清朝簽定攻守同盟，一方面欲收復臺灣，另一方面欲剷除明朝的餘黨，在撤臺那年荷蘭人率十二艘軍艦至閩江，與清將商議卻不得要領，於是荷蘭軍艦攻擊鄭氏的支城廈門，暫返爪哇，但翌西元一六六三年再來中國，與清軍結盟攻打廈門、金門大獲全勝，而與清艦一同來臺，但鄭氏的基礎已牢不可破，因此荷蘭人斷絕收復臺灣之望返回爪哇。自此以後在中國海上完全不見荷蘭旗的影子，終成鄭氏的臺灣。

第二節 鄭成功的經營臺灣與經營呂宋

一 鄭成功的經營臺灣

鄭成功把荷蘭人驅逐島外，佔領該地是在清順治十八年十二月三日（寛文元年、明永曆十五年）、西元一六六一年。在此鄭成功樹立臺灣長治久安之計經營國土，鞏固今日臺灣的基礎，因此鄭成功被尊為臺灣的開山始祖。

1　施政的緒端

鄭成功佔領臺灣後，首先祭祀天地山川，接著把熱蘭遮城改稱安平鎮，普羅民遮城改稱承平府，把臺灣改稱東都，新設二縣，把北路一帶稱為天興縣，南路一帶稱為萬年縣，又設學校，制定法律，養老幼，恤孤獨，招募丁庸，巡視蕃地，或設屯田制，配置水陸各鎮，部署守將等各就其緒，專事休養人民，講求國家長治久安之策，因而明朝遺民閩粵的流民等移居歸服者多，使鄭氏的霸業日益穩固。

2　撫化土蕃

在此開政治之緒端，施政已上軌道，因此鄭成功傾力撫育蟠踞臺南附近的平埔蕃，親率部將調糧食，巡視新港、目加留灣、蕭壟、麻豆等蕃社，鄭成功給與煙布，好言相慰，因此所到之處的土蕃皆欣喜雀躍，恭迎鄭成功，無人敢拒絕約定。這些地方均為以往接受荷蘭人撫育之處，鄭成功又恩威並施，故全被撫化順化。

3　施行寓兵於農

寓兵於農就是所謂屯田制，為達富國強兵之實，這是鄭成功在巡視土蕃後訂立的治民良法。鄭成功巡視回來後立即會諸將說：

凡治家治國以食為先，苟若家無食，即使親如父子夫婦，其家亦難和，苟若國無食，即使有忠君愛國之士，其國亦難治。今上托皇天之垂庇，下賴諸君之力而得領有此土。然食者眾、作者寡時，糧餉告乏而至師飢時，恐亦難興國固國。今躬親踏查之結果，闔境甚為膏腴，故仿效寓兵於農之法，必糧餉足兵多，然後見機策訂進取之計。

諸將皆贊同，因此鄭成功又再指示其方法說：

在師為將者必能興屯以備富兵（中略），今臺灣即開創之地，雖僻處海濱怎敢安逸忘兵，暫以侍衛二旅守安平、承天二處，其餘諸鎮以鎮分地、以地開荒就無閒丁逸民，又插竹為社，斬茅建屋，牧生牛，教以犁耕田，野就無曠土，軍有餘糧（中略），農閒時教武，有警時荷戈而戰，無警時負耒而耕，寓兵於農之意如此。

自當日起就分地領兵，從事開墾，此即屯田制，依據中國古來的制度，在農閒時教武事，有警時荷戈，無警時荷鍬耕地的制度，自此以後耕地大為增加，以備外敵。據說今日臺灣西部平原一帶之地在此時已一半就拓殖之緒。

二　鄭成功的經營呂宋

鄭成功的經營不止臺灣，更欲攻略呂宋做為附庸，立日益鞏固臺灣基礎的計畫，但謀洩而彼地的警戒嚴，且中國人為此被殘殺多，此期間鄭成功去世，故此事遂告中止。

1　教僧維多利奧・里科西歐的使命

鄭成功在西元一六六二年企圖經略呂宋，據臺的翌年，鄭成功任曾在廈門結識的義大利傳教士維多利奧・里科西歐為使節至馬尼拉，勸西班牙特派的呂宋太守入貢，背地傳檄給當地中國人，教唆揭舉叛旗，將乘內亂從外襲擊呂宋的計畫。於是里科西歐抵達馬尼拉，前往太守的政廳的同時，並把國姓爺的密書交給住馬尼拉的中國人。

2　經營呂宋的失敗

然此一計畫（叛離）洩漏，里科西歐受到嚴厲的譴責，呂宋太守緊急把全島之兵集合在馬尼拉，據稱其數達步兵八千、騎兵一百。五月六日（西元一六六二年）摧毀恐被中國人佔據的城砦，日益加強守備，西班牙人故意激怒中國人爆發事變，藉口鎮壓以謀殺光中國人，先捕獲中國的帆船，擒船長威嚇中國的移民。在此中國人痛恨西班牙人的暴虐，因而舉兵殺西班牙人以自衛。於是西班牙人趁機從巴里安的砲臺猛烈砲擊。此時無辜的中國人等恐慌狼狽不知所措，自縊或欲自海逃離而溺死者眾，亦有東西狂奔入山者，僥倖逃上船者千辛萬苦抵達臺灣，投靠鄭成功。由此，曾多數居住馬尼拉全島的中國人幾乎滅亡。使得經略呂宋的企圖發生齟齬，里科西歐毫無所獲回臺，導致人心沸騰。這使得鄭成功更欲討呂宋，就在完成鄭軍南下的準備，即將進入巴士海峽時，鄭成功得病，其志終歸泡影。

三　鄭成功之死

他自父方繼承權謀術數之才略，自母方繼承勇敢剛毅之氣性，在明清革代之間以臺灣王立下國家百年之經綸，但天命注定不長命，在施政才剛就緒，朝廷之制令尚未廣泛施行中就辭世，因此其死後獨留混亂。

1　鄭成功的憤死

在此之前，清主屢屢招降鄭成功卻不從，派刺客殺之也未成。十七年前降清的父親鄭芝龍在這年（西元一六六二年荷蘭人攻擊中）十月被中國人所殺，母親在父親降清那年於泉州自刎，明主永明王在緬甸蒙塵，明室日益凋敝，鄭成功把荷蘭人驅逐臺灣，在臺南開治府，穩健邁向經營臺灣之途。此時明朝遺臣名為林英的僧侶慕鄭成功之名來臺，傳達：「遠在緬甸蒙塵的明主及其子孫死於叛臣吳三桂之手，斷絕明的正統」的消息，讓鄭成功大為憤慨，終在這年（西元一六六二年）五月一日犯熱病，數日後拖著病重的身體逞強起床登上將臺，整衣冠，正威儀，恭捧明太祖之遺訓讀之，但讀到第三帙時嘆曰：「吾有何面目在地下見先帝」，以雙手掩面而去世，時年（西元一六六二年）五月六日，年方三十九。此時正值明永曆十六年、日本寬文二年，鄭成功據臺後僅半年而已。忠魂去永不歸，化為孤島一坯土，其志讓人不勝憐憫。

2 開山神社的由來

鄭成功的真跡及舍利塔(臺南開元禪寺寶物)

開山神社的拜殿（臺南）

開山神社的境內（臺南）

鄭成功遺愛的梅（在開山神社境內）

鄭成功的忠義鴻業普為世人所知，現今在臺南以開山神設受人祭祀。最初清同治三年（明治七年）福建省船政大臣沈保禎奉命，巡視臺澎的庶政，當時臺灣府的進士及地方的士紳等協商，對明朝的延平郡王即鄭成功尚未追賜謚號及敕建祠廟感慨萬分，而向沈保禎建言，於是在翌光緒元年一月降諭，在臺灣府城建延平郡王祠，以及欽准謚忠節（危身奉上曰忠、艱危莫奪曰節），於是在這年二月得捐資一萬八百餘元改建王祠。自此以後稱明延平郡王祠，以王者之禮祭祀。日本據臺後三十年一月桂總督（桂太郎）在任時列為縣社，下達指示稱為開山神社的社號，之後社殿經由數次的改建而成為今日所看到的結構，開山神社所藏的鄭成功真跡、田川氏的牌位、據傳鄭成功遺愛的梅樹，皆述說著鄭成功的歷史。

3 國姓爺交戰

把鄭成功一代的事蹟編成戲曲，大受日本人喜愛的名為國姓爺交戰的淨琉璃，是近松門左衛門的名作，戲從德川家光時期鄭成功向日本乞援兵開始，趁鄭成功之名廣為日本人所知，人們想了解其事蹟之際，近松妙筆一揮，追溯模糊的傳說，把國姓爺的事蹟寫成腳本，為國姓爺取了個日本名和藤內。此淨琉璃在大阪竹本座上演時投大眾之所好，據說從正德五年十一月起，三年間演出長達十七個月，盛況空前足以獨步古今。由此可知日本人如何感佩鄭成功的忠誠。

第四章　鄭氏的末路

第一節　鄭經的統治臺灣

鄭經繼承父親鄭成功之遺志，三度出兵對岸以期恢復明朝，但最終失敗而退據臺土，致力於經營本島，但其一生的前半雖得意，後半卻是悲哀的歷史。

一　鄭經的經營對岸

在本項敘述鄭經與清朝的關係。

1　鄭經鄭襲之爭

鄭成功死後，暫由其弟鄭襲執臺政，這年（西元一六六二年）六月把鄭成功之訃報給居廈門的嗣子鄭經，鄭經在此繼位以統治臺土。然在臺灣蔡雲、黃昭、蕭拱振等稱奉鄭成功之遺命，企圖除鄭經而立鄭襲，結黨密修兵備。於是鄭經在這年十月以周全斌為五軍都督，陳永華為諮議參軍，馮錫範為侍衛，率師赴臺土佈陣簝港，十一月與黃昭所率之鄭襲軍大戰，鄭經之軍一時看似危險，但周全斌率數十人在其左右努力防戰，而鄭經亦射殪黃昭，敵軍大敗散落四方。鄭經終入臺城，攻蔡雲、蕭拱振等一夥殺之，其餘不予追究，因和鄭襲無不同之處而讓大眾悅服。如此鄭經自廈門進入臺土而君臨。

2　鄭經與清朝的交涉

清趁鄭襲、鄭經相爭，勸告鄭經歸順。當時鄭經有二種想法，第一是如果准許鄭氏模仿清的附庸國朝鮮一例依然領有臺灣，不必遵從薙髮結辮等清制，只須納朝貢而處於附庸的位置就歸順，第二是趁此交涉談判之間拖延清軍的南下征臺，平定臺灣內部的訌變，此期間如果前述的要件不被接受，就下定決心斷然反抗。然鄭經歸順的要件不被清政府接受，因此鄭經奉明的正朔，決心斷然為之，先傾力於臺灣內部的施政，後著手於對岸的經略。

3　鄭經的經營廈門

鄭經接受清朝招聘的是明永曆十六年（寬文二年）正月，翌年正月永曆帝之訃傳到臺灣，但鄭經奉明的正朔而稱永曆十七年，鄭經統御島內的同時，也固守臺灣的支城廈門、金門，以圖復明之事，同月（正月）又渡廈門，穩健踏上經營之途，以翁天祐為轉運使，委託治理廈門。於是翁天祐在廈門建廟宇、興市集等，開始著手整理庶政，但這年十月清將耿繼茂、馬得功及施琅等合兵，單方面與荷蘭人約定攻擊金門、廈門兩島。鄭經命周全斌等禦之，周全斌奮戰不懈，終殪馬得功，但寡不敵眾，鄭經退守銅山。此時清兵來到金門、廈門，搜括寶貨、婦女而去，以致據說該地的住民大為疲憊。

二 鄭經的經營臺灣

鄭經從對岸退卻後專心致力於經營臺土，耐心等待復明之期。

1 臺政的革新

鄭經處在如此不利的地位，因此其部將中如周全斌、林順等人降清，但唯陳永華、馮錫範不變節，與鄭經一起退至臺灣。陳永華原是梧州人，陳鼎之子，頗具見識而有經世之才又長時務。因而鄭經的經營臺灣乃出自於陳永華之方寸。守臺灣故地的鄭經，把東都改稱東寧，升格天興、萬年二縣為州，在南北兩路及澎湖設三個安撫司等，致力於經營國土與發揚國威，另一方面曉以大義明分，表明永奉明的正朔之意，為鼓勵志氣成為臺主，在四年後正月（明永曆十九年、清康熙四年）率文武百官至安平鎮，向遙遠的明帝行朝賀之禮，又設吏、兵、戶、禮、刑、工等六部官組成內閣，力圖改革政務。

2 產業的興起

鄭經親自巡遊南北各社，獎勵諸鎮開墾土地擴大田畝，盛行栽種五穀以增收穫，獎勵蔗作製糖以興民業，煉土燒瓦，或伐竹林以補築舍之材，尤興製鹽業等致力發展各種產業，謀求國利民福，尤其把製鹽法從舊式的煎鹽法改為今日的天日製鹽，此等全出自於鄭經的創意，奠定臺灣製鹽業之基礎。如此爾後諸業均就緒，達到賦課富裕，豐衣足食。

3　獎勵文教

整制度、興產業，使統治臺灣得宜，可謂部將陳永華的功績，陳永華猶策立曰：臺灣沃野千里遠濱海外，且其俗淳，國君若能舉賢以助理，十年生長、十年教養、十年成聚，三十年就能真正與中國不相上下。現既足食，當教之，若逸居不教，與禽獸何異，須撰地建立聖廟，設學校以收人材，願國有賢士，邦本自固，世運日昌。

鄭經接納此議，在翌永曆二十年正月在東寧的承天府下建聖廟，傍置明倫堂，命其他各社興學校，聘師集子弟讀書，尤其於天興、萬年二州三年舉行兩度科試，及第者送府，府試及第者送院，院試及第者准許進入大學。其他書院義塾所舉行的試驗（參照第九章第一節）在三年內合格者任命六官。如此，鄭經用心整頓學制，登用人材與開發文物。

4　締結條約

當時鄭經與英人締結通商條約，在安平從事貿易，但當時臺灣的產物不多遂中止。

三　鄭經的經營呂宋

在經營呂宋上，之前鄭成功曾失敗，但鄭經繼承父之遺志，企圖再經營呂宋。

1　經營呂宋的宿願

鄭經初守臺灣的故土時，名為忠振伯洪旭者上奏：「為長治久安之計，以整船隻為第一要務，今所有的船艦將悉數朽爛，須速修造監堅牢以備不測」，鄭經接納其議，又派遣教僧里科西歐赴馬尼拉簽定友好之約，且約定供給造船的材料。

2　反對經營呂宋

然在寬文十二年正月，顏望忠、揚祥等齊聲請求討呂宋以擴大國土，但馮錫範卻說：「師出無名將失遠人之心（中略）況有年年仰賴他們桅舵之利，不能妄用無益之師」，提出反對經營呂宋之議，因此再度的南征在此又告中止。

四　鄭經的沒落

鄭成功企圖恢復明室卻未遂其志，含恨以逝，其子鄭經亦如鄭成功當時奉明的正朔。

1 鄭經的意氣

鄭經屢受清朝招降卻不為所動，卻趁中國三藩之亂，一時進兵攻略廣東、福建諸州。所謂三藩之亂，就是當時（清康熙十二年、西元一六七三年）吳三桂據雲南四川貴州叛清，翌十三年擁立故崇禎帝之遺子，立國號大周，靖南王耿繼茂之子耿精忠亦據福建叛清。此乃鄭經可趁之好機，因此鄭經與彼等互通款曲，出兵對岸，即這年五月鄭經以陳永華為東寧的留守總制，親率馮錫範、陳繩武、劉國軒等出兵閩粵之地，先取泉州，拔同安、漳州，降潮州，攻略汀州、惠州、興化、邵武，兵勢大振，當時之意氣風發，從以下所謂鄭經移檄之文即可了解。

組練百萬樓船數千積穀如山，不可紀極，征帆北指，則燕齊可搗，遼海可跨，旋麾南向，則吳越可掇，閩粵可聯，陸戰而兕虎辟易，水攻而蛟龍震驚。

2 鄭經的末路

然耿精忠降清、吳三桂亡後，鄭軍已無昔日之勢，在康熙十五年九月為清將康親王大敗，十七年二月為福建陸路提督萬正色攻陷廈門，漳州泉州諸鎮接踵降清，鄭軍的銳氣頓挫，鄭經又自失不為，軍國大事悉數委以劉國軒，自己回到臺灣，政事專委以其子鄭克塽，自己退至州仔尾閒居，築遊樂之地，在峻宇雕牆中集茂林嘉卉，悠閒度日，但過了三年得病而歿，時值康熙二十年（西元一六八一年）年三十二。鄭經為人仁厚，頗得士民之心，其治世二十年奉永曆的正朔，自稱招討大將軍。清屢屢遣使招撫之，但父子均守其孤忠，終未從清。

第二節　鄭克塽的放棄臺灣

鄭經之子鄭克塽繼位，但不肖幼弱而不堪克紹父祖之鴻業，趁文武部臣在此期間私通款曲，民心日漸離散之機，清軍來攻，鄭克塽不支，遂降清。

一　鄭克塽與鄭克臧之不和

初期鄭經的螟蛉子名為鄭克臧者，乃鄭經之嬖妾林氏之養子，配陳永華之女，因此陳永華更加得勢，鄭經出兵對岸之際，政事均委以陳永華，因此陳永華以鄭克臧為監國。鄭經在中國敗北回到臺灣後，鄭克臧一時掌握臺灣的政柄，但鄭經死後，鄭克臧的諸弟等說：「克臧並非吾等骨肉，若一旦得志，吾族將無遺類」，遂收回監國的印綬，幽禁別室害之，立正妻萬氏之次子鄭克塽。

二　清朝對鄭克塽的方略

在此之前，清政府對鄭氏的方略，在文武百官之間意見相歧，文官的主張是執招撫主義，認為：「今臺灣的大勢是人心日漸離散，鄭的寡兵不足以抗大軍，在此與其舉征臺之師，勿寧招撫歸順，救生靈塗炭之苦於未然」，如浙閩巡撫姚啟聖為其主倡者。武官的主張是持剿討主義，提出：「若不早撲滅，生聚訓練後必難以拔除，趁民心離散軍情尚虛，一舉剿討」的議論，如水師提督施琅為其主倡者。

1　清佔領澎湖島

清政府終於決定剿討臺灣，在康熙二十二年六月任施琅為水師提督，率二萬五千兵自銅山出發，踏上征略臺灣之途，迫近澎湖。清軍以澎湖南方的八罩島為根據地，取澎湖港外的虎井、桶盤二嶼，又再分兵為左右二翼，左翼直衝雞籠嶼的砲臺，右翼前進牛心澳，中軍分為八陣，將軍親自居中麾全軍、其勢甚盛。將劉國軒奮擊血戰、炮火猛烈，攻防亙數日，但澎湖守軍敗北而失去大小兵船二百餘艘，將卒死者達一萬二千。此時存活的鄭氏將卒雖有四千餘名，但向清乞降，澎湖遂被清佔領。此役清軍的死者三百二十九名、負傷者一千八百餘名。

2　鄭克塽的降清

僅劉國軒逃至臺灣報敗戰之消息，鄭軍的諸將盡為驚駭，島民的動搖更甚，皆提不出對策，有人提議避難呂宋，但最後決定全島降清，把降表攜至澎湖，表達：「已傾心向化，不敢再主張居故土，奉上版籍土地人民，輸誠待命」之意，因此施琅接納，命侍衛吳啟爵為接收臺灣的正使派遣至臺灣。鄭克塽叩其軍門，奉上延平郡王的金印一個與招討大將軍的銀印二個給吳啟爵。於是翌八月施琅率舟師自澎湖來臺灣，授受本島，至此臺澎全歸清的領土，鄭克塽及文武諸官皆遵制薙髮結辮，此時鄭克塽年十五，在位二年，明朝就此滅亡，但鄭成功奉永曆的正朔，因此經過父子三代三十六年（其中臺灣治世二十一年），明的正朔全絕，鄭氏亦在此滅亡。降伏後鄭克塽被封為清的正黃旗漢軍公，其他投降的文武官僚均授予官職，但據說當時在臺灣的明朝遺民中，有人表示與其遭砍頭也不願辮髮，自己伏誅或逃至蕃界者多。

3　鄭克塽的經營呂宋

鄭克塽終於降清，但往年的他意氣風發不可一世，在此附帶一提，時值康熙二十二年，清軍東下一舉攻陷澎湖，破劉國軒佔領澎湖島，臺灣亦面臨危及時，建威中鎮黃良驥建議說：

「今日失澎湖臺灣亦危，不如率大小戰船直下取呂宋以立基業」。

中書舍人鄭德潚贊同，且取出地圖慫恿攻略呂宋，而如提督中鎮洪邦柱則挺身希冀擔任先鋒，熱心主張攻略呂宋，但鄭克塽幼弱猶不決，敗餘的將士多數沮喪的不想遠征，於是鄭克塽決定向清投降，以致三次遠征呂宋的計畫均化為泡影。

4　靖寧王的殉國

當時在臺灣有明宣宗九世之孫的靖寧王，為避明末之亂而投靠鄭氏，渡臺領墾田十甲以養士氣，但如上所述，康熙二十二年清軍來攻，攻陷澎湖時僅劉國軒知其勢不敵而逃回臺灣，臺灣的朝議決定奉鄭克塽降清，但靖寧王此時已察覺大勢已去，嘆曰：「予是明室的宗族，不可辱義」，著冠服設庭賓禮向北面祭拜天地祖宗，招臺人飲別，將王印授予鄭克塽後，自己投繯從容絕頸而死，此時年六十六，靖寧王在承天府傍建所謂宗人府寓居，但其品格雄偉、美髯高聲，善詩書好劍，寡言謙讓兼以武勇，因此鄭氏的士民皆尊崇為王。而且靖寧王有五名妾，袁氏、王氏、秀姑、梅姐、荷姐等，靖寧王自頸時，此五妃亦從殉王，以後建祠廟祭祀婦烈赫赫的此五人婦節的是位於臺南市南門外的五妃廟。

第五章　鄭氏的理蕃

第一節　土蕃的理蕃

鄭氏割據臺灣後父子三代不過二十一年，但其目的是以臺灣為根據地，以圖恢復明朝，因此征服當時據平地而居的土蕃，同時在地方訓練農兵以培養武力。（參照本篇第三章第二節）。

一　討伐土蕃

很久以前中華民族就和土蕃有交往，但稍有組織加以統制的是鄭氏時代以後的事。

1　恩威並行主義

鄭成功佔據臺灣之初即巡遊蕃地，致贈煙布，努力撫化土蕃，鄭經亦為之，對開拓土地若土蕃不遵其命即剿滅之，荷蘭人對土蕃僅以懷柔對待，但鄭氏反而採取恩威並行主義，往往流於峻烈苛酷，苟有不服其命者立即膺懲，不剿滅絕不罷休。

2　討伐的情況

臺灣縣志中記載：「鄭氏立法，尤嚴不遺赤子，併田疇盧發之」。如蕃俗六考所載：「沙轆蕃原有數百人為最盛，後為劉國軒殺戮殆盡只餘六人」，幾乎被剿滅殆盡，由此可窺知其討伐狀況之一班。

二 土地的開拓

土地的開拓是對蕃政策中最重要的，以富國強兵為目的。

1 屯田法

在前面鄭成功一節已敘述的寓兵于農法即為此目的所設的理蕃策略，此法是教農民（漢族）軍事，訓練所謂農兵，配置諸鎮從事開拓未開蕃地，把寓兵于農法稱為諸鎮屯田法的原因在此，鄭氏以此法逐次侵略土蕃的居地，開拓土地奉農兵之命者加以撫化，違逆者進行殘酷的討伐，得到寸地尺土就築堤防（土堆），邊防蕃害邊進行，把這種堤防稱為土牛，進入清朝時代也設堤防，現今在臺中縣土牛庄還能見到其遺蹟。

2 開拓的效果

如此，在鄭經時期利用屯田兵的開墾日益進展，而且種穀製糖製鹽製瓦等業也興隆，呈現產業的蓬勃發展。在此所謂的土蕃是指熟蕃（平埔蕃），絕不能和生蕃（高砂族）混淆。

三　開拓的區域

依據以上諸鎮屯田法，鄭氏拓地二十一年，期間所開墾的區域以臺南為中心，南至鳳山的瑯嶠（恆春）地方，北至半線（彰化）竹塹、即現在的新竹附近及臺北平原，東夷諸羅（嘉義）的原野進入林圯埔。

1　鳳山瑯嶠地方　雖開拓鳳山一帶的平原，然似乎未及下淡水溪（高屏溪）沿岸的平原。在瑯嶠地方從現在的車城登陸討伐土蕃的不從者，娶蕃女並與土蕃從事開拓。

2　半線地方　此地是從笨港登陸從事開拓。

3　竹塹地方　自大甲溪的河口邊登陸，達到現在的新竹附近一帶。位於大甲鎮外的名為國姓井的井，傳說是鄭氏時為屯田兵所鑿。然其開拓似乎未及新竹以北的平原。

4　淡北地方　所謂淡北地方是指臺北淡水地方，鄭氏溯淡水河而上進入臺北平原，開拓其一部，基隆溪畔的劍潭古寺據說是鄭氏時建立，而北投的礦山據說是投罪人之地。

5　雞籠地方　指基隆地方的平原。

6　水沙蓮地方　水沙蓮地方是指現在的斗六與竹山間，此地的拓殖也在此一時期進行。現在的竹山原稱為林圯埔，這是鄭氏的部下林圯率屯兵二、三百人侵略名為魯巴爾雅馬的蕃地，但土蕃趁夜陰前來逆襲，林圯及百餘人被殺，遺卒等攻擊夷之，在該處建部落，因故將之名而稱為林圯埔，在林圯埔、即現在的竹山到斗六之間的林內庄有鄭氏之廟，這是讓人回憶鄭氏拓殖事蹟的紀念物。

以上拓殖的行程如上進展的同時，難免與土蕃發生衝突，因此屢屢有討伐之舉，其中最為顯著的是討伐新港、竹塹等蕃社，現在仍佔居北部山中苟延殘喘的塞特族，其實就是屬於漏討此蕃社的殘類。

第二節　山蕃的理蕃與採金的計畫

鄭氏的諸鎮屯田法行之於平地，因此蕃地、即生蕃的居地仍為化外之地，統治尚未及該處，故值得記述之事甚少。

一　討伐山蕃

然鄭氏曾討伐山蕃數次，其主要是討伐傀儡蕃與斗尾龍岸蕃。

1　討伐傀儡蕃

傀儡蕃是位於鳳山方面山地的生蕃排灣族之一部，企圖懲之但數戰不利而不得不中止，其狀況在蕃俗六考中有記載：

傀儡負嵎蟠踞，自昔為然，紅毛偽鄭屢思剿除，居高負險，數戰不利，率皆中止。

2 討伐斗尾龍岸蕃

鄭經又企圖討平斗尾龍岸蕃而深入蕃地，卻受到紋面的蕃人五、六百人逆襲互相殺傷，但鄭經仍前進燒毀其巢窟而歸，此事在蕃境補有如下的記載：

斗尾龍岸蕃皆偉岸多力，紋身紋面狀同魔鬼，出則焚掠殺人，土蕃聞其出皆號哭走避，鄭經統兵往剿深入不見一人，時亭午酷暑軍士皆渴，競取甘蔗啖之，劉國軒守半線率數百人至，見經大呼曰，何為至茲，令三軍速割草為營，亂動者斬，言未畢四面火發，紋面五六百人，奮勇挑戰，互有殺傷，餘皆竄匿深山，竟不能滅，僅燬其巢歸。

由此可知，討伐的目的似乎未能充分達成，但鄭氏卻達到威震山蕃的目的。斗尾龍岸蕃現在屬於哪個蕃社不詳，但據說是現在北港溪上游的泰雅蕃社。

3 西爾畢亞山的探險

此外，鄭經又嘗試探險玉山、即西爾畢亞山脈，從現在的苗栗地方沿溪流溯至中港溪上游邊，但瘴癘之氣甚多而困難遂中止，在淡水廳志中有如下記載：

玉山在貓裏溪頭山後，萬山中晴霽乃見巉岩峭拔疊白如銀，可望不可即，相傳偽鄭自率步卒往，至山麓遙隔一溪，毒甚涉者多死。

二　採金的計畫

鄭經又傾力於利用厚生，企圖開採北部臺灣特產的砂金。

1　哆囉滿的探險

企圖從臺北地方橫斷中央山脈，探險現在的臺東平原北部的哆囉滿（現在宜蘭平原之一部）地方，依據記載當時記事的文獻即可察知。

2　文獻記載的採金記事

海上事略記載：

偽鄭時，淡水通事李滄愿取金，自效希受一職，偽陳福偕行，到淡水，率宣毅鎮兵並附近土蕃，未至卑南覓社（臺東蕃地的總稱）土蕃伏卉以待曰，吾儕以此為活，唐人來取，必決死，戰福不敢進回，至半途，遇彼地土蕃，泛舟別販，福率兵攻之，獲金二百餘併繫其魁。

又臺灣志略中記載：

哆囉滿產金，從港底沙中淘之而出，康熙壬戌（二十一年）間，鄭氏遣偽官陳廷輝，往其地採金，老蕃云採金必有大故。

當時鄭經自淡水河溯基隆溪，前往現在的水邊腳或暖暖地方，卻受土蕃妨礙而似乎未能抵達臺灣山後、即臺東地方，且從該書記載的「他人雖能到，不服水土，生還者無幾」來看，鄭氏雖了解臺東方面有砂金，卻畏懼蕃害而幾乎未有所得。如上所述，鄭氏的理蕃是以臺南為中心亙整個西部平原，南至恆春北及基隆，對荷蘭人、西班牙人開發的平埔蕃以恩威並行主義統治，更擴張其地域，仿效荷蘭人之例徵人頭稅。然開拓未及山蕃，但此期間計畫開採砂金等，似乎對將來有所期。

四　各鎮屯田與守將的配置

鄭氏在統治臺灣上做為經濟基礎的是命諸鎮開拓土地。依此所開拓的墾田的莊名與諸鎮的名稱如下表所示。

1　各鎮屯田與莊名

屯田的名稱	屯田的位置與莊名
	鳳山
參軍莊	長治二圖里為參軍陳永華所墾
前鎮莊	大竹里為中提前鎮所墾
前鋒莊	仁壽上里為前鋒鎮所墾
後勁莊	半屏里為後勁鎮所墾
後協莊	仁壽上里為中衝鎮所墾
右衝莊	半屏里為右衝鎮所墾
中衝莊	仁壽上里為中衝鎮所墾
援勦中莊	觀音上里為後勦中鎮所墾
中權莊	小竹下里為中權鎮所墾
角宿莊	觀音上里為角宿鎮所墾
仁武莊	觀音下里為仁武鎮所墾
北領旗莊	維新里為侍衛領旗協所墾並有水圳
三鎮莊	維新里為戎旗三鎮所墾
左鎮莊	興隆外里為宣毅左鎮所墾
營前莊	長治一圖心為某鎮營
營後莊	長治一圖里

五軍營庄	嘉義	赤山堡為五軍戎政所墾
查畝營庄		鐵線橋堡為查畝之地
果毅後庄		果毅後堡為果毅後鎮所墾
新營莊		鐵線橋堡鎮名不詳
舊營莊		同上
中營莊		茅港尾西堡鎮名不詳
後營庄		荳荳堡鎮名不詳
下營莊		蕭壟堡鎮名不詳
大營莊		新化北里鎮名不詳
二鎮莊		赤山堡為戎旗二鎮所墾
左鎮莊		新化南里為折衝左鎮所墾
中協莊		赤山堡為左先鋒鎮中協所墾
赤山堡		赤山堡為為參軍林鳳所墾
林圯埔莊	雲林	沙連堡為參軍林圯埔所墾林內亦同。
統領埔莊	恆春	興文里為統領某所墾在柴城附近。

2　臺灣的守將與配置

鄭氏三代統治臺灣期間，保全領土、防備外敵等所謂國防是如前述的諸鎮屯田制，訓練農兵的同時也在澎湖對岸配置十一名守將。如下表所示。

守將官職名稱	摘要
總督承天南北兩路軍務	永曆十五年設以周全斌任之
北路總督	永曆三十五年設以左武衛何祐任之
承天府守將	
安平鎮守將	
鹿耳門守將	
澎湖守將	
淡水守將	
思明守將	思明以下六地的守將統括福建省。
銅山守將	
南濠守將	
達濠守將	
南日守將	
舟山守將	

第四篇　清領時代（西元一六八三～西元一八九五年）

在滿州舉旗的清朝滅明降鄭氏，把臺灣納入清的版圖，自此統治該領土二百餘年，但其施政不得宜，內憂外患交至，以後稱臺灣為化外之地，施政更加不振，在文化的提升、民業的發展上乏善可陳，徒讓土民受苦的多。

第一章　清朝的領有臺灣與治臺

第一節　清朝的領有臺灣

清朝從膺懲鄭氏之初就欲把臺灣納入清的版圖，因而盛行可否之論，結果清朝決定領有。

一　清朝領有臺灣的起源

康熙二十二年（西元一六八三年）滅鄭氏、納入清領的是在距今約二百五十年前。

1 姚啟聖與施琅的功績

而臺灣創業歸功於福建布政使姚啓聖及水師提督施琅之處多。起初鄭氏在中國極為隆昌之際，連以破竹之勢的清軍也拋棄閩海一帶任其蹂躪，遷移其邊民以避其銳鋒，但康熙帝即位後，捨棄保守主義，大舉進攻鄭氏的根據地臺灣，欲懲鄭氏之不順從，於是任姚啓聖為福建布政使來負責。此時鄭氏猶佔據金門廈門，處處設置海鎮，從頭到尾勢力仍猖獗至極，因此姚啓聖至漳州屢屢嘗試招降策略。鄭氏也知悉在中國已無可為，遂退居澎湖臺灣，使閩海一帶漸漸歸於清領，但鄭氏在臺灣奉明的正朔不從清。於是康熙帝招降鄭氏之將施琅，升任為內大臣，使討臺之舉終於成熟。施琅是聰敏周詳的老將，感激康熙帝優渥的知遇，以內大臣兼任水師提督日益盡忠清朝，奮而召集部下的同時派出反間。

2 鄭克塽的幼弱

臺灣雖立鄭克塽，卻因年少而由劉國軒輔佐，大肆採用嚴刑以立幼主之威，因此將士等動搖，有疑懼之色，清知悉後遂大舉率舟師破澎湖、併吞台灣，推翻鄭氏三代二十一年的功業，在此清朝得領有臺灣之根源。

二 清朝的臺灣棄保論

經由上述的過程在康熙二十二年鄭克塽降清，臺灣成為清朝的領土，但當時清朝的基業未完，國內的波瀾猶未止。起初的征伐臺灣主要是為夷鄭氏之不順從，有關是否永久把臺土做為領地仍有疑問，多名有司傾向倡導領有臺灣不利，僅止於領有澎湖做為東門的鎖鑰，從版圖完全放棄台灣之說。

1 施琅的保留臺灣論

然此時水師提督施琅一人視為不可，特別上疏陳述棄保臺灣的利害如下：

臣奉旨征討，親自踏上其地（臺灣），細看沃野膏土，實為肥饒之區、險阻之域，天下東南之形勢在海而非陸，有陸患之形，海之藪奸莫測，臺灣雖為一島，實為腹地數省之屏障，棄之時即使不歸蕃歸賊，也必歸外國，且澎湖為不毛之地，遠不及臺灣，若無臺灣就不能守澎湖。

於是清朝採用此議，翌康熙二十三年（西元一六八四年）把臺灣做為一府，隸屬福建省，把臺灣永遠做為清朝的領土統治。

2 清朝的收攬民心政策

然在國內對清朝統治臺灣感到不快，對其統治之困難感到危險，為防國民動搖，清朝想出一計，稱清朝領有臺灣乃天命，努力收攬攏絡民心。這是在名為赤崁筆談一書中，記載宋的朱文公登福州的鼓山占卜地脈說：「龍渡滄海，五百年後，海外當有百萬人之郡」。即清朝領有臺灣是宋後五百年，龍是指清朝，五百年後領有臺灣是天命，真是中國式的說法，令人不覺莞爾。

第二節　清朝的統治臺灣

領有臺灣的清朝，最初以何種手段政策統治臺灣，以下一併敘述統治的機關及治績。

一　臺灣最初的統治政策

採用下述二種政策。

1　招降政策

從領有臺灣當時清朝採取的招降政策來看，可知度量頗為寬大與手段靈活。首先對敵兵的傷者給醫藥救之，對降者給衣服飲食反而錄用，又依舊例從事農耕，而且把鄭克塽封為公爵，其將馮錫范與劉國軒封為伯爵，尤其任劉國軒為天津總兵一職，而且多年後，在康熙三十九年批准把鄭成功、鄭經之柩改葬其故鄉南安等不斷施恩，使鄭氏君臣不能再相互依賴，這是靠康熙帝的雅量與施琅的手腕才能達到的成就。

2 治臺政策

當時的治臺政略有寬嚴兩劑、恩威並行之概，例如地租全免，減輕稅率，常設一萬武備水師（海軍），最初臺灣的人口僅一萬六千乃至三萬，卻有一萬水師，似乎過多，但多年為海盜所苦的清朝，為一掃閩臺海上的不安，切斷海盜之本源，需要這麼多的武備水師。由此如下所述，清朝周密統治機關的同時，企圖擴大行政事務，以講求治臺之策。

二 臺灣最初的統治機關

臺灣最初做為隸屬福建巡撫下的所謂臺廈兵備道的一個地方行政管區，道臺是掌握文武大權的臺灣最高行政官。以下分項敘述統治臺灣的機關與行政的大要。

1 臺廈兵備道與道臺

所謂臺廈兵備道，就是合併海陸相隔的臺灣與廈門的行政管區，為其統治上的特色。在討伐當時鄭氏之後，臺廈地方牧民官的主要職務是一掃在臺灣海峽的海患，因此清朝設跨兩地的臺廈兵備道，以道臺兼轄兩地，視為當前之急務。道臺的管轄如上所述，有關權限，放棄在廈門的半面，在臺灣的半面是從巡撫接受特別的委任，通常具有在中國的道臺所沒有的權限。即兼攝行政事務的外按察使（司掌司法）、學政使（司掌科舉教育）、布政使（司掌財政）之事務。這是因為臺灣乃孤立於海外的島國，實際上不能事事仰賴上面官衙之指揮，故最初就對臺廈兵備道臺僅賦予限於臺灣半面的特別權限。而道臺每半年輪流在任臺灣與廈門，可謂臺灣中央政府最高唯一的中央政務官。對本國的巡撫而言是一個地方政府的長官，受其指揮命令執行政務，但在臺灣則是如上所述掌握文武大權的最高政務官。道臺的身分是正四品官，其官衙稱為道臺衙門，位於臺灣府（臺南）城西安坊。其次，細分道臺的權限與道臺衙門的組織來看時，就能窺知臺灣最初的統治狀況。

道臺的權限	職務章程
一、兵務 兵備道的職務	1、監督總兵的統兵事務。 2、需要出師時移文總兵出師。 3、總兵進行大檢閱時會同。 4、直轄硝船工廠。 5、企圖在軍制上改革時與總兵連署向巡撫總督上報。

二、財務 布政使的職務	1、管理國有財產。 2、管理租稅。 3、管理年度收支總額。 4、管理收支事務。
三、司法 按察使的職務	1、司掌全臺民刑的高等裁判。 2、管理全臺的司法事務。
四、內務 中央政府的首長學政吏的職務	1、監督知府以下各行政官。 2、監督一般有關教育宗教典禮等事務並查察見署知府知縣鎮臺等立案的文案。

其次說明道臺的組織與章程。

1、道臺一名名	兼攝兵備道的文武大權。
2、按司獄一名	受道臺之命司獄務、即監獄局長。
3、巡補二名	文巡補、武巡補各一名，司掌外國人的護衛。

4、幕友三名	幕友亦稱師爺，道臺私人雇用而無官俸，有刑幕友一名（參與刑事）、錢幕友一名（參與民事）、書啟一名（起稿文案）。
5、六房六名	吏房（司掌人事）、戶房（司掌稅務）、禮房（司掌學政禮典）、兵房（司掌驛傳兵務）、刑房（司掌刑事）、工房（司掌建築）。

2　臺灣府與臺防三縣

隸屬道臺之下，與武治機關的鎮臺並列，有文治機關的臺灣府，和鎮臺同為臺灣統治機關的臺灣府，設在臺南東安房，長官稱知府，統治臺防同知廳（設在鹿耳門、長官稱同知）與臺灣（設在臺南）、鳳山諸羅（設在嘉義）等三縣（長官稱知縣），其他兼攝臺灣府學。所謂臺防同知廳，就是司掌鹿耳門到臺江沿海一帶海岸防備的衙門，檢查內外出入船舶，核發商船漁船的許可證，核發渡航海外的許可證，兼臺鳳諸三縣司法警察的事務，似乎主要以斷絕海盜為本務。而同知登廳的縣衙稱縣丞衙門，各縣均有典史衙門、巡檢衙門、縣學教諭等隸屬。同知知縣位於地方，是直接接觸人民的牧民官，位居地方政治主腦的重要地位，以下表來表示。雖有權限的大小，但與知縣是略為相同的組織，故在此省略。

官名	職權	職務章程	官衙的組織	摘要
知府（即臺灣府的長官）	一、司法事務 二、財政事務 三、內務事務	1、管理管轄區的司法事務。 2、裁判管轄區的民事刑事、押送道臺。 1、掌理抄封叛產。 2、決定徵稅的期限。 3、司掌財務及支給。 1、監督知縣以下的行政官。 2、法律制度的立案等。 3、管理教育宗教祭典等。 4、管理公共的救恤事務。	知府 一名 府經理 一名 幕友 四名 首書 八名 清書 二十名 府教授 一名 府訓導 一名 其他若干	—所謂府經理就是管理府庫。 —首書是吏、戶、禮、兵、刑、庫、工、承發等八房的課長

3 臺灣鎮臺與總兵

如臺灣府為臺灣的文治中央機關般，鎮臺是武備中央機關，均隸屬道臺，如臺灣府的行政區分為臺防三縣般，在鎮臺把全臺分為五個警備區，總兵為最高武官，統轄水陸軍。所謂五個警備區，就是府城、南路、北路、安平、澎湖等五個地方，與道臺的行政區相符。如臺灣府的長官稱知府般，鎮臺的長官稱總兵，在各警備區設置各個營、配守兵，擔當全臺的守備。總兵的職務與其警備區如下所示。

官名	總兵（即臺灣鎮臺的長官）
總兵的職務	1、全臺水陸兵的總指揮。 2、司掌全臺水陸兵的財務。 3、區處守備配置。 4、立案兵制。 5、司掌全臺的守備及警察相關事務。 6、受領分配兵餉。 7、每年進行大合同的練兵。
五個警備區	第一警備區（鎮標三營）（府城） 第二警備區（南路營） 第三警備區（北路營） 第四警備區（安平水師營） 第五警備區（澎湖水師營）

4 臺灣的國防計畫

初期思考有關臺灣守備的配置時，在國防上最用心的是安平與澎湖。因為安平與澎湖原是海盜巢居外患的根本，故初期設備的治理者施琅特別把重點置於此，而且初期兵員比起人口比例過大，致使國防計畫吃重，以及無進取之治理，民政的保守同樣令識者慨歎。

5 總括臺灣統治機關

總括本章第二節以下所敘述的臺灣的統治與行政諸機關來看時，康熙二十三年下詔把東寧改為臺灣，稱為臺廈兵備道，道臺每半年輪流駐在廈門與臺灣，外隸屬福建巡撫之下的布政使，內總督島內文武，負責行政及武備，而且兼學政使及按察使，司掌學制與司法。更以一府總轄道臺治下的行政區分治為三縣，另有海防同知廳，與水師的汛防協力，司掌海岸防備上的行政。又在武備方面道臺之下有總兵總轄，更五分守備官區，配置水師副將二、參將二以下兵員約一萬，且在各地細分做為汛防，遂行警察的任務。自以上文武諸官至兵丁，皆以三年輪替之例，自清朝換班渡臺，其文武行政機關的組織及行政事務與清朝同制。以下列出在臺灣的系統圖。

（記入臺廈兵備道以下括弧內的是該衙門長官的職稱）

- 閩浙總督
  - 浙江巡撫
  - 福建巡撫
    - 布政使
    - 臺廈兵備道（道臺）
      - 臺灣府（知府）
        - 一臺防（同知）
        - 三縣（知縣）
      - 臺灣鎮臺（總兵）
        - 府　城（總兵的直轄）
        - 南　路（參將）
        - 北　路（參將）
        - 安　平（副將）
        - 澎　湖（副將）

6　臺灣最初的統治

清朝領有臺灣之初，實際統治的區域僅及於極狹小部分，北自朴仔離溪南岸，南至下淡水北岸而已，完全不及東部平原。澎湖島僅大山嶼（本島）、北嶼（白沙島）、西嶼（漁翁島）等三島而已。僅臺南縣治位於臺南府城，但諸羅鳳山二縣治的位置，與以後縣治的位置不同，諸羅縣治在現在嘉義南方的佳里興堡海岸，鳳山縣治在現在鳳山西南的舊城。其縣治皆在臺南，不願前往任地。在康熙六十年朱一貴之亂後才前往任地，由此可見其縣治教化所及的程度。

第二章　中國人遷居臺灣與開拓

第一節　中國人的遷居臺灣

臺灣可謂沃野千里，農產豐富、人煙稀少，因此中國人把臺灣做為人生的樂土，陸續遷居此地，有人營商，但也有人積極開拓西部平原，或深入蕃地從事開墾，促進臺灣產業的發達。

一　遷居臺灣的由來

中國人開始知道臺灣並與臺灣往來其實已久，但企圖遷居卻是在距今四百年前、明嘉靖年間（日本戰國時代）。中國人來到的地方是西南地方，應該是臺南高雄笨港（現在的北港）附近。事實上就留下嘉靖末年在笨港的漁船漂流至北部雞籠，與土蕃交易的記事。即臺灣歸於清領約二百年前，中國人已開始遷居臺灣。

二　遷居臺灣的盛況

自明嘉靖經過百年，崇禎以來清朝大軍日漸南下，四處騷擾中國南部，因此良民遷居臺灣避難者多。在當時（西元一六二四年）荷蘭人佔據的臺南地方，中國的移民多達二萬五千乃至三萬戶，人口十萬，此等移民不僅在街市營商，也有人開拓市外荒蕪之地，從事米穀的耕作與砂糖的製造等，或深入蕃界以和土蕃交易為業。之後海盜顏思齊在臺灣死去，鄭芝龍取而代之統領部下據臺時，鼓勵同志（中國人）遷居，對遷居者每人發給金三兩與一牛以拓島蕪，因此據說閩之饑民來臺者有數萬之多。當初此等移民的集中地是在鳳山地方。臺灣府志中記載：

鳳山相傳，昔年有石忽自開，內有識者云鳳山，一片石堪容百萬人，五百年後閩人居之，鳳山細民，墾田得石碣，內鐫山明水秀，閩人居之。

由此可知臺灣是何等的樂土。然鄭氏佔據臺灣後，以寓兵于農法獎勵開墾土地，南自鳳山地方一帶至瑯橋（恆春），北自諸羅（嘉義彰化）的平原至竹塹（新竹）淡北（臺北）之一部，進行開墾之業，且招募眾多閩的漳州泉州、粵的惠州潮州之民，因此中國的移民日益增多。

1 渡航臺灣的三禁

鄭氏滅亡、臺灣歸於清領後，中國做為治臺政策之一，在所謂「臺灣是孤懸海外之地，易成為奸宄通逃之藪，故不可闢地聚民」的方針下，對渡航臺灣發布如下的禁令。

一、欲渡航臺灣者須有臺廈廳的證明，其出入船舶嚴格檢查，有偷渡者處以嚴罰，協助偷渡的船主及失察的地方官亦依法處分。

二、渡航臺灣者不准攜家帶眷，而已渡航者不許招致之。
三、粵地屢屢成為海盜之淵藪，積習未脫，因此禁止其民渡臺。

然以上的禁令僅是政府的空文而已，閩人成群結隊偷渡來臺，在康熙的中葉時期粵人也盛行來臺，其末年中國的移民幾乎分布全臺之半，從康熙末年的藍鼎元所載之記錄即可了解。

府治僅止於百餘里，今已到南瑯僑，北至淡水雞籠，以上一千五百里人民趨之若鶩，在此之前，大山之麓，人不敢近，今卻群入深山，雜墾蕃地，甚至抵達傀儡內山臺灣山後蛤仔難（宜蘭）崇駁卑男覓等社，漢人均至該地，從事貿易生聚日繁，即使嚴禁也不能制止。

由此可知，政治上的教化區域如上所述，僅限於台灣西部平原一小部，（下淡水溪至朴仔離溪的沿岸一帶）但開拓範圍卻及於全臺之半，依然為化外之姿，這就是今日所說的未經許可開墾之起始。

2 臺灣移民的戶口田園

由此開拓區域的擴張與人口的增加日益顯著，但編入清朝政府戶籍的戶數與課以賦役的土地卻極少，從臺灣府志中記載的下列統計即可了解。

戶口

康熙二十三年（領臺當時）	戶數一萬二千七百二十七戶 人口一萬六千八百二十人
康熙三十年	戶數同前 人口增加六百三十人
康熙三十五年	戶數同前 人口增加三百二十三人
康熙四十年	戶數同前 人口增加二百九十九人
康熙四十五年	戶數同前 人口增加四百九十人
康熙五十年	戶數同前 人口增加二百六十五人

依據本表，自康熙三十年迄五十年的二十年間，戶口無增加，人口卻增加二千零七人，只不過總計一萬八千八百二十七人而已。而戶數之所以未增加、僅增加人口，是因古來祖先教的結果，有同族同居之風，子孫同居組成一家，不分家的習慣所致。其次來看田園的增加：

田園

一、康熙二十三年（領臺當時）
田七千一百三十四甲五分七釐
園一萬九百十九甲二分八釐
合計一萬八千四百五十三甲八分五釐

二、自康熙二十四年至雍正十三年
田新墾一萬四千七百七十四甲一釐
園新墾三萬八千八十八甲四分五釐
合計五萬二千八百六十二甲四分六釐

田新墾八百四十甲九分四釐
園新墾二千九甲二分四釐
合計二千八百五十甲八釐

但若從以上之中扣除水災圯陷等田園，乾隆九年當時的計算如下。

田園
田　一萬四千八百七十四甲八分
園　三萬八千三百一十甲一分
合計五萬三千一百八十四甲九分

第二節　中國人的開拓臺灣

在此一時代有二個開拓區域，在西部平原的南北開拓，一是閩人開拓的臺北平原，一是粵人開拓的下淡水平原。本節也一併敘述蕃地的開拓。

一　中國人的開拓平地

中國人的開拓平地是開拓臺北縣淡水河流域與現在的高雄縣下淡水溪流域，開拓的腳步進展到現在臺南地方的平原。

1　臺北平原的開拓

臺北平原在康熙四十八年之前是名為凱達格蘭土蕃的居住地，當時平原的狀況是淡水河如湖般進入臺北，如北投八芝蘭（平原的北部）地方是蒼鬱的森林，在稗遊記遊中記載（康熙三十六年郁永河的臺灣探險記）：

「入茅棘高餘丈，雙手排之側體入，茅下一逕逶迤僅蛇伏，從者五步之內已不相見，樹木蓊翳大小不能辨名，老藤纏結其上，如虯龍環繞，風過葉落時大如掌，樹上禽聲萬變。側耳傾聽目卻不觀其狀」。

由此就能彷彿當時的狀況。康熙四十八年（西元一七〇九年）閩人剛開始進入此處，以酒肉及布帛類與土蕃約定開拓其地，在平原的中部建設名為大加蚋堡的部落，雍正十一年在八里坋（淡水港的對岸）設置巡檢時，遷居者也漸多，平原一帶之地全數被開墾，之後巡撫遷移海山口（新庄），暫時成為臺北平原的中心。當時如艋舺只不過是茅屋數家的小村、蕃薯的市場。乾隆五十三年（西元一七八八年）開墾八里坋，啟開五虎門（福州）及蚶江（泉州）的航路，為此艋舺急速發展，並稱一府（臺江）二鹿（鹿港）三艋舺。總之，臺北平原在康熙四十三年至乾隆五十三年的八十年間，把土蕃趕至山地，加速開拓的步伐。

2　下淡水平原的開拓

最初在康熙二十五、六年左右（西元一六八六~八七年），廣東省嘉應州地方的粵人渡臺，企圖在臺南附近開墾，但此地已歸閩人佔居，無其餘地，故僅在府城的東門外開墾菜園，辛苦維持生計，但在下淡水溪左岸大烏山脈的西麓發現廣矛八九十華里未墾之沃野，相率遷移該地開始開墾，康熙末年北自羅漢門南至枋寮，在下淡水東港兩溪的流域可見開拓部落之發達。由此下淡水溪平原的開墾約三十年就緒。雖然平地拓殖業顯著擴大其地，但政治上的教化卻不及其副，無業的流民常佔據蕃地的山谷騷擾良民。

二　中國人的開拓蕃地

於是政府暫時決定封鎖山地之策，卻未施行，雍正七年（西元一七二九年）在蕃界立石公佈侵入蕃地的禁令，同時嚴禁偷渡臺灣者，時而允許在臺者招來家族時而禁止，約四十年間國策未一定，但最終在乾隆二十五年（西元一七六〇年）允許招來家族，使平地的開拓日益進展。雍正七年之禁在蕃地依然存續，但背地出入蕃地開墾者多，加上此等蕃地住民交相惹起外交事件等，清朝政府遂決定開拓全部蕃地。

1 噶瑪蘭（宜蘭）的開拓

康熙三十四年以來（西元一六九五年）臺灣西部的中國人以海路至噶瑪蘭經營貿易，但乾隆三十九年（西元一七七四年）名為漢生者初次進入該地，企圖開墾卻為土蕃所殺。接著漳州人名為吳沙者在乾隆末年暗地召集中國內地的無賴之徒，進入該地開始開墾，在嘉慶元年（西元一七九六年）又率一千二百餘人再度來到該地，但隨即與土蕃衝突而連日戰鬥，互有眾多死傷，但因欺騙土蕃而獲得該地。吳沙不幸在嘉慶三年罹病死於頭圍（吳沙的根據地），由姪吳化取而代之，築土圍從二圍建到五圍，五圍是現在宜蘭城的所在。如此在嘉慶九年（西元一八〇四年）開拓該地的大半，因中國人移民日益增多，土蕃終於失去反抗之力，嘉慶十五年（西元一八一〇年）清朝把此地納入其版圖，置於噶瑪蘭廳。其翌年在臺北噶瑪蘭中界三貂山的北方開嶺路，淡蘭的交通日漸便利。

2 埔里社的開拓

嘉慶十九年（西元一八一四年）名為黃林旺、陳大用、郭百年等人率嘉義彰化二縣之民千餘人，在黃色旗上書寫開墾的大字，高舉進入埔里社竊地開拓，掠奪蕃人所養的野牛數千、粟百石、器物無數。此事終為官所知，首謀者被罰，嘉慶二十二年在境界立禁碑，禁止出入埔里社五、六年，但在道光初期起在當局之間引起開墾埔里社之議，咸豐年間（西元一八五〇年代）泉州名為鄭勤先者率若干部下來此地撫慰土蕃，終被允許居住，由此中國人來者增多，五、六年後在此地建市。

3 卑南奇萊的開拓

咸豐年間鳳山縣水底寮之民劉尚開拓卑南平原，咸豐元年名為黃阿鳳者開拓奇萊平原，由此東部臺灣即後山地方也漸次啟開開拓之業，建設部落。

4 獎勵開拓蕃地

開墾侵略蕃地盛行，清朝政府無可奈何，在統治上嘉慶年間噶瑪蘭雖成為政化所及之處，但其他開拓地卻依然是化外之地，除此之外別無他法。之後至同治十三年（西元一八七四年）決議開墾臺灣全土，不僅解除進入蕃地之禁，臺東恆春埔里社等蕃地獎勵中國人遷居，設立以下各種優惠。

一、允許搭乘官船（船上供應食物）。

二、至開墾地前每人每天給口糧錢一百文。

三、至開墾地後，在六個月間每日給銀八分、米一升，之後的一年間每日給米一升。

四、每人給田一甲及附近的原野一甲。

五、每十人給農具四副、耕牛四頭。

六、成功者給賞。

第三章　清朝的理蕃

第一節　對熟蕃（土蕃）的理蕃

康熙二十二年清朝收回臺灣做為領土後，其理蕃政策是採先把歸附荷蘭人及鄭氏以及即將歸附的熟蕃漸次撫化，然後再及於尚未歸化的熟蕃的漸進主義撫化手段。

一　土蕃的撫化

清朝著手的理蕃第一步是撫育同化蕃人，因此最初的臺灣知府如蔣敏英，親自進入附近的蕃地安撫之，歸附清朝的統治下。

1　郁永河的理蕃意見

之後經過十五年在康熙三十六年，以採礦為目的來臺研究臺灣狀況的郁永河，提出下列有關理蕃的意見。

一、現在對已歸附的土蕃，苟能行之以禮儀，風之以詩書，教之以蓄有備無之道，制之以衣服飲食冠婚喪祭之禮，遠則百年近則三十年，能改風俗之觀，遵循禮教就能完全無異於中國之民。

二、其化育順導之方策，首先對彼等授產，以安其生。

2 撫化的效果

清朝採用此意見至何種程度不詳，但因此意見使歸附蕃人增加，在康熙五十四年，歸附蕃社之數達五十三社。如此，清朝先對土蕃加以撫育，盼能同化與中國之民無異。以上是中國移民最多的康熙時期的理蕃政策，重點在於撫育同化。

二　劃定民蕃境界與保護土蕃

劃定民蕃的境界是為保護土蕃。

1 劃定民蕃境界

然卻有妨礙這種撫育同化進行的障礙物。這是頻繁來到臺灣平原的中國移民，因為日益增多，故深入山地侵犯蕃人的耕地，或甚至凌虐蕃民，演變成妨礙撫育同化的狀況，因此在康熙六十一年（西元一七二二年）時依據臺灣知縣周鐘瑄的意見，對民蕃擁有的耕地劃定分界，規定不得互相侵犯，這是清朝理蕃的發端。如此，當局雖致力保護救濟土蕃，卻未達其效，而未能實行侵占越界之禁。

2 保護土蕃

清朝的方策在禁止移民侵犯土蕃的居地耕田，努力保護土蕃的同時，一方面為對土蕃施教，在雍正十二年（西元一七三四年）依據臺灣巡道張嗣昌的建議，在土蕃的住地設學校以興蕃童的教育（參照本章第三節），使土蕃改為清俗、即辮髮漢服，兼通中國語，或授與潘、劉、錢、蠻、王、斛、林等漢姓努力同化，另一方面做為預防中國人巧妙煽動蕃人，最終引起事端的一個手段，在乾隆三年（西元一七三八年）禁止中國人與蕃人通婚，違反者依民苗結親之例處以笞刑等，以圖教化土蕃與抑制移民，以保護土蕃。

三　設立理蕃廳

在教化土蕃方面，其治績可觀，但周鐘瑄所定的侵占越界之禁，一開始就厲行困難，成為令當局頭痛的暗礁，自周鐘瑄的策劃僅僅五年後的雍正五年（西元一七二七年），又以臺灣御史尹泰上疏臺灣田糧利弊而劃定民蕃的界域，大社給水陸五百甲，中社給四百甲，小社給三百甲，土蕃的耕地做為狩獵之地，防止熟蕃被中國人侵犯耕地而失業，退至山地變成生蕃等，雖有所設施策劃，卻僅委任地方官而變成有名無實之姿，因此彼等移民有與駐蕃界武官勾結侵占者，又有武官墾地者，其弊害叢生，因此清朝在乾隆三十一年（西元一七六六年）認為有必要設置特別的理蕃政廳，在此把全臺分為南北兩路，把北路理蕃同知設置在鹿港，統轄北路七十二蕃社，又讓在臺灣府的臺防同知兼南路理蕃的事務，統轄二十二社。

1 理蕃同知的職掌

理蕃同知的掌管事務如下。

一、取締中國人購買蕃地者，以遏止侵占之弊。
二、每年巡察各蕃社，每五年歸還大量地籍給蕃人。
三、中國人娶蕃婦、佔居蕃地者，拏究逐出。
四、管理土蕃學校，督勵蕃童就學，監督社師。
五、獎勵蕃人改易漢俗，並倡導從事生產實業方面。
六、防禦生蕃，保護民人。
七、官吏進入蕃界，有採買及需索供應等行為者加以糾查處分之。
八、在熟蕃社從蕃人中官選拔群達才者做為土目，舉熟悉事理的蕃人或中國人為通事，讓土目統率蕃社內的男女，讓通事辦理對官的社事。
九、在生蕃社遵循舊例以中國人為通事掌理貿易，並順導其馴化。

十、管理一切輸糧的事務。

2 理蕃的效果

依據當時的記錄，生蕃熟蕃的歸化社數達二百餘之多，但僅止於通事的具文報告，實際的歸順狀態可能寥寥無幾。然因此結果使土蕃均霑德化者多，仰慕清朝為政之事，從如乾隆五十一年（西元一七八六年）林爽文之亂時，全臺的熟蕃皆起而響應清軍，以鏢鎗竹箭擊破賊黨即可窺知（參照本篇第四章）。

四 屯蕃的組織與熟蕃的漢族化

在本項敘述起用熟蕃與熟蕃同化為漢族的經過。

1 屯蕃的組織

平定此亂後，康熙五十三年福康安仿效中國四川省的屯練兵丁之例，以熟蕃為屯田兵，給地設屯駐在各地，立自耕資給之計，以後為清朝所用，按蕃丁之多寡與社地的遠近，分為大小十二屯（大屯四、小屯八），立屯蕃之制，講求自強之策。

2 熟蕃的漢族化

然爾來中國人的移殖日益增多，時而以數百為隊渡海前來者，此等多半打破侵占蕃地之禁，如水向低處流般蠶食入侵蕃界，接觸馬來種族的土蕃，對溫和者加以同化，對強硬者則排擠山間，因此理蕃同知也無可奈何，土蕃在受到壓迫侵害下，西部平原的一部分土蕃遂進入埔里社的盆地，南方土蕃的一部分則進入臺東恆春的平原，這是距今約一百年前的道光年間之事。之後經過十年左右，在現在宜蘭地方的土蕃被驅逐而遷居花蓮港廳。總之，清朝對熟蕃經常採取撫化同化的方針，但隨著中國民族的遷居，在生存競爭上也無法可施，文化上優越的移民僅止於融合同化一部分土蕃而已，大部分被驅逐到山間，平地的居住地全數被奪取。

第二節　對生蕃的理蕃

清朝對生蕃的方針，當初雖採取所謂消極性理蕃設施的無為政策，之後為開山撫蕃，遂設立撫墾局，出現積極性理蕃設施。

一　劃界封鎖

政府對生蕃的政策完全消極，不讓中國人及熟蕃進入未開蕃地，僅允許與生蕃交易。為政者中時而招撫生蕃以霑王化，努力做為其政績之一，這種當局者雖不能說全無，卻百中僅見一，尤其康熙的末年朱一貫之亂後（參照本篇第四章第二節），民心惶惶不能安心，匪賊出沒無常，生蕃又趁隙恣意殺害，因此當局在蕃界設木柵、鑿深濠，劃定民蕃的境界，禁止人民出入，企圖做為治外之地封鎖蕃域，所謂的劃界封鎖因甚為消極而未能徹底執行。

二 開山撫蕃

開山撫蕃能見其成效之前也伴隨幾多曲折與犧牲，盤根錯節實非易事。

1 開山撫蕃的發端

當時以臺灣總兵聞名的藍廷珍、巡臺御史夏之芳等，極力譴責原本清朝所採之消極性政策的劃界封鎖，策訂如下方策：

一、徒把彼等生蕃封鎖山中，不加以開導，即使幾歲後仍不能期待改化，且使生蕃日益猖獗，絕非安固之長策。

二、統御生蕃之策，是以威使其畏，以撫使其順，如此就容易向化。

三、生蕃殺人乃是其先天之常習，若自然放棄就無改化之機，然以威或以諭改化其天性，就能遏止殺人之風。

四、開山聚民心，使彼我的交通頻繁，民蕃相和的同時，若能使蕃人如舊時般忙碌無閒暇，殺人之舊習應能沖淡。

清朝依據此方策，在雍正初年策訂如下二種方策：

一、劃界封鎖在事理上雖不可，但立即讓人民自由開墾，時機尚不許可。

二、為達威畏馴化之目的，時而進兵蕃地進行討伐亦無不可，但最好能平安就撫。

在此，政府官設通事，入山與生蕃邊交易邊和好，對就撫者給物等，採取最和平之策的就是開山撫蕃的發端。

2　吳鳳與阿里山蕃

官設通事深入蕃地，而獲得理蕃撫化效果之一例，在此列舉通事吳鳳的功績。吳鳳生性聰穎、曉以大義，就任後內心已決，以仁慈為主接觸蕃人，以致誠一貫一掃阿里山蕃（鄒族）的馘首弊風，從康熙六十一年到乾隆三十四年，在他死於非命前的四十八年間，阿里山蕃界無一起騷動，一是讓蕃人心服，一是吳鳳的人格所致。起初阿里山蕃舉行祭式時必供人頭，但吳鳳經常告誡蕃人馘首的罪惡使其聽命，在約五十年間無人受其害。然吳鳳見四鄰的蕃社仍盛行此風，常提著所馘之頭灑酒歌舞之狀，感到心不安，在乾隆三十四年八月一日，阿里山蕃一群人來到社口庄的支廳索求首級甚急。吳鳳百般勸告卻不聽，於是告訴蕃人：「汝等若強求就給一人，明日在此支廳附近消遙的朱衣紅巾者即是，但雖給與之，如果殺死將立即降天譴以滅汝等，若如此猶不後悔，就馘首其人」。蕃人承諾後離去，吳鳳率從者回到番仔潭庄的公廨，告別家廟又招家眷告知事由，八月十日在社口庄的支廳附近步行，當天已近午刻時，數十蕃人身著戰裝威風凜凜，攜帶弓矢劍矛包圍社口庄的支廳，廨舍寂靜不見人影，在遙遠西方有一人穿朱衣紅巾，悠閒穿過小徑前來，蕃人追上馘首後，仔細一看竟為吳鳳其人。蕃人即使再怎麼殘忍，但本性木訥仁厚，雖嗜血奪首級，看到承諾與人的是吳鳳自己犧牲時衷心悔悟，之後馘首之弊風全止至今。祭祀吳鳳的廟位於嘉義東南三里的社口庄，所謂成仁廟的美名遺留到二百年後的今日。

3　開山撫蕃的設施

如上所述，依藍廷珍、夏之芳等的獻策，清朝傾向開山撫蕃，但對現在實行卻尚早而未批准。中國人開墾蕃地從未絕跡，甚至有公然以武力侵略者，自嘉慶末年至道光，清朝的經營台灣幾乎萎靡不振，至咸豐同治年間積弊牢不可拔，因此任何設施均乏善可陳，同治六年（西元一八六七年）因恆春的排灣族殺害美國羅勃號的船員，而遭到美國政府的詰問，同治十三年（西元一八七四年）排灣族又殺害日本琉球之漂民，由此惹起明治七年的牡丹社征伐事件，於是清朝朝廷才開始改變方針，著手開山撫蕃的設施，光緒元年（西元一八七五年）依閩浙總督沈葆楨的建議，先把南路理蕃同知（即臺防同知）遷至卑南做為卑南同知，把北路理蕃同知遷至埔里社的蕃界做為中路撫民理蕃同知，並由基隆海防同知兼北路撫民理蕃同知，以開南北中路的通路，南路自鳳山縣的赤山至卑南，以及自射寮至卑南，二條合計二百一十華里，中路自彰化縣的林圯埔至璞石閣二百六十五華里，北路自噶瑪蘭（宜蘭）廳的蘇澳至奇萊（花蓮港）二百零五華里。他又特設撫墾委員，設置恆山（瑯僑口）、宜蘭（噶瑪蘭廳的改稱）二縣等採積極主義，在此以開山撫蕃努力開發誘導臺灣山後（主要是花蓮港地方的東部蕃地）。如此，在光緒十一年把臺灣做為獨立之一省，任劉銘傳為臺灣巡撫，以圖刷新臺政，劉銘傳以偉大的抱負來到臺灣，其治績顯著成為良吏之典範。開山撫蕃是他的政綱之一，因此擴張沈葆楨所設撫墾委員的設施，在大嵙崁設置撫墾總局，在適當之地設分局以司掌撫育的事務。在此清朝對蕃人的方策是開山撫蕃，撤除民蕃之境界加以開放。

第三節　清朝的蕃人教育

最後清朝的對蕃政策變成開山撫蕃，同時也對蕃人施教，成為理蕃的二大綱要。

一　熟蕃的教育

熟蕃、即土蕃的教育，荷蘭人曾實施過。

1　土蕃教育的緒端

然荷蘭人不久就撤出臺灣，由鄭氏取而代之，變成中國人的臺灣。在康熙元年（西元一六六二年）明朝人沈光文流寓來臺，以僧人的身分進入目加溜灣社，教蕃童讀書並施醫藥救治蕃人之病，大力撫育蕃人長達二十餘年。這才是中國人熟蕃教育的發端。在此期間臺灣歸於清的版圖，至康熙三十四年（西元一六九五年），首次由清朝當局接手從事土蕃教育。

2 設立土蕃社學

康熙三十四年初被任命臺灣知府的新治揚，努力招撫土蕃，為蕃童未知禮義實施感化教育，建土蕃社學，聘師加以教育。其社學的區域及位置等不詳，但僅在臺灣、鳳山二縣對一部分土蕃施教。其教育科目是讀書與習字，教科書是三字經與四書。然而在此地的土蕃曾受荷蘭人的教育，故已開化到能用羅馬字拼蕃語的程度，因此清朝當局憂慮有妨礙漢字普及之虞，而在設立社學的同時禁止使用羅馬字，社學的教授主要使用漢語漢字，因此蕃童學得辛苦，在漢字旁附記其發音才能勉強背誦。如此在雍正十二年（西元一七三四年）依據臺灣巡道張嗣昌之建議，在南北兩路的蕃社陸續設立土蕃社學，在臺灣縣設五校，鳳山縣設八校，諸羅縣設十一校，彰化縣設二十校，淡水廳設六校，在西部平地出現總數五十所社學。其他土蕃教育地，著名的有噶瑪蘭與埔里社，有關該地的教化，噶瑪蘭進入清領的是在嘉慶十五年（西元一八一〇年），清朝與土蕃教育已經過百餘年，土蕃社學已走向萎靡不振，此時已不見設立社學，但通事等仍相當用心教育土蕃，在埔里社不稱社學而稱義塾，設立二十六校，盛行施教。

3　土蕃社學的設施

從社學的設施來看，選擇中國人擅長文理者為社師，一所社學設置一人教授蕃童，以縣學訓導輔之。尤其在埔里社，土俗已中國化，語言也能了解中國語，因此教授也使用教中國人同樣的方法，此外在中國人及熟蕃雜居之地，允許民蕃共學。在此教育制度下，所教養的蕃童成績如何，乾隆初年（土蕃社學創立後約四十年）的成績，依據當局者的記錄來加以敘述：

各蕃童能背誦四書及毛詩，當中有能背誦詩經易經而無訛者，作字亦頗諧法。

而且此等蕃童已改中國式之俗，從該記錄中記載的「蕃童皆辮髮冠服，以布帛為衣如漢人」即可了解。如此，土蕃社學的設施以乾隆時期為其頂點，經嘉慶至道光中葉，日漸衰退中絕，但在此之前蕃童的教育與開山撫蕃同為教化蕃人的二大規範。

二　生蕃的教育

清朝著手生蕃教育的是在接近清朝末年的同治十三年（西元一八七四年）左右，為開拓臺東，讓撫墾委員兼該地方的生蕃教育為其開始。其實對生蕃教育可謂曠日費時，浪費時間。

1　設立蕃童學堂

雖已延後，但蕃童學校自光緒初年起在各地設立，從地方別來說，在臺東方面計畫自璞石閣至花蓮港之間設立二十六所，這年（光緒五年）在卑南花蓮港璞石閣地方建六所，在恆春鳳山方面各設立六所，其他在埔里社、宜蘭、納瑪卡瑪社（林圯埔附近鄒族的蕃社）等也設立，但最著名的是劉銘傳在臺北設立的蕃學堂（參照本篇第七章）。

2　蕃童學堂的設施

因蕃童是未開化腦筋差的剽民，故讓教育設施似乎感到不少困難。當時閩浙總督沈葆楨及福建巡撫王凱泰均為熱心的當局者，仿效熟蕃的教科書三字經，編修特別的教科書「訓蕃俚言」一篇以適用生蕃，這是以五字句所編成的，以下列舉該書所載之綱要：

首先說人是天地間萬物之至貴，其次陳述中國的國制，其官府有撫民兼治民理蕃專理蕃等句，已有移風易俗之必要，清朝用心撫蕃設施，告誡殺人會帶來不利，不可好爭鬥，不能任田地荒蕪，疾病必早用藥等，最後長作大平民，豈不共稱快，無分蕃與漢，熙熙萬世云云。

由此可知循循細說清朝使生蕃中國化的要旨。光緒五年（西元一八七九年）又擴大生蕃教育的旨趣，制定頒布「化蕃俚言」三十二條，其教目有如下三十二項。

一、設局招撫以便民蕃。
二、舉委頭目以專責成。
三、首訓頭目以知禮法。
四、分給工食以資辦公。

五、改社為庄以示區別。
六、約束子弟以歸善民。
七、禁除惡習以重人命。
八、禁止做饗以免生事。
九、保護商旅以廣貿易。
一〇、遭風船隻丞宜救護。
一一、安分守己以保身家。
一二、彼此各庄宜相和睦。
一三、分別五倫以知大體。
一四、奉養父母以報回恩。
一五、夫婦和順以成家寶。
一六、學習規矩以知禮儀。
一七、嚴禁淫亂以維風化。
一八、薙髮打辮以遵體制。
一九、穿衣著褌以入人類。
二〇、分別姓氏以成宗族。
二一、分別稱呼以敘彝倫。
二二、分別姓氏以定婚姻。
二三、禮宜祭葬以安先靈。
二四、殷勤孜讀以明道理。
二五、分記歲月以知年紀。
二六、宜戒遊手以絕盜源。
二七、嚴禁倫盜以安閭閻。
二八、疏通水圳以便耕種。
二九、出獵以時免妨耕作。
三〇、樽節食用以備飢荒。
三一、宜設墟市以便交易。
三二、建立廟祠以安神祖。

此外，也課以習字。而此等教目的要旨全由通事以蕃語講解，但因其教授不得宜，蕃童未能充分理解其意，而且教官在蕃童不理解時嚴厲斥責又施以鞭撻，以致有蕃童逃學入山中不歸之事。如此，清朝千辛萬苦興辦的教化事業大概半途就中止，未能充分達成其目的。

第四章　臺灣的匪亂

第一節　臺灣匪亂多的原因

臺灣在清朝統治下二百餘年間，匪亂之多不勝枚舉。若要追究其因，有如下的原因。

一　行政的腐敗與軍務的頹廢

康熙帝是英明之主，建立百般制度，穩固清朝的根基，但施行臺灣最初之治理時，採用施琅、姚啟聖等之言，境土猶未開卻已分置三縣，且設置比人口多的一萬名武備，整然整備文武行政之機關，以致爾來三十年的治平，雖臺地的文武官員三、五年更迭，卻在無形中氣弛力沮，無人提振最初之綱紀，獨使百姓受苦，中飽私囊之事，讓賊徒說出「在臺之文武員辦只知沉迷賭博而使兵民瓦解」之言，行政腐敗，軍務頹廢，徒留文武機關之形骸之狀況。

二　各種土民的混住

臺灣的匪徒得勢，擅自侵略的狀況猶如山河草木悉數為匪。在此了解臺灣何種民情的住民混住，是既有趣且重要的問題。

1 鄭氏的遺民

鄭氏三代統治島民加以撫化，其恩澤所及實為浩大。然清朝的施琅來攻，滅鄭氏而成為清領，施以恩威並行之政，使鄭氏的遺民無暇有思舊厭新之念，但施琅死後無人承襲其遺略，以致鄭氏之遺民遽然對清朝產生反感。從如下所述之吳球之亂、朱一貴之亂以奉朱姓（朱是明姓，鄭氏所遵奉）舉旗作亂即可了解。尤其如朱一貴所說：「我姓朱即足以做為依附」，他是養鴨的匹夫，卻能連破一萬人的汛防，得以把一府三縣踩在腳下，即鄭氏之遺民成為爆發匪亂之根柢所致。

2 海盜的追隨者

必須了解成為臺灣住民一部分的是海盜的追隨者。臺灣在無所屬時代，最後的二百年其實是海盜所佔據，之後成為荷領，又為鄭氏所領，即使變成清領後，彼等在空閒時皆轉為海盜。然康熙帝之威望遠及四方後，在閩臺之間跋扈猖獗的海盜喪失其地，遂把臺灣做為隱遁潛伏之場所，遷居此地以晦其跡。另外被視為海盜淵叢的惠州潮州人也秘密渡臺定居，卻不忘積習，一有機會就做海盜。如此臺灣住民的一部分有純海盜者，而且剽悍難以馴致的海盜追隨者也多。從以治臺政治家聞名的藍鼎元曾沉痛說出，眾多臺民剽悍難以馴致之言，就能看出此期間的狀況。

3 閩粵的械鬥

一直以來在臺灣本島有風俗語言相異的閩（泉州、漳州）、粵（惠州、潮州）二族對立，凡事衝突，以所謂分類械鬥（參照本篇第五章）引發種族爭鬥，無賴之徒亦加入，演變成匪亂也不稀罕。

以上三項敘述土民的混住狀況，結果簡而言之，因第一項而以厭新思舊企圖作亂，因第二項而在臺地發揮海盜的積習，因第三項而使種族爭鬥一轉成為掠奪地方，襲擊官府的匪亂。

三　臺灣人好亂的思想

在此除生蕃之外，所謂臺灣的住民，不論是閩人或粵人，均為中國的移民，因此必須了解臺灣住民的思想惡習均繼承母國人所有，否則就無法了解為何頻發匪亂。而不論是何民族，誰會好亂嫌治。然如臺灣這樣匪亂多又好匪亂之處，恐無他處可比。討伐如下所述朱一貴之亂的南澳總兵藍廷珍之弟、在臺二年的臺灣中興為政家藍鼎元，就如下論述臺灣人的氣質。

臺民之喜亂如飛蛾撲燈，可謂前仆後繼。

此言真可謂深諳好亂的臺民之思想。而成為匪亂原因的好亂的臺人之思想可分為以下三項。

1　臺灣人的盜賊惡習

所謂「稱王呼侯寧有種哉，被蔑為山東鼠賊的群賊，不正是覆秦之天下嗎？成則為王，敗則為寇」的觀念，的確是中國人的思想，從母國人繼承的彼等移民，在臺土醞釀此一思想。在臺灣最嗜好閱讀的大眾文學是三國志水滸傳等盜賊式傳記。在劇場演出、口頭談論的都是臺人最喜歡之事，這些不外乎反映出盜賊惡習。藍鼎元又說：「民不知國法為何物，安逸思作亂，甫平復圖起」，真是點出臺灣人的盜賊惡習。

2　臺灣人的功利慾望

中國人的主義是現世的利害，如肆無忌憚的說儒教的禮儀道德，不過是裝飾假面具的虛偽面具。即使從母國人的中國人繼承此一思想，但台灣人卻更變本加厲。中國人遇事多少會以悠揚的態度粉飾，但臺灣人卻毫不留情的走向實利。從本島人在廟裡祈願來看，皆為熱中追求福田利益。因此對彼等而言，宗教只不過是迎接現世福田的道具罷了，這種功利慾望往往變成土匪的觀念，而成為匪亂的原因。

3　臺灣人的迷信信仰

古來中國人就無科學思想，甚為迷信，可謂崇拜自然教的信徒。臺灣人也不遑多讓，把天變地異信以為四海亂世之預告，把奇異的祥瑞信以為聖人將起之吉兆，不平之奸雄興事時，常以各種迷信為種子，放謠言作誹語，煽動土民而成為匪亂。

4　臺灣風土的瘴癘

所謂臺灣的氣候酷烈，瘴癘之氣充滿大街小巷是指改隸前的風土，但當時臺灣酷烈的氣候使人格變得放縱，氣質變得粗暴而流於自暴自棄乃自然之理，加上如臺灣富山林之地，在隱匿匪徒之蹤跡上甚為便利。藍鼎元更如下說：

臺民以唱亂為嬉，豈真不知刑戮之畏，此乃因山大谷深，遁逃之藪多所致，成者為民之害，敗者離去成為山狙，人煙罕至之處無法究其底，令彼肆無忌憚。

真可謂道出真相。以上數項點出匪亂的原因，但在臺灣這幾種原因錯綜複雜，成為所謂五年大亂三年小叛，使良民受苦，社會荒廢，毒害橫流。

第二節　臺灣的十五匪亂

在清治二百餘年間，值得一提的匪亂前後達十五次之多，其中在康熙乾隆的前半百年間最多，請參考下表。

發生匪亂的年號	發生匪亂的次數
康熙年間	三
雍正年間	一
乾隆年間	三
嘉慶年間	一
道光年間	三
咸豐年間	二
同治年間	一
光緒年間	一

一　三大匪亂

匪亂中較特別的有三起，稱為三大匪亂，即朱一貴之亂、林爽文之亂、戴萬世之亂。

1　朱一貴之亂

康熙末年承平日久，有司厭其職，不以民治為意，諸事澀滯之折，康熙六十年鳳山縣知事出缺，由臺南知府王軫之兼任，但卻把政務委由次子，自己偷閒，且誅求甚之，因此人心日漸動搖。此時以養鴨為業的朱一貴，巧妙調馴鴨群得無賴之徒的歡心，因此藉人心動搖之機，利用其朱姓自稱明朝的後裔，在康熙六十年（西元一七二一年）四月舉兵羅漢門（旗山附近）迫臺灣府，以致在府之文武官員爭先避難澎湖。於此同時，南路的杜君英再下淡水、北路的賴地再諸羅起而響應朱一貴，在此全臺七日即落入賊手，朱一貴自稱中興王，稱年號永和。然浙閩總督滿保命水師提督施世驃、南澳總兵藍廷珍討之，七日即擒朱一貴，大致平定大亂，但餘匪出沒無寧日，至雍正元年四月才日漸戡定。此期間費時二年。

2　林爽文之亂

乾隆四十八年漳州人嚴煙渡臺，組織名為天地會的秘密結社，其徒很快遍佈全臺。在北路（諸羅彰化）由林爽文執牛耳，在南路（臺南府鳳山）由莊大田為盟主，有壓制全臺之概。有司知其弊害而欲加解散，卻寬嚴不得宜，以致在乾隆五十一年（西元一七八六年）十一月南北相呼應起而作亂，林爽文在彰化設置盟主府，年號稱順天，全臺幾乎全陷，但翌五十二年十月陝甘總督福康安率大軍來討，擒林爽文後縛莊大田，十二月餘黨悉數平定，所謂的林爽文之亂自始自終一年二個月，可謂臺灣匪亂中最大規模。

3　戴萬世之亂

同治元年（西元一八六二年）三月戴萬世嘯集匪徒，進出彰化附近的村莊大肆焚劫。當時的有司卻提供兵勇而使禍亂日益擴大，終於攻陷彰化城。戴萬世自稱東王，黨羽林贛晟自稱南王，極為猖獗一時，但翌二年九月戴萬世被擒，殘黨至同治三年才逐漸鎮定。

二　其他的匪亂

如藍鼎元所說，如飛蛾撲火前仆後繼，島民的好亂從以下所述的多起匪亂即可證明。

1　吳球之亂

康熙三十五年（西元一六九六年）七月，臺南新港的吳球為掩蓋當鳳山縣吏的妹婿私吞官穀之罪過，推名為朱祐龍者自稱明朝的後裔企圖作亂，卻被發覺而遭鎮定。

2 劉卻之亂

之後經過五年，在康熙四十年（西元一七〇一年）十二月諸羅（嘉義）之民劉卻自詡擅長武技，與無賴之徒勾結圖謀不軌，偷偷把樟腦放在屋瓦之間在深夜點火，每晚冒出紅火，以此蠱惑眾多愚民聚集作亂，大肆掠奪，但在翌四十一年被平定。

3 吳福生之亂

雍正九年（西元一七三一年）三月鳳山的流民吳福生趁北部的平埔蕃作亂尚未平定，南路的守兵前往討伐之隙起而作亂，襲擊埤頭（現在的鳳山），但翌年四月被平定。

4 黃教之亂

大穆降（岡山）之民、盜牛的頭目黃教，以私怨殺人，但有司不問其罪，以致遺族告官，官欲逮捕黃教，他卻在乾隆三十五年（西元一七七〇年）九月佔據岡山反抗，但在翌十月即被平定。

5 陳周全之亂

乾隆六十年（西元一七九五年）二月，天地會之一人陳周全趁米價高漲放出妖言，聚匪徒據彰化，掠奪米穀橫行至極，但不久即被平定。

6　高變之亂

嘉慶十六年（西元一八一一年）高變以擅長占卜之術而蠱惑大眾，企圖在柑園（現在的臺北）作亂，但未發動即被平定。

7　林永春之亂

道光二年（西元一八三二年）噶瑪蘭的伐木工頭林永春，教唆手下不聽官命，向良民徵收租稅，橫肆至極，但隨即被平定。

8　楊良斌之亂

道光四年（西元一八二四年）十月鳳山之民許尚，企圖作亂卻被發覺，即將解散其黨羽時，殘黨中一人楊良斌自稱元帥，攻打鳳山城，但隨即被平定。

9　張丙之亂

道光十二年（西元一八三二年）十月嘉義的張丙藉口當時的知縣卲用之貪婪，以及知府呂志恆冷酷不體恤民間起而作亂，聲稱取出官穀以賑民生，自稱開國大元帥，年號改為天運，且放言誅貪官而包圍嘉義城，但在翌十一月被平定。

10　林供之亂

咸豐三年（西元一八五三年）四月鳳山之民林供常與無賴之徒交往，正欲企圖作亂時聽聞泉州漳州（福建省）等地方匪徒起而欲與臺灣勾結，林供遂起而作亂，自稱鎮南大元帥，進犯鳳山縣城，攻打臺灣府城，但同年七月亦被官平定。

11　吳差之亂

咸豐四年（西元一八五四年）八月噶瑪蘭的吳差糾合無賴之徒佔領廳舍，自任廳長徵租稅，但隔月即被平定。

12　施九段之亂

光緒十三年（西元一八八七年）八月藉口臺灣首任巡撫劉銘傳修改租制加重人民的負擔，不堪苛稅，施九段在彰化舉兵包圍縣城，北有牛罵頭、西有鹿港一帶響應之。當時中路的統領林朝棟因參加劉銘傳夫人之壽宴而人在臺北，但聞後速還，九月即討平，這是清朝最後的匪亂。

第三節　清朝對匪亂的處置

綜觀以上匪亂，除因劉銘傳之上地清丈增徵租稅所爆發的施九段之亂以外，其他全部的匪亂幾乎都是奸黠無賴之徒欺瞞誘惑島民，島民亦附和作亂，使國家遭受不少毒害。然清朝對頻發的此等匪亂，經常採姑息彌縫之處置，並未斬草除根，為此使國家遭受其毒害亙二百餘年之久。

一　劃界遷民之策

清朝對頻發的亂後對策，特別開始注意的是在朱一貴之亂以後。這此大亂在旬日後匪魁朱一貴被擒，大致平定，但餘賊猶出沒，加上化外的土蕃趁隙大肆殺害，以致當時的當局者幾乎無處置的對策，因而立定劃界遷民之策。

1　劃界遷民的意義

所謂劃界遷民之策，就是把臺灣、鳳山、諸羅三縣的山中居民（居民是平埔蕃或侵占蕃地的中國移民）悉數驅逐，把離山十里外做為山地平原之境界，在此築土牆高五、六尺，又深挖塹濠做為永久一定的境界，越界入境內者以盜賊論處。依據此法，在離山十里以內、即境界之內無民家，奸民黠徒不能居住。由此可知企圖匪亂的奸惡無賴之徒多在山地惹事，因此計畫把這些人皆趕至平地的同時，亦可做為防止蕃害之一策。

2　藍廷珍的反對

然此一策略受到當時的總兵藍廷珍（平定朱一貴之亂的人）的反對，因而未能實行即中止。

二　藍鼎元之策

對當局所立之劃界遷民之策提出異議的藍廷珍的意見，是依據在他惟幕參與軍務的藍鼎元之策劃。藍鼎元是藍廷珍之弟，輔佐藍廷珍以經營戰後（朱一貴之亂），恢復亂後的疲弊及秩序，獲得中興之偉績的傑出治臺為政家。以下列舉藍鼎元的四項治臺策。

1　厲行保甲制度

所謂保甲制度是以十家為甲，十甲為保，甲設甲長，保置保正設簿冊，交相監視警戒的自治保安制度。中國為政者的施政秘訣，是採當局立施政之大綱以威臨民，人民各自的事務委由其自治的無為而化之的方針。藍鼎元立足此一方針，在朱一貴之亂後雍正十一年，適用於臺灣做為治臺之一策。

2　團練制度的組織

所謂團練之制就是指民兵的組織而言，相當於舊時的寓兵于農之法。起初在朱一貴之亂即因地方人民挺身從軍才使討伐奏效。此即為民兵，當時稱義兵。藍鼎元稱團練之制，募集民兵用於國家有事之日。爾後每有匪亂，官軍藉團練的兵力討伐匪徒的情形不少。在戴萬世之亂時特別設置全臺總局，做為常備機關，在光緒十一年（明治十八年、西元一八八五年）清法戰役後，劉銘傳以林維源為全臺團練大臣，大肆擴張此一制度加以利用，但劉銘傳去職後，一般臺政縮小的同時，此一制度亦萎靡。依時勢團練雖有興衰，但此一制度與保甲制度對平定匪亂與保安自治貢獻不少。

3　蕃界的治理

平定朱一貴之亂時，因憂慮朱黨遁入蕃地，而在蕃界配置諸軍，次年（康熙六十一年）在各蕃界作土牛紅線，以絕匪類遁走蕃地山界之患。在此所謂的土牛紅線，就是在蕃界築土壘做為民蕃的境界，禁止人民越界採樵耕土的標識。簡稱的土牛，近者設在距蕃地十數華里的地點，遠者設在距蕃地數十華里的地點。總之，這是為絕民蕃的交往、匪類的潛伏所設。

4　政治的革新

藍鼎元以敏銳的眼光與卓越的才識策劃文武政道之革新，大幅更新文武官員，挑選清廉有手腕者，且告誡保民如赤子，理國如家事，興教化以美風俗，兵民相和以固地方。

第五章　臺灣的分類械鬥

第一節　分類械鬥的狀況

清朝為臺灣發生的內訌匪亂所苦的同時，又蒙受分類械鬥之慘禍長達二百年。所謂分類械鬥是指住在臺灣本島的福建、廣東二族，在生存競爭上進行的種族性爭鬥，即閩（福建）敵視粵（廣東），而漳州敵視泉州（漳州、泉州均為閩族），終至其鄉里或異姓者等均反目私鬥，此等均稱為分類械鬥。起初完全是種族性爭鬥，但以後加上有關政治上的不平反抗份子，成為內訌又變成匪亂，妨礙施政而使國家流於毒害。

一　分類械鬥的起源

在臺灣的住民，籍貫多屬福建、廣東二省其中之一。

1　福建人

福建的移民稱之為閩族或福建人，臺灣在尚未落入鄭成功之手前已有不少移居（此等稱為明朝的遺民），但多為進入鄭氏時代才來到。因仰慕遵奉明室的鄭氏而隨之來臺，故廣義而言，這些人也同為明朝之遺民。

2 廣東人

接著鄭氏滅亡，臺灣歸於清朝之手後，懷著一種感慨移居者稱為粵族，富質樸不羈的天性，屢屢和蕃人相鬥，壓迫他們侵略其地，且動輒反抗清朝政府，因此清朝官吏有一段時間苦於制御此等粵族，定法欲禁止自由遷居。福建人即閩族，稱福祿（河洛），而廣東人即粵族，之所以稱客人、客仔等，是因他們後來才來本島所致。與閩族的語言風習氣質均迥異，今多居住在新竹、苗栗、鳳山、旗山附近的閩族與蕃族中間磽确的山地，即使常受閩族、蕃族之壓迫，也刻苦經營鞏固其地盤，臨機發揮不羈的性格。此一性格也出現在生活上競爭的所謂生存競爭，先與閩族之間引起墾田水利的問題，後至細微的私事，動輒結黨作亂。不只是閩粵二族之爭而已，閩中的泉州與漳州亦相爭。總之，所謂分類械鬥，乃起因於閩粵、泉漳各種族分別離開祖先之本土，遷居遠隔之孤島，彼等尋求生計餘裕之熱情所致。（參照第五篇第十五章）。

二 分類械鬥的慘禍

彼等之間生活上的競爭演變成種族上的私鬥，即為分類械鬥。以下列舉在本島一再重複發生的分類械鬥較為顯著的二、三起事例，即可了解其慘禍何等嚴重。

1　莿桐腳事件

在乾隆四十七年（西元一七八二年）彰化縣莿桐腳的大路設有賭場，當時泉州人與漳州人同場聚賭，因換錢起初口頭爭吵，最後演變成互相鬥毆。自此以後從該地方的泉州人與漳州人交界處互相結黨相爭至放火燒家殺人。當局雖極力勸解卻不停息，發生騷擾時，無怨無仇的泉州人和漳州人間也如不共戴天之仇般，即使逐漸和解之後，雙方仍對立窺伺可乘之機。

2　李通事件

李通是彰化縣睦宣庄的粵人，在道光六年（西元一八二六年）因偷閩人黃文潤一頭豬，最後演變成閩粵二族的大格鬥，各處的匪徒乘機放謠言蜚語，閩粵交界處互相大肆焚殺，其慘禍以員林大埔心等地為中心，波及北自大甲溪南至虎尾溪間中部臺灣一帶之地，粵族放火燒閩族的部落，凡有粵族通行者，閩族就殺之，良民蒙受慘害的程度難以估計。

三　分類械鬥的餘弊

．一旦開始分類械鬥，必定伴隨幾多餘弊。其餘弊大致可分為以下幾項，但出現在各種場合，呈現摩擦爭鬥之慘狀。

1 匪徒的蜂起

在陳盛韶的著書問俗錄中記載：

一開始是小不平，一閩人先唱，其他閩人即附和，一粵人先動，其他粵人即附和，臺南的械鬥傳至淡北，有一日千里之勢，匪人乘機造謠鼓動全臺。閩人曰粵人至，粵人云閩人至，成群結黨（中略），匪人隨之焚其廬舍，掠奪家財，哀鴻遍野，火光燭天，互相鬥殺，肝腦塗地，雖文武雙方調停，卻愈發猖狂。

足以說明在械鬥之間匪徒的蜂起狀況。以上述的李通事件來說，匪徒乘械鬥之機散佈謠言蜚語，更加擴大禍亂。匪亂與械鬥經常隨伴而來，因此必須注意不能將二者分開來看。因為發生械鬥時，匪徒蜂起而更使禍亂瀰漫。

2 公私的混淆

分類械鬥往往假借義勇之名，使反目嫉視的異姓者受苦。事實上呼應康熙六十年漳州人朱一貴之亂者皆為閩族，他們乘勢即將出現蹂躪全臺之狀況時，在下淡水溪流域的平原正在開拓廣大土地的粵族，自稱義民，舉兵糾合十三大庄、六十四小庄，一萬二千餘人之眾會合萬丹，樹立清朝之旗，祭清帝之牌位，部署軍務大為提振氣勢以對抗閩族，就是其一例。問俗錄中記載：

「閩人動輒惹事生非，但粵人明利害，不抗官捕、不逆官命，閩人反叛時，粵人即出為義民，保護官長、守衛城池，匪人又乘機假公濟私肆橫報復，遇閩人不問是否順從其賊，即殺其人焚其家劫其財而曰予殺叛賊」。可謂詳細傳達此期間之狀況，公私的混淆至此地步，不得不說甚為嚴重。

3　殺戮良民

一旦引起械鬥，閩粵泉漳互相結黨開始爭鬥時，波亂日益擴大，不分是非善惡均捲入漩渦中，無辜的良民蒙受其慘禍者多也情非得已，但以分類械鬥的餘弊來說，甚為遺憾。

第二節　分類械鬥的預防對策

總之，分類械鬥是基於生存競爭的種族情感相違所引起，因此和解預防對策甚為困難。在中國本土的私鬥，多以其姓氏相爭，同姓亦牽引附和相爭，其累所及之處不少，但如臺灣以族相鬥、以庄相爭，同族連庄立即瀰漫禍亂，加上當時臺民多為無賴之徒，具有凶險好亂之特性，助長匪亂械鬥，因此防止更加困難。以下列舉幾項分類械鬥重要的防止對策。

一　諭民策

這是前章所敘述的藍鼎元之策，其方寸記載在諭民篇、即諭閩粵民人之一篇。

二　勸和策

這是咸豐年間名為鄭用錫者的意見，同樣成為一篇。以上列舉二策之大意，是以至誠說人情之自然，以動良心緩和防止，因此似乎有相當的成效。

三　機先策

嘉義的知縣王衍庭之策，先察人心動搖之機先，閩族的首謀命閩人逮捕，粵族之巨魁命粵人逮捕，因是事理相通的同族，故能防止私鬥於未然，保一時之小康，雖然可行，但這可謂「治病而非防病，理私鬥而非防私鬥」，並非根本治療之良策。

四　共存策

有關分類械鬥之預防對策　即使是名論卓見，但擔任和解平定之有司自身的處置有誤，閩族的官吏偏閩排他，漳籍官吏偏漳排他，因而導致一方之激昂，引起全族之反抗，卻有擴大禍亂的情形，故難以達其目的。然稍有成效的是道光十一年（西元一八三一年），淡水同知婁雲所提的自他共存論，其要點列舉如下。

淡水地方，閩粵聯庄，物產富饒，人稱樂土無如，鄉民失教，遊手好鬥，每遇鄰邑匪徒造謠滋事，輒即聞風而動，糾約多人，各分氣類，憑凌弱少，仇殺相尋，或焚毀盧舍或佔奪田園，或抗租而不完，或擄人而勒贖，（中略）勿聽謠言勿被煽惑，彼此無攻奪之防，老弱無逃亡之苦，莊眾斂財之費，兵役騷擾之虞，以視比前之顛沛流離，苦樂利害孰得孰失，惟之鬥毆槍竊，佔地毀焚等案，尚屬層見疊出，本分府不厭告誡之煩，示以久安之道，頒給莊規禁約，永照法守爾等聽之。

簡而言之，即自理自治，不受他人蠱惑，總歸以自他共存之道來處理。

第六章　臺灣的外患

第一節　西洋人的侵略臺灣

治臺為政家藍鼎元之卓見，屢屢散見於近代臺灣史上，但他又論朱一貴之亂後臺灣的情形如下：

臺灣海外天險，最利墾闢，利之所在，人所必趨，不歸之民，歸之蕃，歸之賊，即使內不生，野蕃不起，又恐寇自外來，不可不早為綢繆也。

這是藍鼎元警告臺灣可怕的是外來的寇敵，必須及早綢繆，但徒以治臺策多，其治績卻不易提升，因此趁統治臺灣之缺陷，外人果然進行侵略臺灣。

一　畢尼奧斯基（Maurice Beneowsky）的經營臺灣

畢尼奧斯基是波蘭的貴族、匈牙利的高官，但敗於西元一七六八年（清乾隆三十三年、十代將軍家治時期）的戰爭，為俄軍所捕，拘禁在西伯利亞堪察加的監獄三年，在西元一七七一年與同囚二十八人合力殺死守官企圖越獄，奪取停靠在堪察加灣頭的俄艦科爾瓦恩特號，五月十一日從鄂霍次克海南進，經由日本的近海抵達臺灣的東岸。

1 討伐東方蕃地

這是同年八月二十六日之事，抵達地據傳大概是秀姑巒溪河口的大港口附近。畢尼奧斯基登陸後認為有利而探險此地方，但受到土蕃的襲擊，一行人中有負傷者，不得已退回船上，放棄此地又再北進，於同月二十七日抵達可能是現在澳底附近的港灣，溯河口進行附近的探險時，偶遇二名西班牙人而說明事情經過，且依西班牙人之建議，了解此地的酋長現擁有二萬乃至二萬五千名部下的法博（稱法博蕃，在現在的八斗附近），欲征服其東方敵蕃（三貂嶺附近的蕃社）除其危害，於是畢尼奧斯基便與法博結盟，約定征服敵蕃後，在該地殖民，進行貿易，獲得利權做為報酬，共同率軍在十一月踏上遠征東蕃之途。其進路大概自澳底沿海岸向八斗前進，此期間夷平小蕃地，再從八斗進入深澳坑的峽谷，從金皎蔣地方、即現在的瑞芳出來。悉數征服此等地方後，令其發誓遵從法博之命。在多數戰利品中，法博贈送畢尼奧斯基八百斤銀塊與十二斤金塊，這不僅是最珍奇的物品，也由此可知征服至瑞芳（有名的產金地）。於是畢尼奧斯基等凱旋而歸，通過平定後安穩的道路，沿途見有清涼的河流，建物多的部落，其四周的產物均為將來臺灣的富源，畢尼奧斯基特別注意觀察，在十一月八日平安回到登陸地。

2　拓殖臺灣的計畫

畢尼奧斯基為實行拓殖臺灣，起草十二條方策，其要領如下：以臺灣做為特許團體計畫的殖民地，依賴母國政府的保護貸與國庫金，殖民的團體掌握東方貿易的航海權，且准許派遣定額的守備軍加以使用，並代為支付其經費。以期三年後成功，加上相當的利息償還國庫的債務。

為了將來著手實行，必須有熟悉土語者，因此留下一名少年在此地研究，畢尼奧斯基的船在八月十一日出河口、下錨港外，翌十二日出航踏上歸途，航經澳門的近海，渡過印度洋回到歐洲，為實行殖民臺灣的計畫，他在西元一七八二年先向奧地利皇帝約瑟夫二世獻其策，皇帝未予批准，因此離去赴英京倫敦，吹噓其計畫，又未被採用，最後他赴馬達加斯加島，在此大肆籌策，但最後與法國人開戰，西元一七八六年（乾隆五十一年）僅因一小戰而死。這使得熱中殖民臺灣的畢尼奧斯基的計畫終歸失敗，但卻因此事讓以後的外國人開始注意臺灣的經營。

二　鴉片戰爭的餘波

自畢尼奧斯基的探險以來，臺灣長久未與歐洲人交往，但在西元一八四〇年意外因鴉片使清廷與英國之間發生糾葛，臺灣當時是清朝的領土且近戰場，遂受其餘波。

1 鴉片戰爭的概要

中國早已了解抽鴉片會毒害國家，因此在高宗（乾隆帝）時禁止輸入，但仍盛行走私，宣宗（道光帝）命林則徐為欽差大臣派遣廣東，下令嚴格取締鴉片的走私。於是林則徐逮捕奸商處以極刑，更沒收英國商人的鴉片予以焚毀。結果使英國人大怒而爆發所謂的鴉片戰爭。英軍佔領香港，封鎖廣東、廈門、寧波諸港，更企圖進攻南京，令清廷大為驚慌而以一、把香港割讓給英國，二、賠償英國二千一百萬兩，三、對英國開放上海、寧波、廈門、福州、廣東五港為條件，在西元一八四二年與英國簽定南京條約，戰事才告終。

2 英軍的覬覦臺灣

鴉片戰爭前後達三年之久，臺灣亦受其波及，英軍屢屢窺視本島的沿岸。以下引用秋鹿見橘氏的臺灣史要（明治三十八年出版）的夷匪犯境錄，闡明期間的狀況，提出其要點。

正月十三日（道光二十二年、西元一八四二年）三桅的夷船（指英國船）停靠在淡水、彰化交界的大安港外，企圖入港內卻見眾多兵勇而不敢進入，出外洋誤觸暗礁，其船一方傾舷入水，位於該處的兵勇開火砲攻擊，船遂破而洋夷落水，死者無數。

八月一日　夷船遊弋雞籠、小琉球的外洋，守港口的文武各員防守，一進港口即開砲轟擊。

八月五日　南洋一艘夷船即將進入港口時，見到文武兵勇防守嚴密，即向北駛去。

八月十六日　夷船向北路的二沙灣砲臺發砲，參將邱鎮功放一砲，立即命中夷船，桅折索斷，退至港外誤觸暗礁，船破夷人落水，死者無數。

依據上述的記錄，可知英船屢屢出沒臺灣近海騷擾守備。但該記事主要述說英國人敗，因而不足以取信，英軍的戰略是企圖攻擊中國大陸的首都南京，並未把重點置於侵略台灣，但臺灣的位置是中國東門的鎖鑰，因此加以牽制以絕臺灣的應援。總之為鴉片戰爭波及的臺灣，只不過受到威嚇而已。

3　戰後臺灣人的排英

簽定南京條約的當月（道光二十二年七月），臺灣近海出現英國遇難船，因正值開戰以來臺灣人痛恨英國人之際，因此乘其難虜獲英國船員，依總兵洪達之命加以殺戮。為此英國嚴厲指責，洪達遂被解職，由清廷謝罪而落幕，但也因此升高排外的思想，終於大為助長鎖港攘夷之風氣，在各方面惹起各種麻煩。

三　亞羅號事件及廣西西林教案的餘波

鴉片戰爭後經過二十年，中國再與英法交戰，為此台灣又再度蒙受其禍，以下敘述其經緯。

1 亞羅號事件與廣西西林教案的概要

事件的起因是中國的官吏搜索定泊在廣東港口的英船亞羅號，未獲英國領事之許可拘留清朝人船員十二名，英國領事怒斥清朝官吏不法，且認為有辱英國之國旗，於是引起所謂的亞羅號事件，法國則藉口一名傳教士在廣西省為土人殺害，引起所謂的廣西西林教案，二國聯手與清廷開戰，攻陷廣東，迫近天津，攻陷北京，西元一八六〇年簽定北京條約，以一、清廷賠償一千六百萬兩，二、清廷承認公開傳布基督教，三、清廷除原來的五港（參照南京條約）之外，再開七港（牛莊、瓊州、登州、九江、潮州、漢口及臺灣），四、清廷歌讓九龍給英國等四條結束戰局。

2 英軍的襲擊安平

因簽定北京條約而在臺灣開放安平、淡水（咸豐十年、西元一八六〇年）、打狗、基隆（同治二年、西元一八六三年）四港，由此臺灣得以與世界的交通商業為伍。而率先著手臺灣貿易的是英國，因此英國在臺灣的勢力極為強大，但當時多數中國人排外思想大增，輕侮外國人甚之，屢屢加以迫害，而當局亦藉口傾向煽動愚民。處在如此狀況下，同治八年（西元一八六九年）安平港的一名英商因事與安平協標發生爭執，以對英國人無禮為由擴大事件，英國領事要求本國派遣軍艦，於是英國的艦隊司令凱貝爾率三艘砲艦前來，砲擊安平鎮擊退汛兵，破壞火藥庫及糧食庫。結果安平水師副將自殺以示負責，清英交涉五個月後事件告終，總之因英法聯軍與清交戰，使臺灣的安平備受襲擊威嚇。

四　羅勃號事件

中國自西元一八四二年的南京條約以來，開國通商成為國策，又因蘇伊士運河的開通，從歐美諸國來到東方者絡繹不絕，此等船舶往來中國海上時，屢屢在臺灣近海遇難，漂抵臺灣的沿岸為土蕃所殺害，引起不少紛爭，美國船羅勃號事件亦是其一。

1　羅勃號的遇難

西元一八六七年三月（同治六年）自汕頭起錨駛向牛莊的美國船羅勃號，遭遇暴風襲擊，誤觸橫亙臺灣南方海上貝爾雷特列岩的危險岩礁而沉沒，船長哈爾頓僅攜其妻及若干船員乘小艇而免於一死，千辛萬苦漂抵瑯嶠的庫阿爾蕃地（恆春平原之一部），遭到土蕃的襲擊，船員悉數被殺。一名中國船員因藏在荊棘之間而免於災禍，晝伏夜行抵達打狗後告知清廷官吏。

2　里全德與庫阿爾蕃的交涉

美國船遇難的悲報由清廷官吏上報臺灣府，經由英國領事為美國領事所知。當時臺灣無美國領事，故駐廈門的美國領事里全德主張膺懲兇蕃，以謀求在臺灣近海航海者之安全，命搭乘一百八十一人的本國軍艦二艘駛向蕃地。其兵員在六月十九日登陸蕃地後雙方交戰，但因副提督馬肯迪陣亡，加上其地勢險惡，兵員的行動超乎想像的困難，故毫無所獲而放棄，但里全德在這年九月再度起軍，聯合清軍，親自打頭陣從車城登陸，邁向遠征蕃社之途。當時美國政府的態度甚為強硬，清廷不得已而命臺防同知出兵，但多數清兵並無積極戰鬥的勇氣，只不過是形式上的示威而已，為此里全德了解終究無法達其目的，而欲獨力單行來處理，與翻譯嚮導者等合計一行六人，一起面會稱為瑯嶠十八蕃社的聯合部族的大酋長德凱德克，讓庫阿爾蕃為其粗暴謝罪，並取回殺戮船員的頭顱與掠奪的相片等，才使此交涉逐漸告終，發表如下的和親宣言。

漂流船需要供給時，舉旗把水手送到海岸，若海岸未舉同旗，就不允許登陸，漂流人不得進入山中及村落，若不守此約，必知危其身。

之後，住在瑯嶠平地的土蕃，即使對外國人完全不加害，但住在附近山地的土蕃，對漂流的國內外人屢屢行兇。

五　密里西的經營南澳

羅勃號事件的翌年（西元一八六八年）英國人密里西來到宜蘭的蘇澳，娶該地的卑伊波蕃之女而與該族相結，終率壯丁航行東海岸，自蘇澳登陸南八十華里的南澳（花蓮港廳），與附近的土蕃合作共同開墾土地。臺灣當局者聞之，以開墾土地為國法所禁之由責問密里西，但他答曰，清廷的主權未及臺灣東邊之地，故不能認為是清廷的版圖，之後雖屢屢發生此一爭論，但他的開墾事業還是中止。於是密里西乘扁舟回航宜蘭，途中因風濤遇難而溺斃。

六　清法戰爭的餘波

曾因廣西西林教案，夥同英國與清廷開戰的法國，因安南而再與清廷交戰，並封鎖臺灣，以下敘述其經過。

1　中法戰爭的概要

拿破崙三世熱中在東方擴張殖民政策，是功名心強的法國皇帝，在位時把安南做為法國的保護國，但清廷認為安南是清的朝貢國，基於這種歷史性淵源提出異議，因而引發中法戰爭（西元一八八四、西元一八八五年），法國提督庫爾貝在閩江擊破清廷的海軍，接著封鎖臺灣，但在西元一八八五年的天津條約，以一、清廷放棄安南的宗主權，二、清廷承認法國佔領東京地方為條件，雙方講和，結果法國把安南、柬埔寨做為保護國，以交趾支那、東京為屬國，合併以上的屬地保護國稱法屬印度支那，派總督加以統治。

2 庫爾貝的封鎖臺灣

法國即使在閩江的海戰獲勝，但尚未讓清廷受到乞和程度的打擊，因此法國又策劃略取臺灣，西元一八八四年八月把艦隊一分為二，一攻擊淡水，一以陸兵佔領基隆，但卻未能奏效。由此庫爾貝中將以全部艦隊封鎖臺灣的沿岸，其狀況可從中法海戰紀略得知，即採取如下的配置：

蘇澳港 基隆港	中間的距離凡五十英里	二艦 六艦（包括司令長官的旗艦一艘）
淡水港 安平港	中間的距離凡一百五十英里	三艦（包括司令官的旗艦一艘）
打狗港 南　岬	中間的距離凡六十五英里	三艦

如上所述，法國艦隊封鎖本島的沿岸，但翌年一月一艘英國輪船應清廷之委託數度來航本島，其最後的航行搭載清兵六百五十名登陸東岸，因此庫爾貝延長封鎖線，且請求本國增派船艦，於是法國的軍艦總數達三十五艘，又封鎖從蘇澳東方的多姆角至南岬的西北沿岸凡三百三十九英里，由此臺灣全島全被庫爾貝封鎖。

3　劉銘傳的臺灣防備

在此之前清廷舉劉銘傳為臺灣防務總辦，劉銘傳在光緒十年（西元一八八四年）五月二十九日抵達臺灣，在全臺設團練制，大肆招募勇丁，嚴密守備島內，更自本國特派銘功，建字諸軍，又在上海設臺灣軍機糧餉總局供應軍機糧食，完成臺灣的防備。當時在基隆淡水二港及澎湖島的防備配置如下。

基隆
- 二沙灣砲臺
- 大基隆義重橋
- 基隆小砲山上
- 基隆仙洞
- 小基隆山聯營
- 小基隆山上

淡水
- 油車口
- 水雷局邊
- 水挩？
- 沙崙
- 圭矛山庄

澎湖島
- 媽宮
- 金龜頭砲臺
- 風櫃尾砲臺
- 文澳
- 西嶼砲臺
- 大城北砲臺
- 測天島砲臺
- 虎井嶼砲臺
- （以連鎖做為媽宮港口的防衛障礙）

於是法軍的第一次攻擊基隆（光緒十年八月四日），劉銘傳親自督導部將負責正面的防禦，遂擊退之，但第二次攻擊基隆（同年八月十三日）卻戰敗，基隆淪陷，清軍退至港後的山地，以獅球嶺為中心，防禦五堵、六堵、八堵、大武崙、媽蘭，但第三次攻擊基隆（翌年一月二十一日）清軍所依賴的獅球嶺防禦淪陷，清軍遂退至北部一角的六堵、暖暖街加以固守。法軍雖在北部獲勝，但基隆淡水二港因風浪高且氣候不佳而出現眾多病兵，因此庫爾貝中將企圖以澎湖島為根據地，在這年二月十三日以船艦七艘攻擊大山嶼（澎湖本島）而終破之，從圓頂灣登陸、佔領媽宮。當時法軍為惡疫所侵，海軍的士兵因此病死者多，庫爾貝中將亦罹病而死於島內，而法國國內又值非戰內閣上臺，因此在五月八日締結和平，封鎖臺灣亦解開。

第二節　中國人的侵略臺灣

雖稱之為中國人的侵略，但臺灣原本就是清領，因此並無第一節所述之西洋人侵略般的顯著事例，唯曾遭受二次海盜來襲。

一　蔡牽的入侵

西元一八〇五年（嘉慶十年）海盜蔡牽侵略中國福建省沿岸，但被閩浙水師所驅逐而進入臺灣。當時臺灣的防備尚不完善而得以逞暴威，他自稱鎮海威武王，年號稱光明，同年五月侵略竹塹，接著侵犯淡水、鳳山、東港、鹿耳門等地，翌年三月佔據噶瑪蘭的烏石港，但被福建提督李長庚所破逃走，不再覬覦臺灣。

二　朱濆的入侵

西元一八〇七年（嘉慶十二年）海盜朱濆裝載農具來到噶瑪蘭、蘇澳，佔據該地企圖做為巢窟，亦為李長庚所破而退卻。

第七章 明治七年征臺之役

第一節 征臺的原因

明治七年日本向臺灣蕃地興師膺懲，即所謂的征臺之役，是豐臣秀吉外征（參照第一篇第二章）後的第一舉。事情的發端是琉球漂流民被殺害，加上小田縣民被害、國際問題的沸騰等纏繞在一起，遂興起征臺之役。

一　牡丹社事件

羅勃號事件結束的四年後，明治四年（西元一八七一年、同治十年）十一月，日本琉球的屬島宮古島六十九名島民赴沖繩納進年貢，歸途遇颶風而漂抵臺灣南部東海岸的八瑤灣（牡丹社之東約二里），雖然換乘小舟，但因浪高而溺死三人，其餘六十六人千辛萬苦登陸，但卻徬徨迷路，五十四人為牡丹社蕃人所殺害，僅十二人被保力庄的楊友旺所救，九死一生回到琉球。

1　漂流民的遇難狀況

當時漂流遇難的狀況，在僥倖存活者仲本筑登之等的報告書中有詳細記載，一讀就能體會他們的困苦慘狀。以下摘記其大要。

明治四年十月十八日，宮古島的二艘船、八重山的二艘船從那霸出航，停靠慶羅間島，在同月二十九日出航，十一月一日正午左右已遙見宮古島，卻遇風不能入港隨風漂流，而仲本等所乘之船在同月五日望見臺灣的山，翌六日靠近陸地時換乘小舟登陸，但浪頗高而船小，千辛萬苦終於登陸，其中三人不幸被浪捲走溺斃，船身不久被破壞，六十六名登陸者登陸後尋找人家，徘徊中偶遇二名中國人而詢問人家，被告知若向西行是大耳的生蕃，必遭斬首，而教導向南行，兩名中國人搶走六十六人所攜帶的衣物，大肆搜括，其餘丟棄山中，豎立標木，此時太陽已西下，兩名中國人指著路旁的岩穴說，人家尚遠，今夜先在此穴住一宿，但穴的大小卻容納不下一行人，於是回答不能入內，彼等就憤怒的說，如果不聽話就不管，一行人心想這二人恐為盜賊之輩，向南行可能有詐，於是告別兩人轉向西行。因夜越來越深而露宿路旁，這日僅在船上吃一頓就什麼也沒吃，七日向南行時看到有人家，依此向前行時遇到十四、五戶人家（高士滑蕃社），於是向其中一戶人家求助，對方給與一行六十六人飯吃，初更時在鍋煮芋混米二、三升後給與二鍋，在這家住宿時，半夜有一人左手握火把，右手攜單刃刀來襲，剝去二人的內衣，此人家又奪取先前兩名中國人奪剩的所有物品。八日早晨五、六名男人攜帶獵槍說，我等去打獵（其實是前往八瑤灣奪略漂抵品），留在這裡等我們回來，一行人告知欲前往他處，彼等卻強迫留下，因此一行人更加起疑，於是三三兩兩逃走（趁蕃人前往八瑤灣不在時），走了一里多碰到小溪，一行人得以全部會合暫且休息，但七、八名男女土人（高士滑蕃人）追來，一行人涉溪逃走，又在路旁看到五、六戶人家，進入一戶時，一名老翁（名為鄭天保、廣東人商人）出迎，問來客是否為琉球人，首里還是那霸，而老翁之子又說，若寫下姓名就護送至臺灣府城，於是一行人中的仲本等要來紙與筆，即將寫下姓名時，追來的蕃人越聚越多，人數已達三十餘人，分別持刀立庭，剝取一行人的簪或衣服，帶了十二人到外面，留下二十二、三人，此時一人裸體從外奔回屋內，告知全被殺害，仲本等大驚，凡被帶出屋外者，均被以刀刎頸，因而更加驚慌而向四方逃散，九人住在老翁家，翌九日老翁的女婿前來告知此地甚危，而帶我等至他家，此外，經過二天潛入山中的三人，也在老翁的指點下找到其女婿家，依三人所言，與我等一起逃走者皆在山中被殺，以上十二人留在此一人家，四十餘日被斬殺者五十四人，而此村（保力庄）的戶數約三十，讀漢字，存活者停留中每天接受三餐，近鄰也邀請作客，十二月二十二日在該女婿陪同下出發，陸行三天後乘小舟再行五、六里，又陸行至三更半夜才抵達該女婿的熟人家，停留二天後，表達感謝之意，告別該女婿，二十五日由此戶主人的帶領，在傍晚抵達鳳山縣，翌二十六日縣官員前來，各給一件棉襖，停留二天後，在二十八日以陸路護送行六里，抵達稍大的村投宿，翌二十九日行程八里終抵達臺灣府城，壬申正月十八日搭乘輪船抵達福州河口，在此停泊二日後入琉球館，在六月二日乘唐船從福州出航，同月七日抵達那霸港。

保力庄的楊友旺

2　楊友旺的義舉

聽救助者楊友旺之孫、現住恆春的楊庚生的說詞，並根據文獻的調查，敘述以上遇難之始末，當時在保力庄的楊友旺常至雙溪口，與該地的鄭天保（廣東人、以和生番交換物品為業）同以買賣水牛及其他物品為業，

某日楊友旺帶其子阿才如往常般一早從保力庄出發，走向雙溪口，途中經過石門時微微聽到異樣的聲音，循著聲音前進，悲鳴聲越來越大，兩人驚訝趨前一看，牡丹社的蕃人數十名正在殘殺琉球人，楊友旺認識這些蕃人，於是與其子立即制止蕃人，把九名存活者帶回家中，盡力百般救助，最後以布及錢若干、水牛一頭、酒十甕給與蕃人，才好不容易買回九條性命帶回自宅。翌日楊友旺和鄭天保商量，告誡牡丹社歸還被馘首的五十四個頭顱，與屍體一起分四塚，葬在雙溪口邊。另外逃至附近山中的三人，後來出來也同樣來到楊家獲救。如楊友旺及其子一家人和朋友，合力救助庇護日本漂流民一事，在距今五十年前成為臺日融合的先驅，可做為臺灣史上一則美談流傳後世。

3 琉球蕃民五十四名之墓

現在的五十四人之墓，是以後明治七年征臺之役結束後那年十一月，西鄉都督從臺灣撤兵時，改葬在車城庄統埔。墓石高五尺、寬一尺五寸，背面記載其事由。

二 小田縣民被害事件

除殘殺琉球蕃民是征臺的主因之外，在明治六年備中小田縣民四名漂抵臺灣，亦遭生蕃之掠奪，也成為征臺之誘因。這是明治五年佐渡利八等三人乘若蛭子號，在十月二十八日從備中玉島出航，翌六年正月十四日在紀州的海上遇到大風後漂流，終在三月八日漂抵臺東馬武窟社附近登陸，土蕃二十三名隨即前來奪取其所攜帶物品，接著成群來者達二、三百人，分別掠奪船上的貨物並毀壞船隻。而且企圖殺害所有船員，幸好在一名老人的庇護下逃出虎口，同晚住宿在老人家，九日由老人帶領前往加涅巴（加里猛押？）的部落，住宿在一漢人家，雖因船難疲憊不堪，但被該中國人強制拘禁，十二日由蕃人通事陳安生陪伴來到哈拉加波（卑南的西方）住宿近百日，期間每天從事牧牛耕作樵木等雜役，六月十四日搭鳳山縣的貿易商李成忠的便船，二十日平安抵達打狗的旗後，二十二日被送交清廷官憲，抵達臺灣府城。幸好受到當時為視察臺灣來到此地（臺南）的日本福島廈門領事之救助，自打狗乘七月五日的便船赴福州，清廷官憲給與衣服、鞋子、毛毯、洋銀六兩、送至上海，八月十二日自上海平安返回長崎。這是第二次漂流臺灣，雖然倖免於殺害，卻蒙受掠奪苦役的損害與侮蔑，這就是小田縣民事件。

第二節　征臺的朝議及與清廷的交涉

即使有上述征臺的理由，但在興師問罪前，因與中國的交涉、日本國內的議論等，使時局日益紛亂。

一　征臺的朝議

首先，事情始於牡丹社事件時，鹿兒島縣參事大山綱良的奏請。

1　大山綱良的奏請征臺

縣參事大山綱良在明治五年七月二十八日得到十二名存活歸來者的報告，奏請興師問罪曰，琉球自古歸屬日本，即使盡恭順卻因遠而風化不及，有固陋之俗，今國王體其意，日益走向開化，偶因宮古島人六十六名漂流臺灣，五十四人被謀殺，慘虐之罪天地不容，綱良藉皇威威脅彼等巢窟以殲巨魁，對上在海外擴張皇威，對下欲安慰島民之怨魂。

2　處理臺灣蕃地的意見

就大山參事的奏請，政府當局的意見如下：

一、能否與清廷當局交涉處分加害的土人。

二、能否中國與日本合力處分加害的土人。

三、能否不假中國之手立即興師問罪。

在此，外務卿副島種臣為萬無一失，聘請曾負責解決與此次遇難事件相同性質的美國船羅勃號事件的駐廈門美國領事里全德為顧問，徵求他的意見時，里全德表示，一直以來臺灣的蕃地雖為中國所管轄，卻未能執行政府的命令，故亦不能完全保護人民，若要和中國政府交涉，就約定期限，若清廷在此期限不能做到，貴國即可直接處分臺灣土人，但其處分以日後的取締為主，盡量不訴諸干戈較為有利。

二　與清廷政府的交涉

當局採用此意見，決定日本不立即興師問罪，而先與清廷政府交涉，為此在翌六年三月九日派副島種臣外務卿赴清廷。

1　副島種臣的赴清

臨出發前頒賜副島外務卿的敕語曰：

朕聞臺灣的生蕃數次屠殺人民，若棄之不問，後患無窮，今全權委由種臣，種臣前往表明立場，以副朕保民之意欽哉。

於是種臣率龍驤、筑波二艦駛往清廷，至北京與總理衙門交涉，對方答曰：「清廷對尚未服我王化之臺灣生蕃不能負任何責任」，外務卿回答：「貴國既說生蕃之地乃王化不及之處，且貴國領臺以來生蕃的橫暴加諸他國民的事例不少，卻未聞有所處分，唯歸我獨立國處置」，亦即依此交涉闡明臺灣蕃地是屬於所謂化外之地的蕃地，上述的小田縣民事件是在此次交涉中偶發的事件，因此當局終於下定決心自行處理。

2 朝議的分裂

就在此時，巡遊歐美各國中的岩倉大使一行人歸朝，就有關處分臺灣蕃地問題，朝議分為二派，主張非戰論的木戶參議等陳述正值明治維新草創之際，先厚植國力為當務之急，且琉球是半屬國的形態等，反對征臺，而主戰論者的副島外務卿等陳述佔領臺灣能恢復日本過去擁有的勢力，且因清廷的主權不及蕃人，征服後在東岸推舉值得信賴的負責人乃日本的任務，力促征服蕃地。加上小田縣民遇難之怨及征韓論的餘憤等，時局錯綜複雜。依順序來說，牡丹社事件是在征韓論前發生的問題，但朝鮮與臺灣不可同日而語，以致因征韓論而被遺忘的臺灣問題，因征韓論的失敗而突然再燃起，興師問罪雖是日本對清廷的政策，但為平息沸騰的國內議論，必須做為日本的國策，朝議最後決定出兵。

第三節 征伐臺灣

日本把對臺灣蕃地的國策定為征臺，因此急著準備征討。

一 征臺的準備

明治七年四月五日在長崎設置臺灣蕃地事務局，以參議大隈重信為長官，陸軍中將西鄉從道為臺灣蕃地事務都督，陸軍少將谷干城、海軍少將赤松則良為臺灣蕃地參軍，並決定其他各部署，同日西鄉都督頒發如下勒旨。

就臺灣蕃地處分，命汝從道為事務都督，凡從陸海軍務至賞罰等事委以全權，遵奉委任的條款，遵勉從事以奏其成效。

—問殘殺日本人之罪，給予相當的處分。

—彼若不服其罪，臨機以兵力討之。

—日後日本人至彼地時，為免於土人之殘害，策定防制的方法。

二　征臺軍的情況

壯兵從鹿兒島招募三千六百五十八人，整備彈藥糧食，先遣隊在四月二十七日從長崎出發，該船在五月六日抵達瑯嶠灣（現在的車城灣），登陸車城南方的社寮。這是日本征臺軍留下足跡的第一步。接著在五月十六日，都督以下搭乘高砂艦出發，二十二日抵達臺灣，但在此之前日本內地，參議木戶孝允又發出征臺之非的聲音，策動大政大臣三條實美，派遣大久保利通至長崎，企圖說服西鄉都督，而歐美諸國對士兵的登陸以及外國軍官的同行（當時日本聘請美國軍官二名乘船）等也議論紛紛，讓事情變得相當棘手，但此期間因政府處置得宜，一方面致書廈門的閩浙總督李鶴年，告知征臺之事並請沿岸的清民勿運送軍需品等給生蕃相助。

1 石門之戰

抵達臺灣的日本先遣隊，自五月十七日以來進兵蕃界，故屢屢和蕃人發生衝突，多數蕃地聞風歸伏，但牡丹社、高士滑社的蕃人三百人佔據牡丹社入口的石門（圖片中的正面臺地是牡丹社）的天險頑固抵抗時，二十二日佐久間中佐（之後第五任臺灣總督）所率的二小隊在偵查地形中意外在此地點發生衝突，日軍雖陷入苦戰，仍努力對抗，但敵蕃不易退卻，於是佐久間中佐命手下二十餘人潛行四重溪左岸的深山中，攀到石門之上自山頂俯瞰，一起射擊，使敵死傷達七十餘名，牡丹社頭目阿碌父子也被擊斃，因此多數蕃人才狼狽棄守潰走。此日日軍的損害陣亡四名、負傷二十名。而此日約百名熟蕃自車城來到四重溪，提出應援日軍的要求，但日軍顧慮有紊亂紀律且引起混亂之虞，因此感謝其好意，加以說服後

石　門

即離去。此外，依四重溪一名土人所言，此反抗日軍的蕃社是十八社中的牡丹社與高士滑社而已，其他十六社皆潛入雙溪口附近的山中旁觀勝敗如何，若牡丹社獲勝，就加入來抵抗日軍，若牡丹社敗北，即考慮向日軍投降。

2　蕃社總攻擊

自此一戰後，上述十六蕃社與日軍互通款曲，因此西鄉都督在六月一日把其本營自龜山推進到統埔，準備從三路夾擊牡丹社、高士滑社，谷干城少將從西方楓港方面進出牡丹社的背後，赤松少將從東方竹社方面攻打高士滑社，西鄉都督擊退正面石門的強敵向牡丹社前進，但在途中高士滑蕃人已向石門方面出動，因此燒其蕃社，進而與他軍共同夾擊牡丹社，燒其巢窟退敵，四日歸營。

3　授與歸順章

西鄉都督在八日把歸順蕃首長邀至龜山的本營表達撫化之意，且為表示保證保護，授與保護旗章與歸順票證，保護旗章即日本國旗的中央有直徑一尺的圓章，周圍寫著：「須賜此御旗者為順奉我皇國之御稜威，絕不能加以污染　明治七年五月」，歸順票證則寫著：「持有此證者為歸順皇國者，故不能粗暴對待　明治七年第六月大日本軍大本營」。

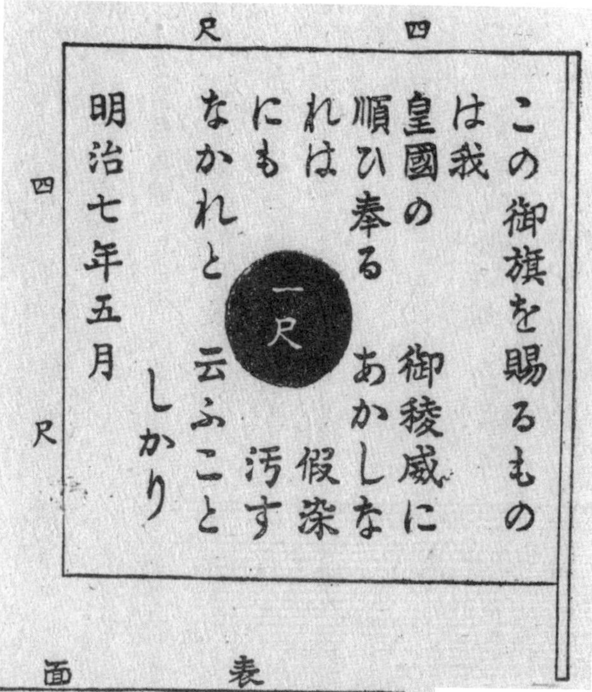
四尺
四尺
この御旗を賜るもの
は我
皇國の
御稜威に
順ひ奉る
あかしな
れは
假染
にも
汚す
なかれと
云ふこと
しかり
明治七年五月
一尺
表面

附與歸順的蕃社酋長的國旗

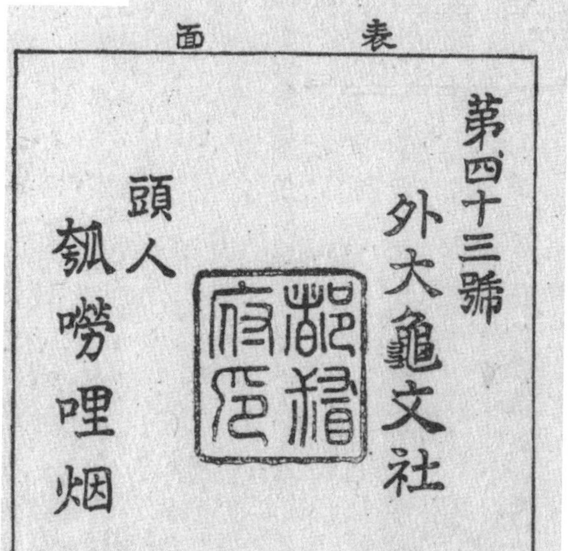
第四十三號
外大龜文社
頭人
瓠嘮哩烟

附與歸順蕃人的證票

第四節　清廷對征臺的態度

最初副島外務卿赴清與北京政府交涉時，清廷回答：「對尚未服我王化的臺灣生蕃，不能負任何責任」，但此時清廷卻開始提出異議。

一　清廷的異議

當清廷接獲日本征討軍從長崎出發的情報時，突然對日本政府提出抗議。

1　清廷異議的旨趣

其旨趣是說，臺灣屬於我領土，貴國不能妄自出兵。當時清廷擔心日本人先佔領臺灣後接著襲擊清廷，於是清政府命閩浙總督李鶴年率軍艦在五月二十二日駛入臺灣瑯僑灣，這是西鄉都督入港前一小時，翌二十三日李鶴年會見西鄉都督，提出：「臺灣是清廷的領地，若臺灣有錯，我們自己會改，故請速撤兵」。

2　西鄉都督的果斷

西鄉都督回答：「此臺灣島是否屬於貴國非我所知，請回去向北京的我國公使諮詢」，清廷知其難敵，隨即解纜離去。然在六月二十一日，清廷再次提出異議，欽差幫辦大使潘蔚、福建省巡撫沈葆楨以軍艦搭載數百名士兵又抵達瑯僑，二十三日在車城要求會見西鄉都督，曰：「貴國出兵臺灣時未預告我國，我等討伐蕃族豈敢藉他國之力，據聞生蕃潛匿山谷，我出兵誅鋤之」，西鄉都督以「真是奇怪的說詞，有關出兵臺灣，去年我使臣即明確告知貴國，其知照正文在此，又屠蠢爾小蕃不勞煩大援」一句話加以反駁，潘蔚等在二十八日撤出車城，空手以陸路向臺灣府前進。

二　簽定北京條約

在此參議大久保利通以全權辦理大臣被派遣至清廷，九月十日進入北京，十四日和總理衙門展開第一次的會見。

1　談判的狀況

爾來至十月二十五日重複數次的談判，但議論不易整合，日本政府的主張是，既然臺灣的生蕃尚未服清廷之王化，就不承認清廷政權及於臺灣的蕃地，而清廷的主張是，即使臺灣的生蕃尚未在清廷政教之下，但臺灣的蕃地正是清廷版圖之一，就在談判即將破裂時，恭親王拜訪英國公使維特，要求居中調停，清廷最終承認日本的主張，在十月三十一日簽定北京條約，而以和平收場。該條約的要旨如下：

2 條約的要旨

一、日本國此次所為是為保原與保之義舉，清廷不能指為不是。

二、對前次遇害之難民的家，清廷給與撫恤金，日本在該處修路建房等是清廷欲留為自用，先議定籌補，銀兩另外議辦。

三、有關此事所有兩國一切往返之公文互相撤回銷毀，永不提出異議，至於該處的生蕃宜設法妥善約束，以期永保航客不再受兇害。

而被害撫恤金是十萬兩，日軍修繕道路、建設兵營等補償銀四十萬兩，撤兵期定為明治七年十二月二十日，辦理大臣一行人在十月底歸朝。

三 征臺軍的撤退

在此之前十月三十日，因簽訂北京條約，故十一月十三日派遣東久世侍從長來臺灣傳達撤出征臺軍的命令。於是十二月二十日征臺軍自臺灣出發踏上凱旋之途。臨去前以西鄉都督之名對歸順生蕃發出諭告，現今猶藏在鐵拉瓦克社大首長的家，文曰：

大日本海軍中將西鄉從道，告于生蕃各社，往歲牡丹社蕃殺我琉球民於難，大虐無道罪，

莫大焉從道謹奉
天皇之威命，來問其罪既而爾等悔過改德，稽顙於轅門我憫而救之，可庶幾與共沐浴于聖澤，生長仁壽之域也，不料今也我與清媾和，悉聽其請，我歸期日爾等謹奉清之教、勿敢犯三尺，特曉諭

明治七年十一月二十日

西鄉從道

於是在十一月二十七日凱旋回東京。明治天皇在宮城正廳的階上謁見都督，拜領如下勅語：

汝從道奉命為都督進入蕃地，不日誅兇魁，諸蕃接踵降附，此由汝冒險犯難竭盡全力所致，朕深嘉勉之。

此役日本出征的兵數三千六百六十人，官兵陣亡者僅十二名，但因甚為炎熱，加上霖雨數旬，瘧疫流行而死亡者五百六十一人，傷者十七人，軍費七百八十萬圓，雖得不償失，但因而能闡明琉球的蕃屬，英法了解我兵力值得信賴，撤廢原本駐屯日本以保護僑民之守兵，使我國權得以伸張。

第八章　劉銘傳的治績

第一節　政治的革新

清朝統治臺灣的二百年間，提到屈指可數的治臺政治家，在康熙乾隆年間有藍鼎元、福康安，在同治光緒年間有沈葆楨、劉銘傳，尤其劉銘傳做為積極進取的政治家嶄露頭角，在臺六年致許多的治理，盡統治臺灣之重任，其重要的治績首推政治的革新。

一　政治機關的改造

劉銘傳著手經營臺灣之初，首先策劃的是改造政治機關，所謂政治機關的改造有下列二項。

1　台灣省城的經營

當時臺南為政治的中心地，但該地偏南，不得統治上之地利。因此劉銘傳斟酌全島的地勢，認為彰化之地位於本島的中點，靠近鹿港的海口，頗佔要衝的位置，且足以控制南北，因而決定在距彰化城東方三里的藍興堡（現在的橋仔頭、臺中市之一部分）之地設置臺灣省城，於是在光緒十五年三月大興土木，十七年十二月大體的設計竣工，但在此之前因臺北府城已成，且該地近福建的首都福州，往來便利，加上劉銘傳在翌十八年去職，以致上述的工程就此中止，把位於臺南的臺灣府遷移臺北，設巡撫衙門做為最高行政機關。為此在臺灣的中部、現在的臺中設省城，做為統治全島的中心地的計畫中止，但以此事為動機，比臺南更得地利的臺北成為集權之府，直至改隸日本。

2 臺灣省的設立

如上所述，康熙二十三年清朝領臺當時，文治行政機關是以一府（臺灣府）三縣（臺灣鳳山諸羅）來統治，其行政區劃，臺灣縣是以二層行溪與鳳山縣為界，以新港溪與諸羅為界，南自瑯嶠恆春，北至雞籠（基隆）的臺西平原即為三縣，澎湖島為其附屬。之後至光緒十一年、即巡撫劉銘傳統治臺灣時代的二百年間，因統治區境的擴張等，有如下表所示的數次變遷，這即劉銘傳斷然實行的依臺灣省分立的行政機關。

首任臺灣巡撫劉銘傳

變遷	年代	轄區			
第一次變遷		臺灣省			
	康熙二十三年	臺灣縣	鳳山縣	諸羅縣	
	雍正元年	臺灣縣 澎湖廳	鳳山縣	諸羅縣 彰化縣 淡水縣	
	嘉慶十五年	臺灣縣 澎湖廳	鳳山縣	諸羅縣 彰化縣 淡水縣 噶瑪蘭廳	
第二次變遷		臺灣府		臺北府	
	光緒元年	臺南縣 鳳山縣 嘉義縣 彰化縣 恆春縣 澎湖廳 卑南廳		新竹縣 淡水縣 宜蘭縣	
第三次變遷		臺灣省			
		臺北府	臺灣府	臺南府	臺東直隸州
	光緒十一年	淡水縣 新竹縣 宜蘭縣 基隆廳（十四年） 南雅縣（二〇年）	臺灣縣 彰化縣 雲林縣 苗栗廳 澎湖廳 埔里社廳（十四年）	安平縣 鳳山縣 恆春縣	

第一次的變遷是康熙二十三年以臺灣為一府經營的時期，第二次變遷是光緒元年派駐巡撫的時期，第三次變遷才是劉銘傳在中法戰爭後，因防備臺灣的必要上分立臺灣成為一省來統治的時期。以前的福建巡撫一等男爵劉銘傳以專任臺灣首任巡撫蒞臨本島，把全臺分為縣廳之外，在臺東設直隸州，斷然實行全島行政機關的改造。劉銘傳任臺灣巡撫以來，最初本島的政務是由撫臺衙門、藩臺衙門、道臺衙門等三衙門統之，因此此三衙門即中央政府，撫臺衙門設在臺北，一稱巡撫部院（衙門），臺灣的最高行政廳司掌行政司法的事務，且為統理陸海軍務之處，尤其直轄稅關、學政、文武、學堂，而在巡撫之下設置刑席、錢席、文案、巡捕、吏科、戶科、禮科、兵科及其他諸股分掌事務。藩臺衙門一稱布政使衙門，設置在臺北，司掌全省的財務，整理田園，主管租稅釐金及鹽政，徵收其他雜稅等，又製作有關其歲入歲出的出納決算表提交政府。道臺衙門設在臺南，是臺灣巡道之居所，司掌全島刑名之事，兼掌屬於臺南的鹽政，又兼轄按察使（司掌地方的控訴事務及地方行政的視察），均設多數諸股分掌事務。在以上三衙門之下，在地方設置三府，府之下設置縣、廳，府的長官為知府，縣的長官為知縣，廳的長官為同知等。

二　兵備的擴張

在臺灣的兵備分為陸路及海路，陸路兵駐在南中北三路與基隆、後山，海路兵駐在澎湖，以三年輪流從對岸赴任駐點，其素質極差，可謂有名無實之戍兵。光緒十一年劉銘傳以新任巡撫蒞臨臺土時，首先一改防備方針，以圖軍備的充實，樹立臺灣國防之策。

1 一改防臺方針

最初在臺灣的施設與其說以備外患，不如說防範內憂為目的，所謂「臺賊多自內生，鮮由外至」為臺灣國防的信條，但現在形勢一改，勿寧以完成外備為優先的情況，因此劉銘傳完全一改防臺方針為「外主內從」。

2 充實防備

自光緒十二年以來逐次著手其設計，新從英國購買阿姆斯朗鋼鐵後裝砲三十一門及卡德林克砲，所需一切經費高達六十五萬兩。如此所設的砲臺的位置及座數是澎湖三座，打狗四座，安平、淡水、基隆各二座，購買裝置武器的同時，另一方面也興起造兵，在臺北設機器局、火藥局、水雷局，在基隆滬尾設置水雷營，在上海設轉輸局，把武器輸送到臺灣，在從事此等軍備的前後，聘德國人仿西洋式修繕砲臺軍器，並施以砲兵的訓練，或新造巡洋艦，又為使南北聲援方便，急於開通鐵道等，銳意盡力改善，有關提升士兵的素質，以勇營取代原來的綠營，這些軍事費的花費高達二百十萬兩以上，如此使臺灣的防備更加嚴密。

第二節　確立經濟

劉銘傳統治臺灣的要點是革新政治與確立經濟，在本節敘述交通、產業、財政等三項。

一　整頓交通機關

光緒十二年在劉銘傳的上疏中提到：「以臺灣為我國海防之要地，尤其在分建一省之初，宜盛大生產工業謀求全島的繁榮富強，而為達其目的，使內外的運輸便利為最大急務」，在此旨趣下企圖整頓各種交通機關，其重要項目是鐵道的開通。

1　開通鐵道

在此之前派遣南洋的視察委員一行人回到臺灣後表示：「在南洋各地的本島出外謀生者，聽聞臺灣內地肥沃，加上近來政府盡力招撫開墾，希望回臺灣營業者不少」。這成為劉銘傳在本島開設鐵道的動機，劉銘傳向清廷奏請允許開設臺灣鐵道曰：

臺灣雖為孤立海外之一島，實為南部諸省之藩屏，故期能振興生產工業，開拓所擁有之利源，全島的經費由自己供給。又南北的防兵若非運轉節應自如，就不得永保巖疆，保全一省之獨立。今在本島創設鐵道的利益，除驛遞開墾商業之外有三大便利（中略）。三大便利是一、海防的便利，二、省城建設的便利，三、臺灣工程的便利。

其議被採用，終在臺灣鋪設鐵道，劉銘傳訂立發行一百萬兩的鐵道股票，由民間募集，不動用公款來完成的計畫，以提督朝幹為總辦，以德國人為技師，以臺北為基點，延長至基隆臺南。其工程在光緒十三年（明治二十年、西元一八八七年）三月於臺北大稻埕動工，光緒十四年起經南方海山口至埤角的線路三十二哩間費時四年，於光緒十七年十二月竣工。此時因更替巡撫而欲縮小臺灣的經營，以致後來工程遲遲無進展，至光緒二十年（西元一八九四年）即割讓臺灣的前一年，才逐漸開通基隆到新竹六十二哩的鐵路。

2　開通航路及道路

如劉銘傳所想，為謀求臺灣的繁榮富強，使內外運輸的道途便利為最大急務，於是他命李彤恩視察南洋諸島的商務，依據其復命設商務局，開臺灣至香港、上海、新加坡、柴棍（西貢）等諸港的航路，又開道路，臺北至宜蘭的道路是從基隆越過三貂、草嶺二嶺，行路險峻，里程迂遠，因此劉銘傳開自臺北經景尾、坪林尾直通宜蘭的道路，至光緒十一年十一月竣工。

3　開設電信及郵政

而且設置電報局，以臺北為起點，南經新竹、臺中、嘉義、臺南、安平，聯通澎湖島的馬公，北至基隆，淡水，從淡水到福州的芭蕉島（閩江口外）連接福州的幹線，又設置郵政局，創書信傳遞法等，整頓各種交通機關以期完備。

二 提振生產工業

「臺灣雖為海外的一島，卻地肥土膏有利開墾，宜提振生產工業，開發諸般利源，以全一省之獨立」其實為劉銘傳經營臺灣的意見。由此他一面企圖整頓交通機關的同時，一面企圖提振生產工業，首先傾力開發臺灣山地的特產品。

1 獎勵特產品

所謂特產品，就是樟腦、硫磺、茶、煤炭等四種，其中樟腦與茶是首次官辦，但受到英國領事的抗議，而廢除以官辦來經營，自此以來外國人亦能自由進入山地購買，搬至開港場牟取暴利，但劉銘傳把這二種做為專賣，由政府收其利，而茶（烏龍茶）是本島重要的輸出品，因此劉銘傳努力保護獎勵其栽培及製造，在臺北設茶葉組合以期秤量的正確與品質的改善，由此茶葉漸次發達，在光緒十年前，烏龍茶的輸出不過九百萬斤，但自光緒十一年起激增為一千二百萬斤，由此可知其獎勵的成效，又禁止開鑿煤炭的私坑，在基隆附近設新式器械，招聘外國人技師採挖等，以圖大為增進國富。

2 獎勵各種產業

在臺灣的生活必需品，仰賴他地的商品不少，因此劉銘傳盼能在島內出產以充實其需求，在光緒十五年派雲林縣知縣李聯奎前往中國本土，從安徽、江蘇、浙江各省帶回桑苗蠶種，教導栽培飼養的方法，或輸入棉花、煙草、綿羊試殖，或開通埤圳成為臺灣農業最有益的灌溉，計畫在大嵙嵌溪上游開二圳，命外國人測量，但因劉銘傳的辭任而中止，想起近年終於竣工的桃園埤圳的灌溉，就不由讓人聯想起劉銘傳的卓見。

三 整理財政

因劉銘傳積極經營臺灣，造成政費巨大膨脹，因此一方面確定其財源以充實經費之不足，另一方面了解臺灣和中國本土隔絕，緩急相通的不便，而企圖使臺灣經濟獨立，於是進行整理財政，籌措財源。

1 清丈土地

劉銘傳認為臺灣經濟獨立的財源在於增課地租，因而清丈土地、即檢地做為其基本調查。臺灣之地原本是由中國人自由移殖，隨處開拓，即使後來歸於清朝的統治下，仍延續此一習慣，且二百年來從未實行清丈土地，因此地積等級等極為雜亂，如地積稱一甲卻高達二、三甲，賦課亦有不明之地，加上田園被土豪奸民奪取的受害者卻仍負擔其租，也有侵占蓄地者，以及隱匿開墾地者等，各地權衡盡失，脫租額龐大。於是劉銘傳在臺北、臺灣兩府設清賦局，各縣設置分局，排除萬難從光緒十二年七月著手，至光緒十四年十月完成。

2 改正租制

在臺灣的租稅法多種多樣，有從荷領時代已施行的，有在鄭氏時代、尤其鄭經時期立制後施行的，前者稱錢糧，後者稱雜餉，均為租稅的名稱。屬於錢糧者有田稅、園稅二種，屬於雜餉者其種類甚多，是極為複雜的稅制。起初鄭成功割據臺灣的時代是所謂成聚教養的時代，訂立半農半兵制，以田園徵租、即錢糧就足以國用，但至鄭經時代，因振翅大陸而有幾萬士兵常駐泉州、漳州一帶之地，與清朝爭輸贏，因此所需的軍資絕不少。於是鄭經除錢糧、即地租之外，也進行各種課稅，所謂的雜餉有人丁（人頭稅）、厝餉（房屋稅）、契稅（登記費）、磨餉（課自磨粉機）、廍餉（課自糖廍的石車）、文武口（帆船稅）、塭餉（課自養魚場）等不勝枚舉，繁雜多樣。繼鄭氏之後，清朝也長久因襲此一稅法，但政府苦其徵收的困難，人民苦其誅求。在此劉銘傳改變原來的租稅，廢除雜餉的稅目，改為所謂錢餉一目，且改變稅率以圖增收租稅，其結果地租的總額達到六十七萬餘兩，比從前的收入十八萬餘兩，實質增加四十九萬兩。

3　改善通貨

在臺灣的改善通貨也是他所實行，當時本島也和中國一樣，在銅錢（方孔錢）有制錢（官錢）·私錢二種，私錢品質粗糙，在經濟上帶來不少不良影響，因此在光緒十六年禁止使用也是他的經濟政策之一端。

第三節　撫蕃的措施

光緒十一年以臺灣為獨立之一省，清朝舉劉銘傳為首任巡撫時，把防辦、練兵、清賦、撫蕃四綱做為臺灣施政的綱要，撫蕃事業亦是劉銘傳的一大使命。

一　設立撫蕃局

撫蕃最先著手的是在大嵙崁設置撫蕃總局，任林維源（林本源之祖）為總辦，在大嵙崁、東勢角、叭哩沙、林圯埔、蕃薯寮、恆春、臺東等八處設置撫墾局，在適當之地設分局，司掌蕃地的開墾、土蕃的招撫、蕃童的教育、禁止侵地等，以傾力撫育開發蕃人。

二　膺懲兇蕃

然對化外之兇蕃，為展現膺懲之威，發起討伐之軍，前後八次，即：

一、光緒十一、二年討伐東勢角方面的蕃社

二、光緒十一年討伐屈尺方面的蕃社

三、光緒十二年討伐大魯閣蕃社

四、光緒十二年討伐大嵙崁方面的蕃社

五、光緒十二年討伐北港方面的蕃社

六、光緒十二年討伐五指山方面的蕃社

七、光緒十五年討伐大南澳蕃社

八、光緒十五年討伐大嵙崁方面的蕃社

有關討伐，均未能獲得預期的成效，尤其光緒十五年討伐大南澳時，舉兵約二千，又要求福建水師的應援深入蕃地，但蕃人的反擊甚為激烈，因陣亡病歿而損失全軍之半，終以失敗收場。

三　設立蕃學堂

劉銘傳如此一面以威武之力鎮壓凶暴的蕃人，一面以教化之功企圖啟發溫順的蕃人，創立蕃童學校，招各蕃社的子弟，以中國化的方針達到文明化來施教。

1 教育的狀況

學成畢業後歸山，他日成為酋長後，就能把其威化及於眾蕃，而且原本以中國人通事來通彼我之意，在撫化上總有隔靴搔癢之憾，因此以養成了解中國語的蕃人為目的，光緒十二年在埔里社創義學，光緒十四年在宜蘭月眉庄開生蕃教化所，但因指導不得宜未能獲得成效而中止，但光緒十六年三月在臺北開設蕃童學校，以大嵙崁為中心，招募屈尺・馬武督方面的蕃童二十名施教。有關其教授訓練，教官是以清朝人羅步韓（福建省汀州的秀才）為教頭，臺灣人吳化龍、簡受禧及另一名為教師，專事中國式的私學（書房），以讀書習字為課，另外講習官話與土語，且經常努力使中國式的禮法成為習慣，提醒起寢梳洗等百般作法，每三天一次帶到街市視察風俗人情，起觀感興趣之念，努力達成其目的。分課教授如下表所示。

時間	科目	要旨	教科書
上午	復習（背誦） 授讀（讀書） 習字（模寫）	早晨從早餐後開始復習前日的教科，以中國發音教授句讀，模寫漢字。	使用三字經、四書、五經之內詩書易。
下午	復習（背誦） 習字（模寫）	午餐後復習上午所教授的課程，和上午一樣一直寫到日暮。	
餘科	官話　臺灣土語 蕃語 詩文	隨時在授讀的時間教授會話，演練以免忘記固有蕃語，熟悉學業者課以簡易的詩文。	

劉銘傳以上述方法施教，在光緒十八年產生第一屆畢業生，但這年因巡撫更替，新任巡撫邵友濂採取萬事保守政策，以致廢除蕃學堂，把在學的蕃童送回蕃地。

2　教育的結果

從這三年間教育的結果來看，雖有學力優等的畢業生，但教育的本旨是中國式的模仿教育，和蕃人日常生活所需的知識沒有關聯，因此蕃童等又再恢復舊風舊俗，劉銘傳企劃的幾多臺灣施政均能見其成效，唯獨蕃人教育這點卻是遺憾。

除以上數項敘述劉銘傳的事蹟之外，他的其他功績多到不勝枚舉，如確立保甲制度、修正街市、設立日學堂及西學堂、設立官醫局與養病院、設立發審局（最高法院），取締當鋪、破除迷信等，銳意盡瘁積極實行措施，但卻導致保守島民的反抗，因而稱在任六年疾而辭官，終未能完成其大經綸，但做為臺灣史上的人物，可謂功不可沒的治臺政治家。

第九章　改隸前的教育・產業・交通・法制

第一節　改隸前臺灣的教育

「興賢育才是以教學為先，學以明人倫，上明人倫，下親小民，堯舜之治不外乎此」，這是古來中國教育主義的要旨，因此臺灣當然也依據此一主義來施教。在此之前，中國為敦風教、正民俗，清朝皇帝在康熙九年頒發如日本教育勅語的聖諭十六條以示官民，在雍正元年欽定聖諭廣訓十六章，這是上諭十六條的衍義，令各府縣鄉的學生誦讀。臺灣自雍正十一年起實施，全然是中國式自不待言，其教育是慕古式而欠缺通時務之途。深具慧眼的劉銘傳著眼於此，力圖改善臺灣教育，先在臺北興西學堂大有所為，但光緒十七年因巡撫更替，諸般設施也採縮小主義，同時也撤廢西學堂，使教育的改善立即消失，以致至改隸前均未脫舊套。

一　學制

臺灣的學制大致與清朝相同，隸屬清朝的地方學務行政官福建學政使（屬於巡撫統轄有關學校貢舉的一切事宜），每府設提調官（協定辦理學政使的事務）一名，教授（司掌府儒學之事）一名，每州設學正（司掌州學）一名，每縣設教諭（司掌縣儒學之事）一名，此外在府州縣均有訓導（教授、學正、教諭、副手、輔助官），但唯有臺灣，福建學政使未駐在本島，因此有關臺灣學政，最初是由臺廈兵備道臺兼理，以後則是由臺灣巡撫兼理。

二 學校

改隸前在臺灣的學校有以下六種。

1 府縣儒學

府儒學隸屬知府，職員有教授與訓導，司掌文廟的管理、學生的指導・監督・月課（參照本章4）的舉行等。而本校的經費由國庫支辦與學費的收入來辦理。

2 書院

設在省城府縣城所在地，引進人才，輔導府縣儒學不及之處，入學的學生有內課生（接受月課的優等生）、外課生（接受月課的普通生）、附課生（成績不佳者）三種。

3 義學

亦稱義塾，設在府縣街庄，教育因貧困而不能自行就學的鄉里子弟，雖為官立，也有鄉紳富戶所設立，義學的教師每年由府縣儒學的學生考試後錄用。

4 社學

所謂社學並非純粹的學校，而是諸子相會結社做為敬業樂群之處，即為社學。

5 土蕃社學

以官公費所設立，教育歸順蕃人的子弟。雖附社學之名，卻與上述的社學完全不同意義。

6 民學

普通稱書房的私學，一、其設立有讀書之士、即教師自行開設的，鄰保鄉井合資聘請老師設立的，士紳殷戶獨力聘請老師設立的等，二、書房教育的目的是培養普通的讀書力與學識，並準備應考，普通六歲入學，三、教科是讀書（三字經．大學．中庸．孟子．四書．集註．詩經．書經．易經．春秋．禮記等）、開講（講解字義文意）、習字、功課（課以詩文）等四科，四、教授時間不限定，但從上午六、七時至下午四、五時，教室即教師的居室，正面懸掛至聖先師孔子神位或其像，或文昌帝君的畫像，五、書房的維持費是依束脩贄儀（入學金）、節儀（端午七夕等節日的謝儀）、供膳（米炭茶等謝禮）等收入，學生少則十餘人，多則三四十人，年收入僅數十圓乃至二、三百圓而已，對女子古來並未設學校，就師者百中無一，即使照例就學，也在十二、三歲就停止，而教科大致和男子相同，但在富豪之家則教授習字、賢文、女論語、孝經、閨則、烈女傳等。

以下提出儒學書院等在臺灣設立的年月。

類別	名稱	設立	名稱	設立
儒學	臺南府儒學	康熙二十四年設立	安平縣儒學	康熙二十三年設立
	安平縣儒學	康熙二十三年設立	嘉義縣儒學	康熙 十五年設立
書院	崇文書院（臺南府）	康熙四十三年設立	振文書院（西螺街）	嘉慶 十九年設立
	海東書院（同 上）	康熙五十九年設立	屏東書院（阿猴街）	嘉慶 二十年設立
	鳳崗書院（前 荷）	乾隆 十二年設立	羅山書院（嘉義街）	道光 九年設立
	龍門書院（斗六街）	乾隆 十八年設立	修文書院（西螺街）	道光二十三年設立
	王峰書院（嘉義街外）	乾隆二十四年設立	玉山書院（南勢街）	咸豐 元年設立
	文石書院（澎 湖）	乾隆三十一年設立	奎文書院（多里霧街）	咸豐 六年設立
	奎璧書院（鹽水港）	乾隆四十六年設立	雪峰書院（阿里港街）	光緒 三年設立
	引心書院（？）	嘉慶 十八年設立	蓬壺書院（安平街）	光緒 十二年設立
	鳳儀書院（鳳山街）	嘉慶 十九年設立	華文書院（阿猴廳下觀音亭庄）	？

三　學宮

在原本以儒學為教育淵源的中國，是以學宮、即文廟（孔子廟）為教育的中心，臺灣在府縣治之下必有孔子廟，在臺灣府的臺南孔子廟是全島最著名的，廟內設置府學書院等，這種府學成為臺灣文化的搖籃，從刻在石門上的全臺首學四字就能了解。在彰化、新竹也有稍具規模的大型孔子廟，在這些廟內也設置書院縣學等，因此孔子廟與教育可謂同體。

孔子廟大成殿（臺南）

全臺首學明倫堂（臺南）　孔子廟正門（臺南）

1　孔子廟的構造

聖廟、即孔子廟的構造祭典皆有一定型式。以下概略敘述，廟面南建立，先從櫺星門進入，右有義路、左有禮門二門通大成門，就是正面的主殿、即大成殿，主要祭祀孔子、四聖十二哲，歷代的先哲先師為從祀。即在殿中正面安置至聖先師孔子神位，東配復聖顏子神位、述聖思子神位，西配宗聖曾子神位、亞聖孟子神位，此外在兩側配置孔子的門徒十二哲的神位，這即是大成殿的神位配置狀況。此外，大成殿之東有東廡、西有西廡的社殿，東廡從祀先哲先儒七十一的神位，西廡從祀先哲先儒六十九的神位，大成殿後的崇聖祠主要祭祀孔子的先世五代，其東側附屬祭器庫，西側附屬樂器庫等。

2　釋典

春秋二次祭祀孔子稱釋典，祭官有正獻官（由府縣知事或學官擔任）一名，分獻官（學官，在中國是由稱國子監在北京的大學學生、即貢生擔任）一名，其他有陪祭官、執事等數名，祭官在祭祀前三天齋戒沐浴，以八修之禮進行祭事。

四　考試

考試亦稱科試，即學位考試，在中國只要取得學位就能被任用為官吏，因此所謂的考試，畢竟是官吏登用考試。有屬於府縣儒學的考試與屬於書院義學的考試之分。

1 屬於府縣儒學的考試

這種考試有四種，一、歲科是取秀才的考試，三次考試的總稱，首先在知縣進行的縣試合格，其次應知府舉行的府試，最後登第學政、提調舉行的學政試就被舉為秀才（學位）。這三次的考試稱為歲科，每歲各舉行一次，二、鄉試就是從秀才中取舉人的考試，每三年舉行一次，合格就賜冠服金子，並在門口懸掛文魁的匾額，在臺灣必須渡海前往福州應考，三、會試是把全國的舉人每三年一次集合在北京的貢院，錄用為貢士的考試合格，就能取得應考最後殿試的資格，四、殿試是從貢士中取進士的最高考試，登第者賜朝冠朝衣，准許懸掛進士的匾額。在臺灣也依照此法，故第一次考試的歲科在臺灣舉行，但鄉試則前往福州應考。如此，臺灣的應考者與福建全省的多數應試者一同考試恐有無及第者之虞，故在康熙二十六年（西元一六八七年）決定從臺土的應試者中取舉人一名，道光八年（西元一八二八年）決定取四名，尤其當中加粵籍（廣東族）之士一名。接著在道光十一年（西元一八八五年）臺灣從福建省分離自成一省後，鄉試就在臺灣舉行。

2 屬於書院義學的考試

如欲考取上述屬於府縣儒學的考試，擅長基礎知識的詩文極為重要。於是在書院義學也對應將來考試者進行詩文的實力檢定考試，在書院舉行的稱為月課，有由所謂官訓的儒學官舉行的考試，以及由所謂師課的書院長舉行的考試二種。另外，義學舉行的考試稱為會課，均為磨練詩文應試的預備考試。月課普通每月二次，會課則隨時舉行二、三次。

3　考試的弊害

原本在中國的考試就有一種弊害，即應試者以賄贈官吏枉得及第，或由他人代考詐取合格等。此弊害之甚在臺灣也不足為奇。

第二節　改隸前臺灣的產業

清朝統治臺灣長達二百餘年，在此期間當局也並非毫無名案良策，但施政之法不得宜，以致弊害叢生，加上此期間內訌匪亂，當局忙於平定，而在安居之日又追求私利私慾，因此施政未能達到興產業以圖國民福利的地步。然而以臺灣的產業來說，可列舉的除如農業林業等適合所謂風土的產業之外，僅採挖煤炭、砂金等天然物而已，如製造工業等，除從樟樹萃取樟腦之外，均乏善可陳。

一 農業與林業

農產品以米與砂糖最重要，林產品則以樟腦最重要。以下簡單敘述此等產業的發展。

1 米

這是在臺灣最初發展的農產品，起初中國人移居開墾臺灣的西部平原，在水田嘗試米作，接著荷蘭人統治本島後，特別講求拓殖之道，給中國移民耕牛、農具及資本獎勵之。今日臺灣測量地積以甲計算，就是荷蘭人的遺制。由此可知荷蘭人對臺灣農業的貢獻頗大。而當時的米作是充當島民之需求，剩餘的才和砂糖一起輸出，而其關稅還在日本人與荷蘭人之間引起糾紛，史籍上有明記。之後鄭芝龍在天啟五年（西元一六二五年）為招攬大批同志來臺，每人發給三金一牛，或閩之饑民來臺數萬，而鄭成功驅逐荷蘭人開始統治臺灣後，訂立寓兵於農之法獎勵屯田制，以及臺灣的氣候風土適合米作、利用埤圳等增加米作的收穫。由此中國把臺灣視為內地（中國）的一大倉儲。鄭氏滅亡後，本島接踵發生匪亂，清廷曾一時禁止中國人移居臺灣，但私下流入者不少，以致土地的開拓漸次進步，依據臺灣府誌的記載，十八世紀中葉清高宗之世，田園五萬三千甲，每年納官高達十萬石。而在中國內地，兵穀兵米等仰賴臺灣稱臺運，在廈門志中記載：「列舉乾隆末年臺運的額數，內地各倉的兵穀兵米合計八萬六千餘石」，可見自古以來臺灣就是米產豐富之地。

2 砂糖

糖業是何時傳至本島不詳，但相信是由中國移民傳來。西元一六二四年荷蘭人佔領本島時，砂糖已是重要貿易品之一。之後由荷蘭人接手，砂糖的輸出年年增加，不下八萬石。至鄭氏時代，特別傾力於糖業，在栽培上改良蔗苗，在製造上謀求提高成品率，而且在陳永華的策劃下，獎勵屯田的各鎮插蔗煮糖，因此大為發展，其產額比昔日倍增，十餘年後的產額一躍提高到三十萬石。清領後也受鄭氏獎勵之餘澤而漸次發展，尤其依西元一八六〇年的北京條約，臺灣也開四港（基隆、淡水、安平、打狗）後，更加促使此業的進展，進入西元一八七〇年後，臺灣糖的銷路不限於日本、中國，也遠至歐洲、澳洲，在西元一八八〇年的輸出達一百四十五萬石之巨額。之後因歐洲甜菜糖的勃興，對歐美的輸出不划算，以致輸出額減少為八、九十萬石，爾後仍持續這種狀態，直至進入日本的改隸時代。

3 茶

在臺灣，茶的栽培製造起源不詳，但在雍正初年（距今二百年前）所撰寫的赤崁筆談中記載：

水沙連茶（現在竹山地方的山地、大水窟附近所產的茶）在深山中眾木蔽虧霧露濛密，晨曦晚照總不能及色綠如松蘿，性極寒療熱症每年通事與各蕃議，明日入山焙製。

此外，之後在道光年間所編成的淡水廳志中記載：

貓螺內山（位於臺中方面）產茶，性極寒蕃不敢飲。

由此可知由來已久。當時在本島的茶栽培只不過是自家用及島內的消費而已，但在道光年間（距今百年前）賣至福州。然在同治三年（西元一八六五年）英國人約翰德特為視察樟腦產地來到本島，偶然在北部山地看到茶的栽培，立即著手調查，結果了解臺灣適合茶業，一面收購粗茶，一面貸與苗木資本，獎勵栽培焙製，在同治六年輸出澳門大受歡迎，奠定本島茶業發展之基礎，此期間淡水英國領事蘇英霍提供不少助力，使得臺灣的茶在海外市場打開銷路，自此達到長足之進步，在日本領臺之初，已成為本島唯一的主要商品受到重視。

4 家畜

與農業最密切而現今仍受重視的家畜是黃牛與水牛，凡旅行臺灣者無人不知、無人不曉，這些牛類是在中國人移居前就已住在臺灣的平埔蕃所飼養，但荷蘭人據臺時，野生牛可能產自附近的山地，彼等捕捉後馴養，平埔蕃捕馴野牛後提供給中國人是彼等土蕃的職業之一，眾蕃騎馬在長竿繫繩成環，套在牛頸等捕捉的情景，從東寧政事集、稗海紀遊蕃俗六考、蕃社采風圖考等即可了解。以上是就土蕃敘述，但在荷領時代，傳教士克拉畢烏斯向東印度公司請領四千兩資金，從印度地方購買一百二十一頭牛，交給蕭壠社的土蕃，之後鄭芝龍據臺、中國人遷居時，也給每人三金一牛，中國人也自己捕捉野牛來役使等，以致黃牛漸次繁殖。而水牛則是隨著中國人的移居，從中國本土一同來到。

馬似乎也產自臺灣的山地，在臺海采風圖考中記載：「馬小而異于內地，內山有山馬」。此外在乾隆三十六年（西元一七七一年）探險臺灣東北部的畢尼奧斯基的記事中也記載，發現百頭左右的野馬一群。其他還有豬、山羊，這些也和上述的家畜一樣，均由平埔蕃開始飼養。

5 樟腦

臺灣的拓殖逐漸擴及山地後，開始削樟樹，製樟腦。從口碑來看，在鄭氏時期傳入該法。但製腦地在深山蕃地，與蕃人交涉麻煩，因此並非在山地一帶廣泛進行，而主要是在噶瑪蘭（現在的宜蘭）方面製造，尤其在咸豐年間（西元一八五〇年代）盛行製造，咸豐末年（西元一八六〇年）清廷把製腦事業收為專賣，但遭到英國的抗議，因而廢除制度，給與外國人至製腦地收購樟腦的權利，讓外國人獲得莫大的利益。然光緒十一年（西元一八八五年）劉銘傳任臺灣巡撫後，恢復專賣制度，但又遭英國的抗議，而再度廢除，改以課稅制，直至改隸日本。此一事業因在蕃地從事，蕃害多，以致彼等製腦業者私設稱隘丁的防蕃警備以從事其業，但終究未能防範，如大湖街等從咸豐十一年到光緒十三年的二十六年間，遭受蕃害的隘丁多達一千五百餘名。此外在大湖旁的南湖地方，有一製腦業者在同治年間中葉（西元一八七〇年前後）前來著手其事業時，當時父子兄弟傭人等遭受蕃害死亡者多達二百八十餘人。

二　礦業

臺灣的礦產，在清朝時代著名的有煤礦、石油、砂金、硫磺、鹽等。

1　煤炭

有關臺灣的煤炭，最古老的記錄是在距今二百十年前的康熙五十六年完稿的諸羅縣志中所載，書中曰：「煤炭灰黑氣味如硝磺可代薪焰烈，北方多用之出雞籠（現在的基隆）八尺門間（現在的八尺門）諸山，相傳荷蘭駐雞籠時煉鐵器皆用之」，由此可知荷蘭人佔據基隆淡水方面的時代（西元一六四二～六一）已著手採挖，而清朝領臺後，官憲民紳均受限於龍脈說的迷信，屢屢發布採挖煤碳之禁令防遏之，但偷挖卻不絕。此期間因時勢所趨而無法禁止，終在同治九年（西元一八七〇年）首先在基隆附近十二處，允許採挖七十坑。之後依沈葆楨之建議，在光緒二年（西元一八七六年）以官營在八斗子開始大規模挖掘新式炭坑，但在西元一八八四年、即光緒十年的中法戰爭之際，自己加以破壞。戰役結束的翌光緒十一年，劉銘傳被任命為首任臺灣巡撫後予以恢復，整備新式機械又聘外國技師等，盛行各種策劃嘗試經營，因此在光緒十三年，一天的出產達百噸，但因當事者的處理不得宜，以致入不敷出，劉銘傳以獨斷把一切事業委託廣東的一家商會而招致非議。接著在光緒十七年邵友濂任臺灣巡撫時加以閉鎖，使得臺灣炭業界一時極為蕭條，但自光緒十九年起，民間炭山漸次挽回頹勢而就發展之緒，但翌二十年爆發甲午戰爭時又再度衰微。在此附帶說明，在此之前煤炭礦業地因盛行偷挖而已擴張至基隆附近的許可地以外，西部達到水返腳（現在的汐止）臺北方面，東南達到瑞芳頂雙溪（現在的雙溪）方面。

2　石油

距今約七十年前，時值咸豐末年，苗栗地方的蕃語通事邱苟教唆生蕃殺良民後逃入內山，偶然在貓裏溪上游邊發現湧出石油。這就是現在苗栗的油田，臺灣油田的濫觴。之後邱苟私自以一年一百餘兩租給吳某，又在四年後以一年一千餘兩租給寶順洋行而引發極大爭議，因此同治九年淡水同知禁止採挖石油。

3　砂金

臺灣東北部山中古來以產金地聞名，此事在明末的流寓者沈光文的平臺灣序中記載：「東蕃社山藏金礦」，又在臺灣志略中記載：「臺東的奇萊地方哆羅滿（現在的多蘭社附近）的河中產金，往昔日本人與荷蘭人採挖之，以及蛤仔難、即現在宜蘭地方的山中溪底產金等」記事。此外在海上事略也有提到鄭氏時期通事李滄愿，與鄭氏的部將陳福率兵企圖在臺灣山後（東部臺灣的總稱）採金的記事，由此可見自古即了解臺灣的東北部產金，但在中國人之間有所謂「採金必有大故」的迷信，因此即使利字當頭，中國人也躊躇採挖。然劉銘傳時期在臺北基隆間鋪設鐵道時，有人在八堵附近的基隆河發現砂金，此時曾在海外的產金地（美國加州、澳洲）從事採挖砂金者開始前來採挖，自此打破採金必有大故的迷信而競相追求利益，不到一年就出現數千名採金者，呈現沿溪溯自三貂嶺山麓坪林庄附近採金的盛況。於是當局在光緒十八年（西元一八九二年）在瑞芳設砂金抽釐局，徵稅允許採金。接著翌年在三貂嶺西走的山脈中發現含金層，又獲得許可從事採挖。如此臺灣的採金業逐漸發達直至改隸，但之後有一篇報導臺灣有豐富金銀的記事，讓臺灣大為出名。這是康熙四十三年（西元一七〇四年）法國人薩爾馬納扎爾（George Psalmanaazar）自稱臺灣人，在倫敦發行臺灣的歷史地理（Historical and geograpthical Description of the Formosa）一書，當中敘述在福爾摩沙的金銀礦藏非常豐富，即本島有金礦山及銅礦山二座，而附屬島（Great peorko）有金礦山及銀礦山各一座，在另一座附屬島（Isles of Robbers）之一有小型銀礦二座，日用器具均以金製造，宗教上的殿堂及普通家屋有時也以金裝飾，但即使是虛構的介紹，假想臺灣的捏造記事，卻和馬可波羅的東方見聞記中有關日本的記事正好成對，故雖為空想，卻向世界大為宣傳臺灣，成為引起世界注目的好材料。

4　硫磺

據說臺灣早在西班牙人佔據的時代就已嘗試採挖硫磺。接著進入清領時代，在康熙三十六年（西元一六九七年）浙江省人名為郁永河者為採礦來臺，以陸路從臺南到臺北涉獵諸處，終至北投停留半年，從事硫磺的採礦與試造，但當局認為這是私造火藥以供私賣之用，而下令禁止硫磺的採製。之後當局之間對是否採挖以資軍務有不同的見解，因而一直封禁，但在劉銘傳時期，他採取積極主義，設置礦腦總局，與樟腦一起以官辦經營硫磺的採製。

5　鹽

煮海水製鹽自鄭氏時代已經開始，但清朝領臺後日益發達，製鹽及販賣放任人民，政府僅課稅而已，未加以指導監督，因此引起賣價不一等弊害，於是在雍正四年（西元一七二六年）鹽業由臺灣府管理，在洲南（布袋嘴）、洲北（北門嶼）、瀨南（臺南的鹽埕庄）、瀨北（鳳山的鹽埕庄）四處設製鹽場，接著乾隆二十年（西元一七五五年）在嘉義的井仔腳增設一座製鹽場，以謀求製鹽的統一，有關販賣，以設鹽館賣給人民謀求價格的均一。直至臺灣成為一省後的光緒十四年（西元一八八八年），在臺北臺南二處設鹽務總局，全臺設置十處（基隆、艋舺、宜蘭、新竹、大甲、鹿港、嘉義、鳳山、恆春、澎湖）的鹽務總館，司掌官鹽專賣。此外，歸順土蕃等僅製造自用鹽者，照舊特別許可。

第三節　改隸前臺灣的交通

改隸前臺灣的交通極不完備，寧說不順暢較為恰當。鐵道終在清朝末期完成基隆新竹間的鋪設，但運轉卻不順暢，而道路則有名無實，旅客走山隈田畦，貨物用人肩扛，運輸雖有驛遞制，卻極為緩慢。如電信、電話、郵遞、鐵道等各種文明的交通機關完備，產業經濟發達，人民生活幸福的是在改隸以後。

一　道路

改隸前的臺灣道路，是由地方人民共同或富豪紳商等特別經營，政府僅對一、二條幹線給與補助而已，雖說有道路，卻如上述般旅客乘轎走山隈田畦，貨物用人肩扛來搬運的狀況，尤其臺灣的河流多，在春秋的季節成為奔湍激流，連小溪都架橋困難，多半以竹筏或渡船僅供渡河之用，現在前往臺灣鄉間旅行的人應能見到其模樣。然而在明治二十八年，近衛師團進入臺南時，搬運武器糧食必須先由工兵修繕道路才能達到用兵的目的，前進時之所以備感艱辛，並非匪賊的抵抗，而是這種無道路的狀態與酷熱的氣候。

二 鐵道

已在劉銘傳一章中敘述過，臺灣的鐵道是在接近改隸間鋪設，僅限新竹到基隆的六十二哩，臺灣中南部尚未蒙受其恩惠。

三 航路

航路因地理的關係，與大陸華南地方的往來多，無數的帆船與英國道格拉斯輪船公司的海門、海龍、福爾摩沙及迪爾斯等四艘往返安平、淡水、廈門、汕頭、香港，此外歐美船在茶及砂糖的輸出期也會偶爾入港，臺灣的海運業幾乎全由外商所獨占。而中國人對保護航海安全的航路標識甚為冷淡，因各國強力要求才在本島設五座燈塔與三個標識。

在此附帶說明，臺灣的交通機關還有特殊的竹筏、帆船、轎揀車（一輪車，現在已無）等。

四　驛遞

其他在清領時代的郵遞外匯等制度，是因劉銘傳的設施而存在，當時的郵遞狀況，可從現在臺灣總督府通信局所藏的資料（畫及模型）窺知。在清領時代，行政普遍出現的腐敗也及於本制度，改隸後也因惰性及臺灣人懷疑日本郵遞制度，讓當局費盡心思取信於人民以多加利用，想來真是不堪回首。

第四節　改隸前臺灣的法制

本節對改隸前臺灣的法制，僅記述法律、訴訟、刑具等概略，徒有名目而不備其實是中國臺灣的通病，尤其混合私刑等使社會的制度、法律的制裁變得繁雜。

一　法律

在臺灣施行的法律有成文法與習慣法二種。

1　成文法

有一、規定刑罰之律。二、會典是參酌中國歷代制度所構成的行政法規。三、稱例、集錄規定各官廳的先例。四、示論多為該當官吏向人民頒布的行政命令等四種。此等成文法本應在社會施行，但如何施行卻完全不能了解其程度。

2 習慣法與私刑

中國把民間的法律關係委由私約，採官不加干涉直接與公益有關事項的主義，因此法典在刑法、行政法、民事上，除和徵稅及其他有關公益的事項外，政府不加規定，均依據習慣法，尤其在臺灣特別多，未必和大陸一樣。中國人移居臺灣後二百年間，也有不少在本島內發展的習慣法，例如大租戶、小租戶、妻妾、子女的典雇異姓的養子等即是。習慣法值得附記的有所謂的私刑，古來對竊盜、通姦犯人、毆打創傷等罪惡，有一種所謂社會制裁的非公制裁，政府也不加追究，有時反而獎賞。私刑中也並非全無弊害，但通常很殘酷（烙印、割耳、剜出雙眼），不少妨害社會的安寧秩序、傷風敗俗，因此改隸後加以嚴禁。

二 訴訟

臺灣原本並無成文的訴訟法，僅依照古來的慣例及司法官吏的拿捏來進行裁判。

1 告訴

如果想提告訴，就購買官版的訴訟用紙（一張四、五十錢），請代書人寫訴狀，代書人是里的誠實識字者，考取後由官頒給銅印。

2 預審

提出訴狀後，知縣就調查是否受理，應受理的就批註上報知府，知府不論民事或刑事，在批註前由知縣或差役進行搜索驗證，這就是預審，原本在中國連民事刑事都不分，因此如預審等也並非按部就班。

3 審判

從第一審開始到第四審終結，第一審是縣衙門審判，由知縣擔任審判官，第二審稱為府衙門審判，審判官是知府，第三審是按察使衙門審判，由按察使擔任審判官，而第四審是天子親斷，分秋審、朝審二種，均從總督巡撫的審問開始，經由刑部的審議，由天子的聖斷終結，秋審是經由地方廳的最終審，朝審是依官吏的死罪犯勒令的死罪犯等特別重大事件的審判。

三 刑具

以下介紹改隸前在臺灣採用的主要刑具數種。

1 枷號

頸枷長二尺五寸乃至三尺，寬二尺四寸乃至二尺九寸，重二十五斤為定法，在對折的厚板中央挖一個能容納頸的洞，把犯罪者的頸嵌入此洞中，對折二片厚板，在打結處寫上犯罪者的姓名，晾在犯罪地往來頻繁處一個月乃至三個月。

2 械手

俗稱手銬，以乾木製成，長一尺六寸、厚一寸，死罪與重囚使用。

3 挾指

以圓木製成，長各七寸、直徑四分五厘，把合掌的指各二隻夾在圓木中間，緊縮兩端的繩，這是用於婦人的拷問器。

4 夾棍

以三根木棍製成，長三尺左右，在其中二根旁木的下部挖一個直徑一寸六分、深七分的圓窩，把罪囚的腳踝嵌入該圓窩，緊縮穿過木棍上部的繩，這是用於男子重囚的拷問器。

5 皮鞭

用於清囚，打雙頰的拷問器。

6　短棍

以木或藤製成，打輕囚的屁股。

7　竹板

有小竹板與大竹板二種，均以竹片製成，小竹板長五尺五寸、寬一寸五分、重一斤餘，用於笞刑，笞刑從十到五十分成五等的體罰，大竹板長五尺五寸、寬二寸、重二斤，用於杖刑，杖刑從六十到一百，同樣分為五等。

第十章　統治臺灣的末路

第一節　對劉銘傳施政的反彈

劉銘傳傾注精神與心血所施行的刷新臺政，可惜未能成事，在光緒十七年就掛冠求去而離臺，但劉銘傳離去後，臺灣隨即出現其反彈。

一　島民反抗的原因

其原因可列舉二項，一是急進的政治革新，二是地租的增徵。

1　急進的政治革新

劉銘傳的施政是積極果斷的良政無疑，但行事作風甚為急進，似乎不符合臺民慢條斯理又保守的氣質。據傳劉銘傳在接受巡撫的印綬前，即先向政府提出：「凡臺灣全島的經營，一切委任一身時，以十年為期，必負起見土地拓殖之效、成為真正開明之地、富源之域的責任」的條件，取得同意後才來到本島，百般大小的設施計畫均十分積極，自然急於獲得成效，而採取急進的手段，以圖政治的革新，反而成為引起島民反感之一因。

2 地租的增徵

如上所述，劉銘傳在臺灣的各種事業均十分積極，因此造成經費的膨脹，隨之加重臺民的負擔，而升高島民不平之情，而且有司往往在其間中飽私囊，致使租政的調理不得宜，如土地的清丈，一名委員自己收賄減記甲數等弊端叢生，又如租稅的徵收，隨處可見苛斂誅求，終於引起極端的激憤，也是島民反抗之一因。

二 施九段之亂

施九段是泉州府普縣人，從小來臺，居住鹿港，因經營運輸等而家大業大，經常以豪俠自居而為鄉黨所推崇。

1 原因

光緒十二年劉銘傳正進行清丈土地、增徵租稅等、即清賦事業，但當時多墾少報的弊習根深蒂固已百餘年，隱匿免租的田園不少，但在此這些田園均悉數清丈賦課，因此情況騷動，人心惶惶不止，加上有關清丈也補償其經費，因此島民的不平日益加深，尤其在彰化縣的田園數最多，故民心動搖亦頗大。

2　擾亂

對此，施九段說：「劉銘傳的清賦事業是官吏妄自中飽私囊，絕非朝廷的真意」，與其友王榮圖謀欲免除清賦。以往對劉銘傳的施政感到不滿之徒，聽施九段所言後嘯聚日多達百萬，以施九段為首領，王榮為參謀，進而佔據彰化城外的八卦山，包圍城的四方，逼迫知縣李嘉棠焚毀魚鱗冊（清丈土地的原簿），時值光緒十四年八月。

正值中路的統領林朝棟前往臺北出席劉銘傳夫人的壽宴，因此知縣李嘉棠據城固守、急報臺北，但在此之前因嘉義發生匪亂使南北阻塞，謠言四起，自彰化到鹿港牛罵頭悉數被賊匪佔據，彰化城亦將陷落時，林朝棟自臺北率三營的軍南下，先救彰化城又掃蕩附近的賊匪，但施九段趁隙自鹿港逃回泉州，王榮自首認罪，鹿港游擊鄭榮以失察為名被免職，由此平定此亂，稱之為施九段之亂，亂後劉銘傳派布政使沈應奎負責善後，凡認為魚鱗冊所定之田園有不公平之處，可提出申訴，諭告再丈，且不再補償丈費。

三　日本領事的報告

此亂雖平定，但租政之法不得宜，以致臺灣的民情經常動搖，且處於不安的狀態，此事從光緒十七年（明治二十四年）十二月親自視察臺灣的日本領事的報告可了解詳情，以下提出其報告中的一節。

現今臺南的情況人心頗為不平，動輒抱持一舉企圖內亂之心態已成為不可掩蓋之事實。之所以引發如此民情，完全是由台灣政府的苛稅所造成。先前在鳳山縣的內地，收稅吏來到某農家徵收地租時，農家因當時無銀兩而請求暫以米納來代，但收稅吏不肯，即使一再懇求暫時緩徵，仍逼人太甚，強壓暴戾，掠奪該農家之婦女而去，近鄰農民均大為憤慨，指責地方官之不法，幾乎企圖叛亂。

此外，恆春地方近來為徵收租稅，特別使用勇兵強制督促，卻造成人民日益激憤而破口大罵（中略），依據在臺南的英國領事所言，劉銘傳雖預定巡視南部，但以今日的民情來看，甚難為之，其實人民曾公開表示，若劉銘傳來，就揮矛投石、蜂擁起而殺之。

第二節　劉銘傳後的臺灣巡撫

發生施九段匪亂的同年（光緒十四年），在中國本土湖南巡撫下寶第任閩浙總督，但他對劉銘傳的積極政策有加以制肘的傾向，加上信賴劉銘傳並在背後支持的恭親王也去世，因而發生劉銘傳自己獨斷專行甚感困難的情況，於是在光緒十七年五月稱病辭任，解印綬回到故鄉安徽省合肥。自光緒十一年出任首任巡撫以來在職七年，可惜九仞之功功虧一簣。繼劉銘傳後擔任臺灣巡撫的是邵友濂與唐景菘，前者是保守消極的政治家，後者是妄想的大野心家，均未留下經營臺灣的事蹟直至改隸。

一　邵友濂的統治

繼劉銘傳後擔任臺灣巡撫的邵友濂，曾在劉銘傳之下擔任布政使一職，當時因與劉銘傳的理念不合而去職，但清廷卻起用他派赴臺灣。他認為當時臺灣的形勢唯有節減經費、休養生息，停止新事業的計畫、中止不急的設施等，專採緊縮的方針，以節減政費一途。於是在劉銘傳時代計畫在臺中經營的臺灣省城，以及其他撫蕃的設施、交通機關的擴張等新營的事業，多半省略或中止，重要設施繼續的也多遲滯，使臺灣經營萎靡不振，但這也是當時無可避免之趨勢。

二　唐景崧的失政

三年後即光緒二十年、明治二十七年，唐景崧任臺灣巡撫時，正值中日和平破裂、滿韓之地面臨槍林彈雨之際，唐景崧理應鞏固臺灣的防備，但翌年馬關條約決定割讓臺灣。而他卻趁機建設所謂臺灣民主國，嘗試反抗日本，但不久失敗。

1 臺灣防備的增置

中日的和平破裂時，唐景崧依前巡撫邵友濂的建議，企圖嚴密防備臺灣，命福建提督楊岐珍為臺灣防務總辦，南澳總兵劉永福為臺灣防務幫辦，統轄全臺的軍務，增設如下的防臺警備。

駐防地	兵力
臺北府	步兵三營
新竹縣附近	步兵八營
基隆	步兵二營、砲兵一營
宜蘭縣附近	步兵二營、水師一起
彰化縣附近	步兵一營
嘉義縣附近	步兵七營
臺灣府附近	步兵六營、騎兵一隊、砲兵一隊

駐防地	兵力
鳳山附近	步兵三營、砲臺砲兵一營（打狗）
臺南府附近	步兵四營二起、砲臺砲兵一營（安平）、水師一營（安平）
恆春縣附近	步兵四營
臺東州	步兵二營
澎湖島	步兵四營、砲臺砲兵一營、水師一營

2 建立臺灣民主國

翌光緒二十一年、明治二十八年因簽訂馬關條約，臺灣島及其附屬島嶼以及澎湖群島割讓日本。然巡撫唐景崧卻與劉永福共謀，在翌五月企圖建立臺灣民主國，年號永清元年，以藍地黃虎的旗幟為國章，唐景崧被推為臺灣民主國總統，公佈獨立宣言書，煽動島民反抗日本。唐景崧佔據臺北，劉永福佔據臺灣（中部臺灣），設全臺團練總局，糾合全臺的富紳，自稱義民，獲得軍費又釋放囚犯，招募匪徒組織所謂兵勇的軍隊，又私下在臺南設官銀錢票總局發行紙幣，一時氣勢高漲，但日軍在同年六月八日攻陷基隆，唐景崧自淡水逃到福州，十月九日臺南亦失守，劉永福從安平逃至廈門，由此臺灣民主國未能成立而歸日本版圖，在此清領二百一十二年統治臺灣告終而改隸日本。

第五篇　改隸時代（西元一八九五年以後）

有一段時間由海盜佔據而不具備任何統治形式的臺灣，以後荷蘭、鄭氏二者的統治達六十年之久，此期間雖並非全無治績，但在十七世紀末，臺灣歸清領後，其政治不僅未提振，內訌匪亂交相而起，徒耗費二百年的長久歲月。然在明治二十八年改隸後，臺灣才成為在日本憲法擁護下的立憲治下的領土，臺灣總督努力革除前代的弊政，開發產業、提升文化、誘導思想，因施政得宜的結果，使得改隸後僅僅三十二年就治績顯著，而使臺灣的面目一新。

第一章　領有臺灣

第一節　甲午戰爭

稱中華或中國等，自尊居傲、目中無人的清廷，與蕞爾小國的日本啟開戰端的結果，讓日本在世界的地位翻轉，而且臺灣歸日本領有。

一　甲午戰爭的梗概

以下敘述其經過。

1　戰爭的原因

明治二十七年三月，在全羅道古阜爆發東學黨之亂，標榜排斥西教嚴懲暴吏，形勢日益猖獗。朝鮮政府無法平定而向清廷請求援兵，清廷以拯救屬國之難為名遽派大兵。這種行為明顯是違反明治十八年的天津條約（若中日兩國將來必須出兵朝鮮，兩國互相照會），因此日本無法漠視，為正名又為保護日本僑民，日本亦出兵朝鮮。如此，日本為了東方的和平希望中日兩國共同改革朝鮮的政治，而向清廷提議，但清廷不答應卻要求撤兵，因此日本欲以獨力處理，公使大鳥圭介謁見朝鮮王說明旨意，取得其同意。此期間清廷無視日本的好意，陸續增兵朝鮮以威脅日本，成為甲午戰爭的原因。

2　戰爭的經過

清廷陸續增兵朝鮮威脅日本，同年（明治二十七年）七月在豐島外海，清廷艦隊突然砲擊日本艦隊，日本軍艦立即應戰加以擊破，在陸上日軍應朝鮮王之請求，討伐成歡的清兵加以驅逐。於是日本天皇在八月一日向清廷宣戰。陸軍中將野津道貫率第一軍的一部分攻陷平壤，聯合艦隊司令長官海軍中將伊藤祐亨在黃海擊破清廷的北洋水師。不久陸軍大將山縣有朋率第一軍從朝鮮前進南滿州，四處擊破清軍，陸軍大將大山巖指揮的第二軍登陸遼東半島，與海軍一起攻陷旅順口，其一部分在翌年二月攻陷威海衛，殲滅清廷的北洋水師，第一軍與第二軍的殘餘部隊共同在三月前平定整個遼東半島，正準備進逼北京。另外，陸軍的一隊和海軍一起佔領遠方的澎湖島。

3 中日的講和

清廷無力抵抗，派李鴻章赴日求和，因此日本政府派內閣總理大臣伊藤博文、外務大臣陸奧宗光在馬關（下關）與他會面，於四月十七日簽定講和條約收拾戰局。

二 馬關條約

這即為有名的馬關條約，據此日本領有臺灣。

1 條約的要項

本條約是由六條組成，清廷⑴承認朝鮮的獨立，⑵割讓遼東半島、臺灣全島及澎湖群島給日本，⑶賠償二億兩（約三億日圓），⑷開沙市、重慶、蘇州、杭州等，雖在四月二十日批准，但至二十三日因俄德法的三國干涉，使日本被迫放棄領有遼東半島，戰局由此結束。而在條約第六條中與臺灣史上相關部分，在第二條中簽訂如下事項。

清廷在左列土地的主權及在該地方的城壘武器製造所及官有物，永遠割與日本。

1—略（遼東半島）

2—臺灣全島及其附屬島嶼。

3—澎湖群島即位於英國格林威治東經一百一十九度乃至一百二十度及北緯二十三度乃至二十四度之間的諸島嶼。

在該條約第五條記載：

中日兩國政府在本條約批准交換後，立即派遣各一名以上的委員至臺灣省授受該省，而在本條約批准交換後二個月以內完成以上授與。

該批准書五月八日在芝罘（煙臺）交換。

2　有關割讓地的廟議

在此之前的十二月底左右（明治二十七年），已明白清廷將派講和使赴日，預料講和談判之日早晚會到來，因此先行召開廟議。當時對有關割讓地，陸軍部內認為以流血佔領的遼東半島撫朝鮮之後、扼北京之咽喉，為了國家將來長久之計而主張非領有不可，而海軍部內認為地處東方與南洋交叉要點的臺灣，做為圖南之跳板、南門的鎖鑰，而且為保障東方和平所必要，而主張非領有不可，雖在馬關條約決定領有此兩地，但因四月二十三日的三國干涉，日本政府基於三國友誼的忠告而放棄遼東半島，五月十日頒布歸還遼東半島的詔勅，日本僅領有臺灣。

第二節　臺灣的授與

五月八日在芝罘完成批准的交換，因此該接受的就應授與，這就是臺灣的授與。

一　臺灣授與前的情況

臺灣的授與迫在眼前，但臺灣當局有反抗授與者，有散佈謠言者等，民心的動搖甚大。

1　謠言與懸賞

明治二十八年初春的二月左右，請和使者張蔭桓等出發之際，傳出日本要求割讓臺灣及澎湖群島的謠言。清廷緊急向臺灣運送武器彈藥，命福建陸路提督楊岐珍、南澳總兵劉永福等嚴密戒備本島。自此人心惶惶，唯恐日軍來襲的傳言而日夜不能安心。當時的巡撫唐景崧趁民心的動搖而放出：「短身黃面的倭奴來，辱婦女奪金幣，虐殺兒童，奴役土民，禁愛好的鴉片」等謠言，又為挑撥同仇敵愾的心理，以懸賞募集日本人的頭顱，公佈殺將軍者賞五百兩，殺軍官者賞三百兩，殺士兵者賞一百兩，捕獲大軍艦者賞七百兩。當時過度興奮的無賴之徒相率聚集兵營，成為急造的士兵，但其狼藉卻只造成一般良民的困擾而已。

2 清廷的苦肉計

清廷為使日本改變領有臺灣之意，李鴻章威脅伊藤博文說：「臺灣是蠻煙瘴癘之地，其民難治，加之有所謂生蕃的猙獰化外之民」，而張之洞等人也頻繁運送兵糧至本島，鼓舞士氣等，由此可見一斑。

3 臺灣民主國的獨立宣言

巡撫唐景崧等企圖建立臺灣民主國，而向各國公佈獨立的宣言。這明顯是反抗日本領有臺灣。有關此事已在第四篇第十章敘述過，故不再重複。在此提出當時公佈的獨立宣言，顯示對日本佔領臺灣是如何的嘗試反抗、教唆民心。

臺灣民主國總統前署臺灣巡撫布政使唐，為曉諭事，照得日本欺凌中國大肆要求此次馬關議款，於賠償兵餉之外復索臺灣一島，臺民忠義不肯俯首事仇，全島士民不勝悲憤，臺民公議自立為民主之國，即日議定改臺灣為民主之國，國中一切新政應即先立議院，公舉議員議定律令章程，務歸簡易，惟是臺灣疆土荷大清經營締造二百餘年，今雖自立為國，感念列聖舊恩，仍應恭奉正朔，遙作屏藩，氣脈相通無異中土，從是臺灣清內政結外援，廣

利源除陋習，鐵道兵輪次第籌辦，富強可致未嘗非臺民之幸也，此曉諭全臺知之

永清元年五月　日

二　臺灣授與的情況

清廷的策士等如何妨礙臺灣的授與，毋寧等於是兒戲。

1　完成授與

批准交換的翌翌五月十日，海軍大將樺山資紀受命為臺灣總督，這是臺灣首任總督。於是樺山總督為領有臺灣，以全權委員被派遣臺灣。當時唐景崧等已建立臺灣民主國，發布獨立宣言書，大肆教唆民眾反抗，以致臺灣島內處在甚為紛亂之狀況而無法登陸，日本的全權委員與清廷的全權委員李經芳，六月二日（午夜零時三十分）在基隆港外的海上完成授與臺灣的手續。

2　授與的協定文

當時兩國全權委員之間交換的協定文書內容如下。

大日本國皇帝陛下及大清廷皇帝陛下，依馬關講和條約第五條第二項之規定，為授與臺灣省，大日本國皇帝陛下以臺灣總督海軍大將從二位勳一等子爵樺山資紀、大清廷皇帝陛下以二品頂戴前出使大臣李經芳各為其全權委員簡派，因此各全權委員在基隆會同執行左列事項。

中日兩國全權委員，在明治二十八年四月十七日即光緒二十一年三月二十三日，依在馬關締結之講和條約第二條，清廷永遠割與日本國的臺灣全島及其附屬島嶼以及澎湖群島即位於英國格林威治東經一百一十九度乃至一百二十度及北緯二十三度乃至二十四度之間的諸島嶼的主權以及如別冊目錄記載，在諸地方的城壘武器製造所及官有物完成授與。做為以上證據，兩帝國全權委員在此簽名蓋印，明治二十八年六月二日即光緒二十一年五月初十日於基隆，製作二份

兩全權委員　署　名

在臺灣全島及其附屬島嶼以及澎湖群島的城壘武器製造所及官有物目錄：

一在臺灣全島及澎湖群島的各開港場以及各府縣的城壘武器製造所及官有物。

一有關從臺灣到福建海底電纜的處理，於日後中日兩國政府商議後決定。

由此日本領有臺灣的主權，同日以樺山總督之名發布接收臺灣島、綏撫人民的諭示，成為總督政治的端緒。

第二章　平定臺灣

第一節　平定澎湖群島

明治二十七、八年戰爭南征的目的是為控制中國南部的海面，妨礙與北部的交通與戰時禁制品的輸入，且使臺灣變成孤立無援。

一　佔領澎湖群島

為達成掌握中國南部海上的制海權，阻斷與北部的交通，防遏戰時禁制品輸入的目的，必須佔領澎湖島做為根據地。

1　澎湖的三戰

先前日本征清的陸海軍已完成第一期的作戰，即將開始第二期的作戰，在把征清大總督府推進戰地之際，另一方面在廣島以總數五千六百餘名編成混成支隊，與聯合艦隊一同在明治二十八年三月十五日從佐世保軍港起錨，三月二十三日抵達澎湖群島，翌日從澎湖島的東南裏正

比志島將軍與其題字

角登陸，⑴對向大城山前進的日軍，六百名清兵猛烈加以射擊，但日軍予以擊退，⑵被壓迫到拱北臺方面的清兵，仰仗附近一帶的高臺繼續抵抗，但日本海軍速射砲隊的掩護射擊下擊退清兵，潰敗的清兵一部分向馬公方面退卻，一部分向拱北西南的魚嵌社方面退卻。此日黎明總兵周振芳為營救拱北臺，率手下二千餘士兵從馬公出發，但看到拱北臺的敗兵逃來，周振芳的兵士氣大為沮喪，未交一戰即向白沙島潰走，⑶敗兵陸續逃入馬公城，三次與日軍決一死戰者極少，多半在日軍未到前就企圖逃亡，此期間以鬼將軍讓人畏懼的比志島大佐所率的日軍緊緊逼近，在二十四日正午佔領馬公城，把日本旗插上城頭，清兵多向漁翁島或白沙島逃走，脫下軍服潛伏在附近村落者也不少。漁翁島小頭角砲臺的清兵對馬公城加以砲擊，雖處於極危險的狀況，但大勢已定，翌日聽不到任何砲聲，守備漁翁島圓頂半島的郭潤馨率官兵約五百八十名，在二十五日向守備該半島的日軍海軍陸戰隊軍門乞降，白沙島亦夷平，清兵多乘小舟逃回清廷，全島大致平定。

自三月二十三日登陸起至二十五日之間的戰鬥，死傷的日本兵僅陣亡三名、負傷二十六名而已，但死於霍亂者卻無數，下章將詳述。而日軍獲得的戰利品有海岸砲、速射砲及其他各種砲，合計約一百四十門，步槍（毛瑟連發單發、馬提尼等）約二千五百支、各種砲槍彈一百四萬發、其他火藥類、白米、食鹽、刀槍等不勝枚舉。從此等眾多戰利品來看，即可窺知清朝如何用心防備澎湖島，他們所擁有的毛瑟槍，與日軍使用的村田槍不相上下，而設在六處砲臺的十八門海岸砲，皆為新式的阿姆斯特朗砲，諸般附屬裝備齊全，而士兵是舉世聞名的所謂黑旗兵，兵力有六千餘名，但日軍以總數不到三千的兵力就一舉佔領澎湖島。

2 施行民政

如上所述，混成支隊與聯合艦隊協力平定澎湖全島，向約六百名俘虜說明日本天皇的仁慈、愛護蒼生後加以釋放，施行島政綏撫島民。這是授與臺灣島前二個月的事。

二 霍亂的流行

就在澎湖群島的大勢已定，混成支隊赫赫有名時，突然流行霍亂，陸續出現患者，頻發死者，應接不暇。早在佐世保碇泊中已有士兵罹患霍亂，抵達澎湖島前死亡二十四名。之後在戰鬥中陸續發生，三月二十四日佔領馬公後，病勢一時加遽，二十五日出現五十四名新患者，因此在登陸地設裏正角隔離病舍，在馬公城外設馬公隔離病舍，從事患者的收容治療，霍亂以暴虎馮河之勢擴散，死者多達每天百餘名，僅十餘天之間就奪去一千二百餘人的性命，由此可見其勢是何等猖獗。所謂的千人塚，就是祭祀這些人等之靈。之所以如此猛烈之勢流行惡役的原因，就是澎湖島的飲水不良與缺乏薪炭，日軍平定澎湖群島，最感困難的不是黑旗兵的抵抗，

故北白川宮能久登陸地（明治二十八年五月三十一日）
登陸臺北州基隆郡三貂堡丹裡庄鹽寮海濱

而是這種惡疫的流行。

第二節　平定臺灣全島

簽訂馬關條約後，清廷要求：「臺灣的兵勇人民騷亂至極，處於叛亂的狀態，因此希望延後授與之日期」，但日本政府回答：「臺灣的主權已在我，日本政府負責維持和平秩序」，而對出征遼東中的近衛師團下達平定臺灣之命。

一　佔領北部臺灣

近衛師團是由陸軍中將北白川宮能久親王統率，明治二十八年五月二十二、三日軍隊的一半從大連旅順出發、前往臺灣。

1　登陸澳底

五月二十七日抵達沖繩中城灣，在此之前搭

臺北州基隆群三貂頂堡雙溪庄雙溪街鍛冶工何慶的住家
故北白川宮能久投宿的民家（同明治二十八年六月一日）

載樺山總督以下文武官員八十五名、憲兵一百三十七名、雜役百餘人的橫濱號，在五月十七日自宇品出發，亦在同日駛入中城灣，樺山總督與師團長北白川在此會合、決定各部署，當天正午樺山總督向淡水、近衛師團同日午後向基隆外海，五月二十九日至三貂角。因為樺山總督命常備艦隊司令長官有地品之允中將偵查近衛師團的登陸地點，決定在三貂角所致。如此，近衛師團自三十日到三十一日在三貂角的澳底附近完成登陸，北白川也在五月三十一日上午七時平安完成登陸。

2 佔領瑞芳

近衛師團在六月一日越過草嶺三貂角之險進擊，清將王經國率兵五百人，從基隆前來佔據瑞芳之險防禦，但一戰後敗北，日軍順利佔領瑞芳。

在此有一則奇談，就是在甲午戰爭中以驍勇善戰馳名的黃帽、即帽子的線用黃絨的衛戍兵，而出征臺灣的日本兵戴紅帽、即帽子的線用紅絨的兵，因此清兵以為戴黃帽的強、戴紅帽的不強，因而較為勇敢抗戰。

3　佔領基隆

然在瑞芳一戰，清軍對日本軍超乎預想外的英勇大感驚訝，在敗兵口耳相傳下引發基隆臺北大恐慌。如此在六月三日一早進兵，自背後攻打基隆，攻陷獅球嶺及其他砲臺，實質佔領基隆。此役日軍參加戰鬥員四千名、山砲四門，死傷僅三十名。虜獲一百十三名清兵俘虜，輕重砲四十三門、步槍一千隻，清廷的兵力有二、三千，但死者不下二百。此外，三日這天是樺山總督在基隆外海的海上與清廷全權委員李經芳相會，完成授與臺灣手續的翌日，可謂臺灣史上最值得紀念的日子之一。

4　佔領臺北淡水

見此光景的上述臺灣民主國總統唐景崧，在翌六月四日從淡水逃至福州，苦心成立的共和國也滅亡，近衛師團如行經無人之境般，在六月七日佔領臺北城。此地原有五千清兵，但在日軍抵達前，一部分向淡水退卻，一部分向新竹退卻。殘兵敗將若干或燒官廳，或大肆掠奪，所到之處暴亂之至，不時造成良民的困擾，但隨著日軍的佔領而趕走此等不逞之徒，在翌九日攻陷淡水。在此之前，樺山總督完成臺灣島授與手續後登陸基隆，在此月十四日進入臺北，十七日舉行始政典禮（參照下章），但先前樺山總督有感領有臺灣的兵力不足，而下令在澎湖島的混成支隊長比志島大佐留步兵二個中隊在澎湖島，率其餘來基隆，更向大本營申請增兵。比志島大佐在六月九日登陸基隆，與近衛師團交接後守備基隆，又派混成支隊的一部分負責守備宜蘭，在淡水也設置守備隊。於是本島最北部僅僅在旬日之間即戡定，因此北白川宮統轄的近衛師團全數集中在臺北。不久就著手第二期的作戰、即平定臺灣全島。

5　佔領新竹

當時新竹有吳亮及楊某的兵二千餘名，佔據臺灣的中部，成為鎮定全島的障礙，因此近衛師團長北白川命第二聯隊阪井重季佔領新竹，保護臺北新竹間的鐵道及電纜，並偵查南方敵情，因此阪井支隊長從六月十一日起開始南進，在途中擊破土賊，六月二十二日在新車新竹附近作戰，同日佔領新竹。

6　佔領尖筆山

雖佔領新竹，但之後多數清兵蟠踞在安平鎮、楊梅、中壢、三角湧、大嵙崁（現在的大溪崁），猖獗至極，臺北新竹間的聯絡部隊受到清兵的襲擊，以致消息不時中斷，讓日軍甚感困擾，於是旅團長山根少將率本隊掃蕩中間賊徒，在七月十二日自臺北出發，在龍潭坡（七月十四日）、大嵙崁（七月十六日）、三角湧（七月十九日）的三戰均擊退清兵，恢復臺北新竹間的聯絡，八月九日在常備艦隊的援助下，佔領新竹附近的清兵根據地尖筆山，十四日苗栗也歸日軍所有。

二　佔領中部臺灣

在此之前樺山總督向大本營申請的陸軍增兵尚未來到，但近衛師團則前進而平定中部一帶之地，其狀況如下。

1　佔領臺中

攻陷苗栗的日軍長驅直入，八月二十四日攻略葫蘆墩（現在的豐原），同月二十六日佔領臺中，向彰化的八卦山砲臺前進。

2　佔領彰化

彰化位於地利之地，清廷的兵力達四千，擁有大砲數十門，處在優勢。近衛師團決定右翼由川村少將率領，左翼由山根少將率領，本隊在北白川統率下來部署，八月二十八日黎明渡過大肚溪，接近彰化城八卦山，同日七時過後全部佔領。此役城內遺棄的屍體三百八十二，追擊

從舊彰化城東門眺望八卦山（中央看到的是觀月樓）

中擊斃者逾五百，虜獲大砲四十門、步槍一千二百支，日軍的損傷僅死者一名、負傷八名而已。

3　佔領鹿港

翌二十九日師團長接獲訓令，指示佔領彰化鹿港線後就中止南進行動、休養諸兵，偵查南方方面的敵情，因此先取鹿港，而一萬餘的軍隊滯留在彰化休養，以等待南進軍的編成。當時彰化亦稱瘴化，即指惡疫甚為流行的不健康之地，而且正值炎熱的八月天，又駐屯一萬有餘的軍隊，因此未至旬日就出現因罹患風土病而倒下者，山根少將、中岡大佐、緒方參謀等均在此地病死，日軍的艱苦狀況難以言喻，但北白川師團長仍神色自若的執行軍務，不時親訪病兵、懇切慰問、鼓舞士氣，更節約容易不足的糧食及其他日用品，屢屢分給病者，讓部屬感到惶恐不已。

三　佔領南部臺灣

日軍從登陸基隆後三個月，期間以迅雷不及掩耳之勢平定中部以北。此時近衛師團駐在彰化約一個月，並與從日本內地派遣來的第二師團及混成第四師團組成南進軍，企圖攻略劉永福固守的臺南城。南進軍的計畫是命陸軍中將高島鞆之助子爵為臺灣副總督，擔任南進軍司令官，訂立三面攻擊的計畫，決定如下的部署。

—近衛師團由北白川宮能久親王統率，從彰化經嘉義指向臺南。

—第二師團由乃木中將統率，從南部枋寮登陸，經鳳山指向臺南。

—混成第四師團由貞愛親王統率，從西部布袋嘴登陸指向臺南。

1　佔領嘉義

近衛師團在彰化駐屯一個月，自九月二十九日展開前進行動，十月九日佔領嘉義，翌日又攻陷鹽水港，混成第四師團在其翌日登陸布袋嘴，十月十九日佔領曾文溪。

2　佔領枋寮、鳳山、打狗

此期間第二師團在澎湖島，但依據十月九日高島副總督的訓令，在常備艦隊的引導下自馬公出發，在十一日到十六日間枋寮、鳳山、打狗等均歸日軍所有。

3 佔領臺南

在此之前，十月十一日臺南的守將劉永福在日軍佔領枋寮的當天，雖向副總督遞送請和書，卻遭退回，因此有如狗急跳牆般告知退至內山（東部臺灣）抗戰到底，以虛張聲勢，但形勢日蹙，十月二十日劉永福脫身，自安平搭乘英國船迪爾斯號逃至廈門。首魁既去，臺南的守兵四散，開城門時無一兵一卒守備，因此二十一日在毫無抵抗下佔領臺南。

4 佔領安平

安平雖設砲臺，有五千餘清兵守備，但也在十月二十一日被常備艦隊的陸戰隊佔領，武器、清兵悉數交給陸軍，另外在恆春地方也派遣一支隊，征討此等地方。以上主要是記述日本陸軍的戰鬥行動，但平定臺灣全島時，常有日本的常備艦隊或從事臺灣近海的偵查，或阻斷清兵與中國大陸的聯絡，又或到處嘗試牽制行動以應援陸軍，尤其如南進合擊時先攻陷打狗、安平的砲臺，讓陸軍常無後顧之憂，這些都是不可抹滅的功績。

四 佔領後島內的情況

臺灣總督樺山大將隨著南進軍的進展，逐次努力綏撫臺民，使中部以北大致就緒而歸於平靜。此時樺山總督接獲南進軍司令官高島中將平定臺南的捷報，因此在十月二十六日從海路進入臺南以視察狀況。在此軍司令官為了同日凱旋，讓近衛師團在臺南附近集合，由第二師團負責大肚溪以南的守備。

1　北白川宮能久親王去世

然在此卻發生一起令吾人心中留下深刻傷痛之事。近衛師團長北白川宮能久親王渡臺以來數個月，以金枝玉葉之身櫛風沐雨，對軍務鞠躬盡瘁的結果，在從嘉義南進的途中罹患瘧疾，卻仍銳意掃蕩清兵，在轎中指揮，但當攻陷臺南、平定全島時，病情逐漸惡化，不幸在十月二十八日於臺南去世。當時密不發喪，二十九日在安平港將靈柩搬上西京號，在軍艦吉野號的護衛下回京。（參照第六章）

2　匪徒的出沒

至這年十二月底，在北部匪徒蜂起，攻擊臺北、基隆、宜蘭等地，新店、古亭庄、滬尾、深坑、板橋、錫口、金包里、雙頂溪等也有賊徒來襲，一時釀成騷擾。這是因為在此之前逃至廈門的清兵探知日軍的守備薄弱，來到本島誘惑不逞之徒、煽動住民所致。因此日軍獲得第二師團及混成七旅團的增援，在至翌年二月間掃蕩北部一帶的殘賊，之後仍有些許土匪草賊隱見出沒，騷擾良民、威脅土民。

第三章　總督政治的端緒

第一節　統治臺民

臺民苦於土匪、草賊、官匪（奸吏）長達二百餘年，但至日本總督政治後才歸於一視同仁、公平無私的統治下。

一　領臺當初的政治

當時的政治狀況如下。

1　始政紀念日

六月二日午夜零時三十分，順利完成授與臺灣的手續後，同日樺山總督發布如下所述的授與臺灣、綏撫人民的諭示，接著把迄今仍漂在海上的總督府遷至陸上，六月八日臺北城落入日本手中，因此總督府也進而遷移到臺北城內，六月十七日實際開始臺灣政治。在臺灣把這天稱為始政紀念日，是統治臺灣上值得紀念的一天。此外這天集合近衛師團長北白川宮能久親王，以及陸海軍將校文官、居留外國人、住在臺北的本島士紳等數百人，舉行盛大的慶典。

2　施行軍政

當時的政治狀況如何，在此之前的明治二十八年五月二十八日樺山總督出發前，即在廣島制定臺灣總督府臨時條例，這是在臺灣最初的行政組織，依此總督府由民政局、陸軍局、海軍局等三局組成，規定陸海軍以外的政務均屬於民政局。然而一般的政務理應依民政局施行，但當時臺北附近之地仍難免成為兵塵之區，流言蜚語瀰漫，導致人心惶惶、事端雜然，非藉軍隊之力，否則很難施行政務，因此一切政務均由軍隊擅自執行，而有軍政時代之稱，亦即在臺灣最初為施行民政所編的臺灣總督府臨時條例，最後卻變成軍政。然在

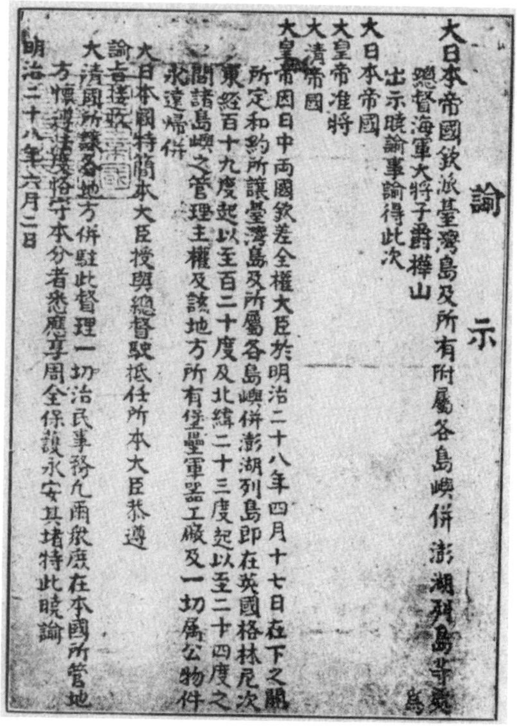

諭　示

大日本帝國欽派臺灣島及所有附屬各島嶼併澎湖列島等處
總督海軍大將子爵樺山
出示曉諭事諭得此次
大日本帝國
大皇帝准將
大清帝國
大皇帝因日中兩國欽差全權大臣於明治二十八年四月十七日在下之關
所定和約所讓臺灣島及所屬各島嶼併澎湖列島即在英國格林尼次
東經百十九度起以至百二十度及北緯二十三度起以至二十四度之
間諸島嶼之管理主權及該地方所有堡壘軍器工廠及一切屬公物件
永遠歸併
大日本國特簡本大臣授與總督駛抵任所本大臣恭遵
諭旨接政
大清國所讓各地方併駐此督理一切治民事務凡爾衆庶在本國所管地
方懷遵法度恪守本分者悉應享周全保護永安其堵特此曉諭
明治二十八年六月二日

樺山總督頒布的領臺諭示

同年六月發布地方官臨時官制，以三縣一廳（臺北、臺灣、臺南三縣與澎湖島廳）來統治臺灣全島，即所謂的民政，為從始政紀念日以後實施而進入民政時代，但實施的僅臺北縣而已。當時匪徒鼠賊仍頻繁出沒，經常對統治造成妨礙，因此組織軍事官衙，在地方，臺北縣澎湖島廳照舊，其他二縣改為民政支部（臺灣民政支部、臺南民政支部），逐次設立地方官廳以運作軍政。然全臺日漸平定後，在明治二十九年四月一日公佈地方官官制，在此撤回軍政，地方成為三縣一廳（臺北、臺中、臺南三縣與澎湖島廳），永久進入民政。

二　綏撫臺民

日本的總督政治為達國利民福，以一視同仁的施政來對待臺民，從接收臺灣之日以來僅短短的歲月之間，且劍戟之聲尚未停歇的時代，就發布幾多諭示訓令即可了解。

1　綏撫臺民的諭示

樺山總督在明治二十八年六月二日完成接收臺灣而登陸，同日即發布如下接收臺灣島綏撫人民的諭示。

大日本帝國皇帝陛下，在明治二十八年四月十七日依據在下關簽訂的議和條約，統治大清廷皇帝陛下所割讓之臺灣（中略），領有上述在各島嶼的城壘武器製造所及官有物。在此本官奉勅令以皇帝陛下之御名受領諸島嶼，以臺灣總督施行一切行政事務。居住在大日本帝國之領地，順從從事適法業務的眾庶，始終享受完全的保護。

2 租稅蠲免的諭示

依以上綏撫人民的諭示，臺灣人順從從事適法的業務者，始終受日本政府完全的保護，臺灣人在此首度被保證生命財產之安全，由此邁入幸福的人生，而且日本為表達撫恤愛民之至情，在同年（明治二十八年）七月六日發布租稅蠲免的諭示。

臺灣各島既已完全歸屬大日本帝國，士民悅服永久歌誦昇平，詎料嘯集不法之徒匪類，煽動愚民反抗我軍，惟殲滅烏合之草賊並不難，爾來順良眾恐悸驚慌尚未安堵不能就業，我大皇帝至仁至德軫念爾等之民瘼尤深，特頒恩詔，命臣資紀免除海關諸稅暨官租之外，蠲免本年全台灣澎湖島各地間之錢糧及諸稅，誠是皇恩似海，帝德如天，爾士臣一體知悉恭奉聖旨，以勵精盡瘁以圖報效。

3 施行匪徒處罰令

日本政府雖常努力以寬厚關懷新附之民，但對頑迷不悟、妄自妨礙治安之行為者，毫不寬待嚴罰以示日本政府之威信。即租稅蠲免施行的當月（明治二十八年七月）發布臺灣人民軍事處分令，重罰抗拒日軍、反抗施政者，接著在這年十一月公佈臺灣住民刑罰令，翌二十九年八月帝國刑法也適用本島，以期保護島民沒有遺漏。總督赦免唐景崧、劉永福等所率之敗兵的死罪，尤其無償送返清廷，此等皆出自於愛護之意。

4 桂總督、乃木總督的訓示

亂後的民心不僅徒懷危俱，加上匪徒等蜂起而未能安堵，因此在明治二十九年六月桂總督訓示：「地方行政一面以指導教養服從皇化，一面以刑罰嚴明展示威信」。桂總督去職，由乃木總督繼任後，在同年十月訓示施政方針，當中告知：「本島民祖先以來遵守的舊慣古俗深植腦海，幾乎有不成文之法度，對其甚為違反本邦之定例，成為施政上障礙之項目應加以廢除，但屬良習美俗則加以保存，以利施政之便」，由此可知考慮民情是何等殷切。

第三任乃木總督

5 制定臺灣紳章條規

此外乃木總督為表彰本島有學識德望者，在同月（明治二十九年十月）制定臺灣紳章條規、頒與紳章，對本島興風上亦頗有成效自不待言。

6 明治天皇的勅語

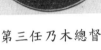

明治天皇軫念綏撫臺灣新附民，從上到下皆知，但在明治二十九年十二月二十五日的帝國議會開會式上所頒布的勅語中表示：

在臺灣對人民的撫育，乃朕深深軫念之所在，將來必須日益整頓秩序、增進福祉。

又明治三十年八月二日，在京都御所頒賜乃木總督的勅語中表示：

台灣諸島歸朕版圖以來日猶淺，新附之民尚有未安堵者，宜偵查民情舊慣加以撫恤。

皆出自於綏撫愛護的關懷之心。

三　施行臺灣島民離去規定

在馬關條約第五條規定「割讓日本國地方之住民，欲在被割讓地方之外居住者，得自由賣掉其所有不動產離去，為此自本條約批准交換之日起二年為緩衝期」，依此在明治二十八年十一月公佈所謂臺灣島民離去規定，台灣島民居住本島內或離去島外均任其自由。

1　離去臺灣規定的內容

以下敘述。

一臺灣及澎湖島住民欲轉居本地方之外者，不論累世之住民或一時居留，記載其鄉貫、年齡、住所、不動產等，在明治三十年五月八日以前向臺灣總督府之地方官廳申報，其扶養親屬亦同。
—雖參與土匪之擾亂抵抗官軍者，只要歸順降伏、繳納武器，就允許離去本地。
—離去本地者所攜帶的家財，海關稅全免。

2　臺灣島民編入日本國籍

如此至明治三十五年五月八日，多數島民選擇留在島內，編入日本國籍，成為帝國的臣民，開始以日本國民度過幸福的人生，這在統治臺灣上亦值得大書特書。

第二節　領有臺灣的宣言

臺灣既歸日本的領土，因此日本對各相關諸國宣言。

一　有關日西兩國境界的宣言

臺灣與菲律賓群島（當時西班牙佔領）是以巴士海峽為其版圖的境界，但其境界並不明確，因此領臺當時（明治二十八年八月七日）與西班牙協議，交換以下的宣言，明確訂出兩國的境界。

1、以通過巴士海峽得航行的海面中央處的緯度平行線，做為在太平洋西部的日本及西班牙版圖的境界線。

2、西班牙政府宣言以在該境界線北方及東北方的島嶼，不為其所有。

3、日本政府宣言以在該境界線南方及東南方的島嶼，不為其所有。

二　對訂盟各國的宣言

此時日本政府對訂盟各國有關臺灣的對外關係，必須告知日本政府之意，因此在明治二十九年一月發布如下的宣言。

臺灣地方已歸平定，日本帝國政府對居住該地又對往來該地的各訂盟國臣民、人民及船舶給予如下的特典便益。

1、與日本帝國簽訂通商及通航條約的各國臣民及人民，得在淡水、基隆、安平及打狗居住且營商，又上述諸國的船舶得在淡水、基隆、安平及打狗諸港停靠，且裝貨輸出。

2、臺灣在其情形上雖有特殊之處，但日本帝國和各訂盟國之間現有的通商及航海條約稅則及其他各種規定，儘可能適用居住臺灣或往來該地的各訂盟國臣民、人民及船舶，但享受前記特典便益者，必須經常遵守在臺灣所施行的法令。

三　對在臺各國領事的宣言

前後有二次，第一次是正式完成接收臺灣的當天（明治二十八年六月二日），以水野民政局長的署名，對駐在臺灣各國領事宣佈：「總督閣下依勅命　以日本皇帝陛下之名，領有臺灣澎湖及其所屬地，且執行其行政事務，而深切希望盡量保護居住其管轄內的外國人，在此聲明」對在臺外國人盡量給予保護，第二次是依對訂盟國所發布的宣言旨趣，由臺灣總督下令民政局長向在臺各國領事，在其翌年（明治二十九年二月）發布的通知：

日本帝國和訂盟各國間成立的現行條約及協定事件，在得適用的範圍內也在臺灣施行。然而在如本島新領的版圖，與外國的交涉自然也不少，因此以上的宣言及其他各種訓令也鑒於時勢的大局，以不損傷日本帝國之威信，慎重審議後發布。

第四章　樺山總督的治績

第一節　整頓內治

從本篇第一章以下到第三章之間所敘述的多數史實，主要為樺山總督的治績，但這是列舉總督治績武力的一面。此武力的半面概括來說，就是第一、完成授與臺灣，第二、鎮定臺灣全島，第三、樹立總督政治。然對前者的武力作為，本章則完全敘述和平半面的治績，首先第一步敘述有關整頓內治的三項事蹟。

首任樺山總督

一　確立鴉片制度

明治二十七、八年戰役的結果，臺灣歸日本版圖，當時喚起世人的注意，憂慮其如何處分，其實就是這種鴉片問題，如何解決被視為統治臺灣成敗的分歧點，幸好依後藤衛生局長的卓見與伊藤總裁適切的處置，解決此一難題，在此確立今日般的鴉片制度。

1 吸食鴉片的由來

考察清朝人之間吸食鴉片的始末時，在唐宋期間與阿拉伯的互市，鴉片首次輸入中國。唐代名為雍西陶者在出斜谷時說：「萬里客愁今日散，馬前初見禾囊花」，當中的米囊就是罌粟，指當雍西陶出蜀前往平原地時，已是罌粟花盛開之意，可見當時早已栽培。但此一時代僅供藥用而已，之後在宋元時期醫師一面稱讚其藥效，一面又視為危險，因此在元代仍僅止於醫用，但進入明朝中葉後才開始貪圖吸食，讓自己進入睡夢之鄉，取得一時的快感。進入清朝後其流弊尤甚，危害國民的健康與精神不少，因此在大清會典規定凡出售鴉片者，問出售禁制品之罪，課以枷一月、杖一百、流三千里等罰責，但終究無法徹底禁止，反而在國民之間普遍流行。

2 吸食鴉片流入臺土

於是隨明末清初中國人的移居，吸食鴉片的風氣也流入臺灣，在臺灣誌中記載：不知鴉片煙從何時流入，以銅鍋煮如煙筒短棍，無類的惡少群聚夜飲遂為風俗，時而佐以蜜糖諸品及鮮果十數碟引誘後來者，初次赴飲不用錢，久而久之則不能自已，傾家蕩產赴之，通宵不寢助淫慾，開始以為藥，以後遂無可就藥，一日不吸面皮頓縮，唇齒齦脫無神，再吸即癒，然三年後無人不死，廈門多，而臺灣尤甚，哀哉也。

由此可知臺灣的這種弊風如何盛行，在日本領有前，本島的鴉片輸入額一年約達四十萬斤，從此一消費額來計算，思考本島住民如何嗜好鴉片，人口一百中至少有五名以上吸食者的比例，即其總數高達十二、三萬人。

3 漸禁鴉片

如此在領臺前臺灣各港以輸入鴉片為業的國內外商人有八十九家之多，此外在缺乏鴉片時代用的含鴉片成藥也多達六、七十種，幾乎成為臺灣的國民食物，可謂處在即使以嚴科重罰也禁止不了的狀況，因日本領有這種狀態下的臺灣，故如上所述，如何處分鴉片問題，是攸關統治臺灣成敗的分歧點，但當時輿論的傾向是把嚴禁鴉片、廢除臺灣人辮髮、解放婦女纏足，做為統治臺灣上的三大要項。而且若不斷行此一政策，領有臺灣也就毫無意義可言，由此可知鴉片行政是統治臺灣上的難題，然當時的總理大臣伊藤博文，以全權大使之身在馬關議和談判席上公開表示，依照博愛公道的主義，斷然禁止臺灣的鴉片，因此國是已定，但就有關禁止臺民全浸淫在那麼喜愛的鴉片中的手段，卻分為嚴禁說與漸禁說二論。

嚴禁說也稱即斷，和日本內地一樣迅速厲行禁斷之法，⑴對人民所持有的鴉片給與相當的賠償金後繳交政府，⑵藥用鴉片和日本內地一樣由政府專賣，藉由此方法來一掃在本島吸食鴉片的習慣。此外當時的衛生局長、日後的臺灣民政長官後藤新平等所倡導之漸禁說，認為一時掃除鴉片在臺灣的積弊頗為困難，即使欲掃除恐難達到其目的，故應斟酌實情，僅限於現在已陷入該習癖者，特許吸食，對除此之外者採取預防煙毒傳播的方法，即⑴和日本內地的現行制度一樣，鴉片由政府專賣，興建製藥廠來製造，⑵有吸食鴉片的習癖而無法中止者，依醫師的證明特許，⑶在各地配置醫師，諭告鴉片的毒害，⑷對青年兒童在教育上課時注入禁煙的精神，在三十年、五十年後就能獲得漸禁之實。由此，政府在此採用漸禁說，樺山總督禁止輸入鴉片的同時，公佈對上癮者做為藥用而許可吸食，時值明治二十九年二月十五日，在此解決鴉片問題。

4 發布鴉片令

總督府預防此一惡習浸潤日本內地的同時，在臺灣採取漸禁的方策下，在明治三十年一月發布所謂的鴉片令，⑴鴉片歸政府專賣，⑵一般禁止吸食，但依總督府所指定醫師的診斷，認定為鴉片上癮者，許可購買吸食官製的鴉片煙膏。然當時土匪仍出沒各地，法令的普及、犯行者的取締等也甚感困難，因此走私偷吸者也不少。以致至明治三十三年九月，全島的鴉片上癮者人數才好不容易統計出來，交付十六萬九千餘人特許吸食的許可證，接著在明治三十五年間整理吸食者的名簿，使此一事業告一段落，爾來嚴格取締其輸入製造偷吸等至今，特許吸食者的消費額逐年遞減，最近數年間每年減少二、三千名吸食者，在大正十三年僅剩三萬六千餘人，漸次接近預期的目的。

5 國際鴉片問題

最後就國際鴉片問題來說明，在國際聯盟規約中規定有關鴉片的國際性條項，因此在大正九年（西元一九二〇九年）國際聯盟鴉片委員會第一次會議在瑞士的日內瓦召開，講求漸次防遏鴉片、嗎啡、古柯鹼及以此等物質所製造或誘導之藥品，足以引起同樣毒害物品之濫用的方法。之後又召開數次國際會議，企圖在人道上加以解決，而其所採用的方法與日本鴉片制度的精神相一致。大正十五年（西元一九二六九年）一月在日內瓦召開的國際鴉片會議上，出席的前任總務長官賀來佐太郎，更為精確的介紹日本制度的精神及其實績，成為鴉片行政的理想，博得國際的稱讚。

二 改正度量衡制度

在臺灣初次採用度量衡制度是荷領時代以後，是依照荷蘭本國的制度。在此之前似乎是使用手腳竹筒來辦理。在鄭氏時代是採用明式度量衡器，清領時代則遵行萬事舊慣，以致除賦課以外任意使用，但一般採用清式自不待言。

1 清式的度量衡

清式的度量衡種類極多，以下列舉主要的。度器有京尺（一尺、衣服用）、魯班尺（一尺、木工用）、彩帛尺（二尺、裁帛用）等，量器有斗桝（有方形圓形二種）、母斗（石製、做為原器）、一升桝（竹製、裝滿算一升）等，衡器有茶秤桿秤（白米、薪炭用）、骨製厘桝（藥種、貴金屬、鴉片用）等。而此等計量器有全島使用與地方使用，甚為不統一。加上此等計量器的製作修理等完全放任民間隨意進行。

2 日本當地式的度量衡

舊來慣用的度量衡因地異，故其器與量也不同，此期間不得不百弊叢生，因此改隸後著手改正，在明治二十八年十月設臺灣度量衡規則，謀求日本當地式度量衡器的普及，這是樺山總督的改正度量衡。在此敘述之後的情況，是以明治三十六年底為限，全島一般禁止使用舊式權度毫無抱怨，順利達成目的，又在明治三十九年四月發布新規則，度量衡的製作修復及買賣均歸官營，至此才確立制度。原本總督府出售的所有度量衡器均仰賴日本當地供給，但戰時因其他財界的影響而屢屢斷絕供給，不時對日常的交易造成妨礙，因此在大正十年以後認為必須自給自足，現在除若干特種品之外，其餘均使用臺灣製。而且自大正十三年七月一日起，與日本當地一樣，統一使用米達尺法。

三 確立裁判制度

考察確立制度前的途徑時，可區分為軍政時代的裁判與民政時代的裁判二種。

1 軍政時代的裁判

在領臺草創之際的司法事務，是假軍法會議會地方行政官之手便宜處理，但以後以軍令發布有關編成法院的法令，在總督府設置法院，在地方的領地設支部，以獨立的審判官來裁判民事刑事的訴訟。

2 民政時代的裁判

然在明治二十九年五月施行民政之後，制定總督府法院條例，開始依行政區劃設十五處地方法院（執行民事刑事的第一審與刑事預審），在此設置三級審法院。之後雖有一些變遷，但自大正八年起再變成地方法院、高等法院覆審部、高等法院上告部等三審制。

第二節　諸般的施政

樺山總督雖處在兵馬倥傯之際，仍樹立統治的根基，進而整備諸般的設施，尤其把統治之手伸到文化方面。

一　開始日臺航路

如上所述，領臺前臺灣近海的航海是由英國道格拉斯公司輪船獨占舞台，但在領臺當時，即使比志島支隊已佔領澎湖島，但海軍徵用船繼續出入臺灣，同樣也是由道格拉斯公司輪船壟斷。

1　開始命令航路

於是日本的海運業者處在旁觀的立場，認為若繼續放任下去，影響國威國利很大，於是樺山總督對日本輪船公司交付一定的補助金，訂立開闢命令航路的計畫，在明治二十九年四月命大阪商船公司，開始自神戶經由沖繩到基隆，每月往返三次的定期航路，這是日臺命令航路的嚆矢。

2 驅逐道格拉斯輪船

之後在明治三十年桂總督（第二任）時，再對日本郵船公司同樣交付補助金，命在基隆門司神戶間每月往返二次的定期航路，這是日臺直通的開始。這年臺灣沿岸航路也由大阪商船公司的輪船航行，而且在明治三十二年兒玉總督（第四任）時，命大阪商船公司開淡水香港線，二船每月往返四次，這是與對岸航路的嚆矢，至此日本將道格拉斯公司輪船完全驅逐出本島。

二 設置監獄

在清領時代是以廳舍倉庫等充當獄舍，但以後的監獄沿革如下所述。

1 設置十三處監獄

臺灣改隸後，獄舍是以警察署或憲兵隊的留置場來充當，但因收容作業、衛生等設備不完善，導致囚犯病死、逃獄等多，造成不少遺憾，但在兵馬倥傯之際也是不得已的。翌二十九年四月（樺山總督時代）施行民政後，在臺北、新竹、宜蘭、臺中、苗栗、鹿港、埔里社、雲林（林圯埔即竹山）、嘉義、臺南、鳳山、恆春、澎湖等十三處設置監獄。

2 改廢監獄則

改隸當時明治二十八年十一月雖制定臺灣監獄令，但徒有其名而無其實，狀況窘迫，因此在明治三十二年二月兒玉總督時代廢除舊令，新公佈臺灣監獄則，自此以後屢屢進行獄舍的廢置分合，更自這年起在臺北、臺中、臺南開工，在明治三十七年三月完成的監獄是依照歐美最新式（監房是以扇面狀排列）建造，最適合拘留、衛生、作業等。現在本島有上述十三所監獄與宜蘭、嘉義二所支監及新竹的一個辦事處。

三　文化的設施

重要的事項是設立醫院與學校。

1　設立醫院

日本領臺當時，瘧疾、鼠疫等惡疫在各處猖獗至極，因此死亡者頗多。這是本島人的衛生想法不成熟，住宅簡陋、飲水不良等而發生惡疫、助長流行，因此樺山總督在明治二十八年六月在臺北大稻埕設臺灣醫院，同年七月總督電請日本當地的臺灣事務局總裁（伊藤博文），派遣醫師十名、藥劑師九名、護士二十名開始診療，這是現在臺灣總督府醫院的濫觴。翌二十九年五月在臺北、臺中、臺南三縣設置醫院，又在同年六月由地方長官建議，在淡水、基隆、新竹、宜蘭、鹿港、苗栗、雲林、埔里社、嘉義、鳳山、澎湖島設醫院，在恆春、臺東設診療所，明治三十年乃木總督（第三任）時代逐次擴張，遂如今日般在臺北、基隆、新竹、臺中、臺南、嘉義、高雄、屏東、宜蘭、臺東、花蓮港、澎湖島有十二家醫院，其設備完善。如此在大正十三年度，診治患者人數二百十萬餘人，是創立當時的約三十三倍。這是拜總督政治所賜，隨本島人衛生習慣的提升，信賴文明醫術者年年增加所致。

2　創立學校

明治二十八年六月十七日臺灣總督府開廳，翌十八日在大稻埕設置學務部臨時事務所，但同年七月遷至以本島文學之地著稱的士林庄芝山巖（臺北的北方二里餘），學務部員招生後開始授業，一面著手教科書的編纂，這是在臺灣的教育的濫觴。同樣在樺山總督時代的明治二十九年四月，發布總督府民政局官制，在民政局設置學務部，分為教務、編纂二課，專門負責教育的設施經營。同四月發布總督府直轄學校的官制，設日語學校與日語傳習所，在此二所開始養成教員與初等普通教育，由此奠定本島教育事業之基礎。之後隨著時勢的推移與島情的進化而有幾多變遷，但最終呈現今日的盛況（參照第九章）。

第五章　北白川宮能久親王的治績

第一節　北白川宮親王的簡歷

以下先從系譜來看。

一　系譜

北白川宮是出自第九十三代後伏見天皇的曾孫伏見宮榮仁親王，乃邦家親王之子，繼承北白川宮家。

後伏見天皇—後光嚴院—崇光院—榮仁親王（伏見宮之祖）—（省略此期間十七代）—一九 邦家親王

邦家親王—守修親王（梨本宮祖）

邦家親王—晃親王（山階宮祖）

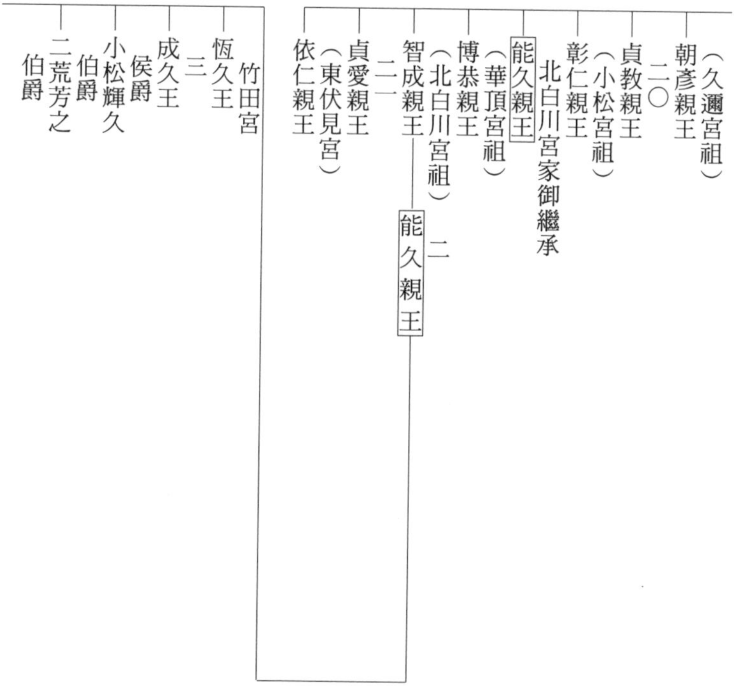
（久邇宮祖）
朝彥親王
二〇
貞教親王
（小松宮祖）
彰仁親王
北白川宮家御繼承
能久親王
（華頂宮祖）
博恭親王
（北白川宮祖）
智成親王
二
能久親王
二一
貞愛親王
（東伏見宮）
依仁親王
竹田宮
恆久王
三
成久王
侯爵
小松輝久
伯爵
二
荒芳之
伯爵

上野正雄
滿子（保科伯）
貞子（有馬伯）
武子（保科伯）
擴子

二 簡歷

北白川宮親王學德皆高，尤其通曉軍事，服務軍職中指導各種聚會，常留意增進國利民福，並以金枝玉葉之身平定臺灣島的土賊，至今仍令吾人記憶猶新。

1 明治以前

北白川宮親王以伏見宮一品邦家親王的第九子，在弘化四年（西元一八四七年）二月十六日出生，翌年八月成為仁光天皇之養子，之後在安政五年十月賜名能久，同年十一月入寺剃度，賜法號公現。慶應三年（西元一八六七年）因輪王寺宮慈性親王病重，北白川宮繼承其職，社會上所謂的輪王寺宮公現法親王，就是指北白川宮親王。

2 明治以後

然在明治元年（西元一八六八年）親王年二十二時，受旁人誤導而奉為幕府末年的浪士等，因此惹禍上身，有一段時期被流放到日本東北地方，備嘗艱辛，但在明治二年九月獲釋，復歸伏見宮家，翌年復名能久。自此年十二月起約七年間留學德國，此期間專門研究軍事，明治十年七月歸朝後，在近衛局參謀本部戶山學校等任職。此時間他監督地學協會第五屆國內勸業博覽會及其他各種聚會。在此之前在留學德國中，在明治五年敘三品，承襲北白川宮家，由此開始稱為北白川宮能久親王殿下。在明治十七年其官階累進而晉升陸軍少將，任東京鎮臺司令官，之後歷任第六師團長、第四師團長，在明治二十八年一月補近衛師團長，當時正值甲午戰爭中，因此北白川宮親王率近衛師團，在四月十日自宇品出發，同十三日抵達大連，因近衛師團受命前往臺灣，因此北白川宮親王率一半軍隊，在五月二十八日自旅順出發，同三十一日登陸臺灣，終於完成平定土賊的功業，但卻因病而在臺南之地溘然去世，令人感到不勝唏噓。

第二節　北白川宮親王在臺灣的治績

北白川宮親王在本島的治績在於剿滅土賊自不待言，但在此一併記載他生病時的狀況，以供追憶當時的資料。

一　平定土賊

有關平定臺灣的土賊，征臺軍總體的行動已在本篇第一章敘述，因此在此是以北白川宮親王的身邊事為主，敘述平定土賊、即鎮定臺灣的狀況，做為懷念其功績之一端。

1　登陸澳底

在金州半島統率近衛師團的陸軍中將北白川宮能久親王受命為臺灣駐屯軍，因此統率半數軍隊在三十一日上午七時登陸三貂角附近的澳底。此日因下小雨，故在離海邊不遠的田中設置三尺正方的帳篷，從薩摩號上借來一把椅子，並排石油箱，上面鋪布露營。此日午後三時左右樺山總督登陸，拜訪北白川宮親王時，見此狀況深感惶恐說：「皇族登陸臺灣，以此地為始」，豎立寫有近衛師團長陸軍中將宮能久親王幕營之地的木標。日後改為花崗岩，鐫刻北白川宮征討紀念碑。這是親王紀念碑中最有意義的一個。當時因倉卒登陸，入夜後還沒有可吃的食物，因此軍務部長木村達、副官久松定謨以及隨從恩地轆等，建議把帶泥的甘藷埋入砂中，用折斷的樹枝燜烤以供食用，親王親手剝皮，滿足的吃了二、三條，於是相伴的隨從說：「若能凱旋東京，願以今月今日在宮殿庭前，賜烤芋以紀念登陸，做為每年嘉例」，親王笑答：「當然、

近衛師團長能久親王露營澳底之圖

當然」，大夥兒一陣感動，盼北白川宮親王能早日凱旋，把今日的辛勞當作往事來談論。

2 進入臺北城

六月一日北白川宮親王親自穿上草鞋、打綁腿，身上帶著望遠鏡與包二顆醃梅的便當，督導軍隊向基隆前進，這晚住在頂雙溪的簡陋民家，翌二日冒大雨越過有名的三貂嶺之嶮，擊退瑞芳的清兵，這晚也住宿在簡陋的民家，睡在鋪一條毛毯的五尺門扉上，晚飯也至晚上九時才吃，吃完半熟的糒與乾糧後就寢，翌三日基隆的清兵頑強抵抗，砲彈屢屢從左右掠過親王的頭上，情況非常危險。至午後二時，全軍的行動遲遲不進，因此親王說：「未備糧食，與其露營此山上受苦，毋寧冒萬死前進打開一條活路」，於是冒著傾盆大雨當天佔領基隆，日暮後親王進入舊統領衙門

北白川宮征討紀念碑

的營舍，接著轉移到海關樓上，從這日住到九日，六月十日從基隆出發，十一日進入臺北城，把布政使衙門的一室當成寢室，滯留臺北至七月二十九日共四十天。此一時期臺北的暑氣高漲，白天溫度平均達到華氏九十度以上，令人難以忍受，但親王每天一早就指揮軍務，在鄰室的參謀諸員尚未離去間，即使入夜也不脫軍服。隨從到街上買來佛手柑或荔枝、芭蕉等新鮮水果，親王非常喜愛，但必先從隨身提包中取出天皇的相片，親手供奉後自己才吃，並分給左右的人。

3 南進

七月二十九日從臺北出發，踏上南進之途。

臺北融融仁政成　皇軍到處湧歡聲

旭光將被臺南地　殲彼巨魁安萬生

這是當時親王所做的漢詩。每天擊退沿路的殘賊，經中壢（七月三十日住宿）、新竹（七月三十一日到八月七日滯留）在八月八日指揮諸軍進擊敵人佔據牛埔山（南勢山），但山下無一樹蔭，日照溫度達華氏一百三十八度，且附近沒有飲水，因此大家忍住口渴幾乎暈眩。北白川宮親王當晚在山上露營，以骯髒的稻田水蒸糒充飢。翌八月九日攻陷尖筆山，經中港（八月九日—十二日滯留）、後壟（八月十三日—二十一日滯留住宿）、呑霄（八月二十二日住宿）、大甲（八月二十三日—二十四日滯留）、牛罵頭（八月二十五日住宿），抵達大肚（八月二十六日—二十七日住宿大肚附近），其前營已和以彰化為要塞的敵人夾大肚溪相對峙。北白川宮親王親自視察敵情，雖然從敵壘射出的砲彈轟然掠過親王的頭上五米落在後方，但親王仍然神色自若的視察敵情。

北白川宮親王率本隊迂迴昨夜探知的上游渡涉場，出奇不意的攻擊敵人的右側，立即攻入彰化，造成敵人殘屍六百而潰散。

北白川宮親王遺跡碑

數百砲臺恰似虹　雞旗林立示威隆
蟷螂斧豈龍車敵　彰化卦山一擊中

這是當時所做的漢詩。如此佔領彰化後，北白川宮進入舊臺灣府衙門，企圖趁機長驅直入臺南府，但當時正值組成南進軍中，因此駐紮（八月二十八日—十月二日滯留彰化）長達一個月。此地亦稱瘴化，乃全島中不健康地，加上氣候炎熱，又住有一萬餘軍隊，結果不出旬日，罹患瘧疾者多達大半師團，山根少將、中間大佐、緒方參謀等亦病亡，其困苦無以名狀、悲慘至極。

4 進入臺南城

幸好九月下旬病勢漸緩，且南進軍的部署大致已定，因此十月三日自彰化出發經員林（十月三日—五日滯留）、北斗（十月六日滯留）、莿桐（十月七日住宿）、大莆林（十月八日住宿）

攻擊嘉義。此日敵人激烈抵抗，砲彈不時掠過親王身邊，但終於攻陷城，親王從被棉火藥破壞的東門入城，在此滯留八日以便與第二師團聯絡（十月九日—十月十七日），翌十八日從嘉義騎馬出發，但從當天起北白川宮親王也染上瘧疾，經安溪寮（十月十八日住宿）、果毅后（十月十九日住宿）、灣裡（十月二十日住宿）、大目降（十月二十一日住宿）等，在二十二日也以吊臺向險惡的道路前進，這天氣溫高達華氏九十四度，親王強忍痛苦繼續行進。途中獲悉第二師團佔領臺南，劉永福已逃走，在痛苦中微笑的說：「失去掌中之珠莫過於此」，處理完各種軍務後，在下午五時半抵達臺南。

二　北白川宮親王生病

這天傍晚體溫高達攝氏四十度，口渴且感覺倦怠，但氣色未變，他說：「渠帥（指劉永福）逃走雖令人遺憾，卻能未傷府民迅速佔領而感到滿意」，但病情日益惡化。

1　去世

翌二十三日轉至莊雅橋街吳昌記的家，房間僅六個榻榻米大小，一半鋪床板，一半泥土地，有寬三尺左右的玻璃窗，於是在地上鋪稻草，上面再鋪毛毯來充當床鋪。除祈禱親王殿下痊癒之外只管盡力治療，但殿下病容彌增且併發肺炎，變得相當棘手，每天病情惡化，文武官

祭祀北白川宮能久親王殿下的臺南神社
（臺南遺蹟與臺南神社）

員相繼前來探病，二十三日貞愛親王前來訪視，二十七日樺山總督一抵達臺南隨即趕往病榻前報告：「平定臺南，殿下所率之近衛師團的功績最為顯赫，其任務已完成」，此時親王殿下抬起頭默默點頭。翌十月二十八日上午七時十五分病情急轉直下，親王殿下口中喊出陛下萬歲後不久即陷入不省人事，得年四十九，貞愛親王、樺山總督、高島中將、乃木師團長等諸將告別遺骸，密不發喪，翌二十九日發布親王殿下因病返國，在安平將靈柩搬至西京號上，在軍艦吉野號的護衛下，於上午十時半起錨，貞愛親王、樺山總督以下親自目送船駛離，直至看不見為止。十一月四日船進入橫須賀港，翌日以火車將靈柩運抵新橋，隨即進入霞關的御館，十一月十一日至豐島岡舉行入土儀式。

2 臺南遺蹟

北白川宮親王陷入病重後，十月二十八日在充當旅館的屋內去世，該宅地成為臺南遺蹟，現今仍保存的遺物有竹製擔架及紅色毛毯、藺蓆、藤枕、附木製臥榻、木製中國式寢臺等，這些遺物均為北白川宮親王殿下所使用，大多為粗糙的物品，由此可見殿下雖貴為金枝玉葉之身，卻和士兵同甘共苦，愷切說明當時的狀況。最近新神社營造完成，在大正十二年十月舉行盛大的供奉典禮，臺南神社永遠奉祀親王殿下的英靈。

第三節 北白川宮親王的威德

著者敘述可謂征臺皇族殿下高德之一端，感到無上的光榮。

一 英勇仁慈

「逢如這次的大戰（甲午戰爭），當然要有一位或二位皇族先臣民陣亡的心理準備，盼望負責最大難局，犧牲一身以贊國家之偉業，此乃我志」，僅從殿下的這句話，就能了解他是何等的英勇。更何況以御體屢屢立於危地指揮、鼓舞軍隊士氣，即使砲彈掠過頭上也神色自若毫不退縮，而且冒著病軀，在炎熱的日子統率南征軍完成平定全臺之業，正如樺山總督所言，全是殿下之功績，可謂殿下英勇無敵的威德所致。從此役中殿下常和士卒同生死共患難，富仁慈憐憫之情，親訪病兵懇切慰藉，且節約不足的糧食及其他日用品，屢屢分給病者等即可窺知，尤其抵達現今的臺中州大甲時（八月二十二日），清兵以及土匪等已掠奪殆盡，幾乎未剩可充當糧食的物資，且飲水除汲取土人常用的水田污水之外別無選擇，日軍的艱困實難以名狀，親王殿下在此時嚴令兵卒軍夫等不可有危害良民、掠奪物品等非行，使良民感到安心。由此可知其仁慈的程度。此外，滯留現今臺中附近後壟之日（八月十二日），騎馬巡覽海岸時，突然下起大雨，殿下及隨從全身淋溼，不得不去附近漁民家，用火烤乾衣服，不久雨停出發時，殿下親自給主人幾個銀幣，並說：「給你添麻煩了」，主人對過多的賞賜感到惶恐而推辭，但殿下看到這戶人家的小孩在一旁，就叫過來交給銀幣。從這些小事就能看出其凡事細心之一端。

二　學問豐富

北白川宮親王天資聰穎，過目不忘，每當聽到將士談論兵書或地理時，若有錯誤隨即指正，引用某書如何記載或某圖如何描繪。以皇族身分自明治三年末起留學德國，抵達柏林後先修普通學，明治六年起修兵學，明治八年進入參謀大學，十年畢業，在約七年間主要研究軍事，因此對兵學的造詣頗深，又能操歐洲二、三國語言，也通曉外國宮廷的儀式，因此各國皇族來日時，他總是奉天皇之特命負責接待的工作，如此任軍職十九年，閒暇時會與金子堅太郎等一起考究國家的法制，也會找來老儒谷口藍田請教經義之要，經常寬宏雅量、禮賢下士，文武學德兼備，尤其在南征軍陣中還作詩歌，胸懷日月頗有古武將之風。不只軍事也涉獵博學，因此各種會也常請親王殿下任會長，例如地學協會、大日本農會、德國學協會、亞細亞協會、華族金曜會、砲科共同會、東洋繪畫會等，均在其監督下發展。

三 臺灣神社的由來

具備英勇、仁慈、學養豐富的親王，做為上述威德之一端發揚日本皇室的皇威，促進國家的公益，增進臣民的福祉，在海外宣揚日本之光，德望厚內外，一代英名，但不幸早逝。而其功業偉勳赫赫輝煌萬代。於是在去世之際早有人提議在此地創建神社，以定民心之歸嚮，於是把地定在臺北北方的劍潭山上，在明治三十二年二月動工，明治三十三年五月著手營造，翌三十四年十月二十日落成，於是在十月二十七日派遣勅使以及故親王妃殿下臨臺，舉行安奉典禮，翌二十八日舉行大祭，定在每年十月二十七、八日兩天舉行大祭。這是本島唯一的官幣大社，把大國魂命、大己貴命、少彥名命安奉在一座，把北白川宮能久親王奉祀在二座，做為守護本島之神讓島民奉仰，現在本島人的參拜者每年逾五萬人，成為鎮護本島的第一靈地。

故北白川宮殿下與臺灣神社（臺北）

第六章　平定土匪

第一節　領臺後蜂起的土匪

臺灣以土匪的猖獗舉世聞名，即所謂三年小叛、五年大叛。當時清廷對此束手無策，不知有多少良民身受其害。即過去的土匪是純粹的強盜殺人之眾，但改隸後藉口收復領土，間歇發起暴動，因此蒙受這種土匪之害至到明治三十五年左右，之後即如本章所述的匪徒，可謂一部分野心家煽動無知的民眾反抗日本統治，因為多半是無知的可憐人，故被捕後才了解自己受騙上當，雖同樣是輕舉妄動，但因接受中國革命的思想等，多少有一些政治性動機，和以前的土匪稍有不同。

一　北埔事件

改隸後因土匪出沒無常，以致一再受累直到明治三十五年左右，自明治三十六年至三十九年的四年，全島完全看不見匪徒的蹤影，但進入明治四十年十一月後，在新竹州一角名為北埔之地突然興起匪徒。

1 暴動的原因

此一事件的首魁是蔡清琳，他專作詭詐淫逸之事，當時二十七歲的青年。他原是賀田組部下的製腦工人，住在新竹廳的蕃地，但欺騙隘勇及歸順蕃人、其他蕃界之土民等，自稱聯合復中興總裁，巧妙散佈流言，並發下豪語說：「我和中國兵合作把日本人擊退臺灣，不久中國兵就會攻擊新竹，屆時彼此相呼應一舉掀起暴動，首先攻陷新竹，掠奪軍資武器，漸次把勢力擴及全島」，且使人相信之，因此加入者總數百餘名。

2 襲擊北埔支廳

時值明治四十年十一月十四日，見時機成熟的匪魁蔡清琳與弟何麥賢等一起率眾，襲擊鳶公髻、一百端、坪頭等分遣所以及太平警察派出所，翌日上午八時過後殺到北埔支廳，彼等所到之處，不論官吏或其家族，幾乎把多數日本人屠殺殆盡，死在此兇殘匪徒毒手的約六十人。

3 鎮定匪徒

嗜血的匪徒更向新竹前進，但佐久間總督（第五任）從臺北守備隊急派步兵一個中隊與警察練習生一百二十名前往救援，與新竹警察隊員一同前往，匪徒這才了解所謂清兵佔領新竹等說法是謊報，因而四散，首魁蔡清琳畏罪逃入蕃地，卻為蕃人所殺，一夥黨徒或被殺或被捕，最後完全恢復秩序。

二　林圯埔事件

明治四十五年三月二十三日匪徒襲擊南投廳林圯埔支廳管轄內頂林庄警察派出所，該所三名巡查被殺，令人遺憾。尤其從此一時期起中華民國革命的精神對本島民心帶來不良影響，以及此一事件雖比較小，但卻成為後年突發的苗栗事件、六甲事件、西來庵事件的先驅及導火線，在臺灣匪徒史上不可忘記。

1　暴動的原因

事件的起因是在南投廳羌仔寮庄有一名以卜卦看相為業、名為劉乾的苦力出身的奇人，聲稱能占卜吉凶禍福，而妄自徘徊近鄉近鄰散佈流言蜚語、不務正業，當時的警察再三訓誡他卻不聽，因而沒收其所持有的百年經與封冊硯等，反而加深憤恨之心。另外在大坑庄有名為林啓禎者，家業代代務農。此地的農民僅繳交少許稅就進入官有竹林任意採伐，經營製紙業，過著富裕的生活。林啓禎也是其中一人，但改隸後附近的竹林大致賣給三菱公司，因此長久被放縱的他，在明治四十三年四月正在採伐三菱公司的竹林時，被巡視員發現而嚴加痛打，於是他聲稱如此嚴格取締竹林，將為依賴竹林生活者帶來極大痛苦，而與劉乾兩人在大鞍山中會面謀議，劉乾聲稱自己有隱身避彈之術或受國姓爺所託（汝若有誠意就能征服日本人），欺罔籠絡多數人進而舉事。

2　襲擊頂林警察官吏派出所

頂林派出所東北二面背山，西面臨高數十丈的懸崖，僅南方一面敞開，往林圯埔（現在的竹山）一里半的山路有一寒村。三月二十三日一早，匪徒突然從面向該道路的正面闖入，擊倒三名巡查，搗毀該派出所，正欲下山前往林圯埔而來到大坑庄時，遇到名為林玉明者，對方告知：「汝等如果前往林圯埔，必無一人生還」，一夥人才後悔輕信劉乾的妄言，恐懼之餘遂一同竄逃該山中，首魁也逃入山中藏匿蹤跡，但日後均被捕處死。

三　土庫事件

林圯埔事件後三個月，暴動的暗雲又遮蔽土庫的天空，但日本官憲事先已經探知，幸能防範於未然，只不過民心因此日漸騷動，呈現不穩定的情勢。

1　暴動的原因

事件全起因於中國革命，在嘉義廳大埤頭庄以打零工為業的黃朝，當年是三十歲的青年，與同樣以打零工為業、在安政六年出生的黃老鉗志同道合，二人在明治四十四年聽到中國革命軍在南方蜂起，以席捲之勢壓倒全中國，使二百餘年的帝業一朝傾覆，奠定中華民國的基礎之風評，受到空想功利心的驅使，企圖把日本人趕出臺灣，黃朝想當臺灣國王，黃老鉗加以輔佐，於是二人謀議反叛。

2 發覺陰謀

之前目擊十數名愚夫僅相信一名卜卦者之言，就成功襲擊派出所的北埔事件的他們，更加助長反叛之心，訂立較為遠大的計畫，認為集合多數同志起事必成功無疑，黃朝企圖藉信仰性集團來舉事，因而裝作只拜神的態度，讓世人相信只要繼續祈禱就能獲得神明的加持。如此在同年（明治四十四年）五月二十二日，他聲稱自己的誠意已通達神，玄天上帝下令一百日後他必成為臺灣國王之神勅，另一方面散佈妖言，揚言若不信拜神之言，大地必陷落，糾合黨羽等待時機成熟之日，但土民中有人密告，致使全員二十四名遭到檢舉，而防範事端於未然，最後僅一名巡查負傷而已。

第二節　大正後興起的土匪

在此一時期，中國革命的餘波更進一步滲透本島的流浪之徒，暴動也稍具組織，波亂的區域也更廣，但受到誇大妄想之念驅使而起事這點與前述的事件並無不同之處，被檢舉者無不後悔受到首謀者的甜言蜜語所惑，對日本的公平審理感到安心，即使被判決死刑，之後獲得特赦者也不少（西來庵事件被處死刑者八百餘名中，九成因特赦而獲得減刑），全臺島民衷心歌誦感激日本的仁政，民心日漸歸於平靜，同時對日本的統治大為歡喜。

一　苗栗事件

本事件騷亂的地區幾乎波及全島，北從臺北、桃園、新竹的各廳起，中部跨臺中、南投二廳，南部達到臺南、阿猴各廳。而此一事件的嫌犯遭到調查者有九百二十人之多，審判的結果，死刑有二十名，有期徒刑近三百名。這是在佐久間總督（第五任）時代突發的大事件。

1　暴動的原因

看到一葦帶水的中國革命即將成功，明顯受到刺激的奸黠流浪之徒，在誇大妄想的驅使下企圖反叛總督政治，這是其原因。雖稱為苗栗事件，但如果加以細分，其實是苗栗事件、關帝廟事件、東勢角事件、大甲及大湖事件、南投事件等五起事件，基於同一目的結合而成，但因審判在苗栗開庭，故稱為苗栗事件，事件的中心首魁是羅福星。

2　五起事件的結合

⑴以下來看看苗栗地方的首魁，又是整個事件中心的羅福星的出生。生於廣東，明治三十六年隨祖父來到本島，起初住在苗栗，但尚未完成公學校的教育，就在明治三十九年舉家遷回廣東。他曾流浪新加坡、巴達維亞、緬甸等地，在廈門加入名為同盟會的革命黨。在大正元年十二月再度來島本島，以北部臺灣為根據地，批評日本政府的施政，遊說共和政治才是讓人民最幸福的制度，入黨者在革命成功後可被任用高職等，以好餌引誘，若不肯加入，在革命蜂起之日就視為日本人，不免遭到殺戮，加以威嚇以籠絡多數，而且所有用語均以暗號，以防止被發覺，小心謹慎。⑵關帝廟事件的首魁李阿齊，是居無定所的流浪者，他的父親在日本領臺後投入土匪之群，被日本官憲殺死，因此為父親報仇是他心中的企圖。散佈自己在蕃地有八百名部下願赴湯蹈火，而且某日神童忽然來到自己在蕃地的家，賜與一把靈劍，有了這把靈劍才能全力安心擊退日本人等蜚語欺騙愚民。而且剃掉入黨者的頭髮，僅在頭頂中央留一個圓形，做為彼此間的標識。⑶南投事件的首魁者是陳阿榮。⑷大甲及大湖事件的首魁者是張火爐，均為上述目的招募黨員。⑸東勢角事件的首魁者是賴來，在大正元年期間偷渡到中國，潛入上海並滯留該地數個月，此期間親身見聞中國革命騷亂的情況，引起狂熱的革命思想，翌年歸臺懷抱佔領臺灣的空想。以上五名首魁彼此結合團結煽動愚民，企圖陰謀奪取臺灣，總稱為苗栗事件。

3 襲擊東勢角支廳

此等事件幾乎全都防範於未然，僅東勢角事件甚為遺憾。首魁賴來計劃襲擊東勢支廳，掠奪大批武器彈藥，招募黨徒一舉攻擊葫蘆墩（現在的豐原），此時大湖、苗栗及其他地方之徒即使不特別費力也會隨之蜂起，因此襲擊當時臺中加以佔領，再逐漸達到佔領本島的目的乃輕而易舉之事。於是與數人一起在大正二年十二月二日黎明，趁朝霧襲擊東勢支廳，殺害三名巡查，大肆搜括武器彈藥，但僅搶奪二支而已，此時人在宿舍的竹內猛率領二、三名部下非常沉著應戰，射殺首魁賴來、副將詹墩，因此匪徒遺棄首副二將的屍體及武器彈藥、五色旗等逃去。

4 羅福星的失勢

這起大陰謀事件僅在東勢的一角即告終，但若羅福星成功舉事，日本人的受害可能很大。察覺事機敗露的羅福星，在十二月中旬逃往淡水，潛伏在一戶農家，但該地的保正將他舉報，在同月十八日被捕，又沒收他持有的革命黨員名簿二冊與檄文三封。如此在全島全面開始檢舉，但事件的審判在苗栗開設的臨時法院進行，調查結果死刑二十名、有期徒刑約二百八十五名、其他獲不起訴處分近六百名。再重複稍加說明上述的苗栗事件，此一陰謀事件是在大正二年三月左右起，由前述數名首魁聯手策劃，同年十月獲得發覺事件的端緒（關帝廟的黨員剃成所謂圓頂頭髮），至十二月二日出現東勢角的暴動，翌三年三月三日隨著判決確定而告終。

二　六甲事件

苗栗事件以來，奇怪的傳言或可怕的流言遍佈全島各地，呈現不知何時發生不祥事變的態勢。然果然在大正三年五月五日距苗栗事件尚不滿一年，又有匪徒煽起烽火，就是六甲事件。

1　暴動的原因

嘉義廳南勢庄的住民羅臭頭是六甲事件的首魁，從小好拳鬥、性遊惰，不投入家業而四處流浪，但在大正三年四月初旬住在南勢庄後方的山中，奉神佛、設祭壇，偽裝熱中讀經祈禱，此期間結識陳修榮、羅獅等無賴之徒，氣味相投，相信神的宣托。當時羅臭頭為自己占卜後，妄信自己將成為皇帝之神托，於是把上述二人當作股肱，徘徊近庄村落，巧言招募同志，欲把日本人逐出臺灣，自立為臺灣皇帝。

2　進擊六甲支廳

雖然是如兒戲般幼稚的計畫，但以甜言蜜語引誘部民而獲得一些手下。於是策劃在農曆七月吉日（大正三年）一舉攻下六甲支廳，暴動之機日益逼近，但發誓起事之日前的五月五日，因有人偷竊大埔警察派出所（南勢庄的北方）的武器，因此官憲突然開始嚴密搜索，使此一陰謀差點曝露，於是為制敵機先，決定高舉叛旗，糾合十數名同志在五月八日向六甲支廳進擊，途中襲擊大坵園、王爺宮等派出所，但兩處均因派駐警察外出而未能達其目的，但此一企圖傳至附近後，沿路的住民附和跟隨者多達數十名，成為總數七、八十名的團匪，計畫在春風飄蕩數旒的旗幟下，各自攜帶步槍、矛棍棒、臺灣刀等凶器，在深夜殺到六甲持續進行，六甲支廳接到急報而知悉，由一名警部補帶五名巡查前往偵察，但這天（五月八日）半夜在王爺宮附近與匪徒發生衝突，奮勇戰鬥之後加以擊退、追至烏嶺，匪徒處在進退維谷間，首魁羅臭頭、陳修榮、羅獅等在山中自殺，其餘黨徒亦四分五裂，逃竄森林溪谷之間。於是嘉義、臺南兩廳派遣警察搜索對進行檢舉，十二月四日在臺南地方法院，適用匪徒刑罰令，宣布判決，此一事件宣告結束。

三　西來庵事件

當時在臺灣尚有部分匪徒執迷不悟，夢想中國革命的霸業，這是令當時安東總督（第六任）以及官民均感憂慮之處。而在安東總督時代先有六甲事件，又發生西來庵事件，因此可說甚為遺憾。

1　暴動的原因

這是欲把所有日本人逐出臺灣，以重新建立大明慈悲國的圖謀不軌的大陰謀，之所以稱為西來庵事件，是因此事以臺南的西來庵廟為中心策劃所致。其原因有⑴主要受到中國革命的影響，繼承受古來篡奪帝業歷史馴化的漢族傳說的部分不逞土民，思想有漸次走向險惡之傾向，⑵加上發生日德戰爭等，因此虎視眈眈、野心勃勃的余清芳，與同志江定、羅俊等勾結、散佈謠言將一舉攻佔全臺，自立為臺灣皇帝，然此一陰謀被發覺，反而變成狗急跳牆的暴舉，導致數十名官民受害，成為最大且最後的土匪事件。

2　首魁余清芳與副將江定、羅俊的出身

1 此一事件的罪魁禍首有⑴余清芳明治十二年生於阿猴街，幼年隨父母遷到臺南廳的後鄉庄，六、七歲時進入書房修漢學，因聰明過人而被寄予很大的期望，但自幼年起性癖是沉溺於空想，又常說謊話，且擅長煽動人。長大後曾被任命為臺南縣、鳳山縣等的巡查，但因行為不檢點而遭免職，之後徬徨臺南舊城等各地，成為流浪之徒，而在明治四十二年間被送到臺東的流浪者收容所，明治四十四年獲赦得以返家。大正三年三月左右借用他人名義在臺南開設名為福春號的碾米廠，但他心中常懷抱妄想、徘徊近旁、出入菜堂，大力遊說信徒，以臺南市內的西來庵廟為根據地，利用頑迷的蘇有志（大目降的名門、西來庵的董事、臺南廳的參事）、鄭利記（大潭庄的區長）等人，屢屢在西來庵廟會合，互訴各自的不得志，認為這都是官憲的壓

迫所致，內心逐漸萌生反抗日本政府權力的芽苗。然擅長奸才的余清芳頻繁糾合同志，也留意時時刻刻在轉變的世界大勢，可謂把目標訂在當臺灣皇帝的三國志式的人物，⑵副將江定是臺南廳竹頭崎庄的住民，以地方的名望家在明治三十年被舉為區長，但在任中因意見的衝突而殺害同村的住民張椪司，遭噍吧年（現在的玉井）憲兵隊逮捕，但趁隙逃至山中，行蹤不明。當時官憲努力搜索卻未發現。明治三十四年從密告得知江定潛伏在臺南廳南里南庄，於是包圍該地，擊斃二名土匪，其中一名在土民的指認下確定為江定。但其實真正的江定並未死，而是躲在匪徒巢穴的後堀仔山中，在此他召集甲仙埔方面的隘勇及六甲事件的殘匪，命令部下耕作，又從竹頭崎庄民徵收糧食等，伺機反叛的時期，⑶另一名副將羅俊是嘉義廳他里霧人，幼年進入書房，強記穎語超越他人。長大後當教師，又是醫師，在領臺當時曾任保良局書記，但在明治三十三年投身匪徒之群後，開始過著放縱的生活，飄然赴中國，在各地流浪有七年之久，雖曾暫時回臺，但因感到不安而在明治三十九年六月再度赴中國，在廈門、漢口等地或當地理師，或當醫師，或賣藥行商，輾轉各處流浪又數年，最後進入山亭成為食菜人，開始讀經或過著仙人般的生活，但卻把自己沉淪不得志怪罪於是日本帝國政府壓迫所致，而懷抱一有機會就一舉起事的非分之想，大正三年十二月在淡水登陸回臺。

3　嘯集匪徒與發覺陰謀

如此彼等三人意氣相投、肝膽相照，策劃把日本人逐出本島，建立無貧富差距、絕對自由的理想國，而手段是利用本島人的迷信，尤其先煽動最頑迷的食菜人加入黨員。所謂食菜人，是一種宗教迷信者，一旦取信於他們，就會完全聽令，可能成為赴湯蹈火危險團體的頑迷固陋之徒。於是余清芳藉這些食菜人信奉的西來庵廟（奉玉皇大帝為主神）的祭禮說教，大力鼓吹排斥日本人的思想，愚昧加入西來庵的信徒捐款，散佈凡接受神符者刀槍不入，且只要高舉這種神旗，敵人就看不見自己的身體等謠言，羅俊亦四處遊說，散佈：「在臺灣將出現新的皇帝，這人是兩耳及肩、雙手垂膝的聖人」、「中國有了解隱身避彈的僧侶與紅髯的婦人，把他們帶來習得秘術就能擊退日本人」等蜚語，江定是不能公開現身的人，因此住在山中，專門腐心糾合同志。被此等手段欺騙而加入他們的人，遍佈臺北、臺中、南投、臺南、嘉義、阿猴各廳，可能達二千人，其中以臺南、阿猴兩廳接攘的山地偏僻的部落最多。另一方面，余清芳自稱是「奉大明慈悲國之旨征伐臺灣的大元帥」，並發出：「臺灣三百萬人應知悉，天愛萬民篤生，聖主（余清芳）是民之父母云云」的諭告文，上鉤者達幾百人。隨計劃漸次成熟，探知在阿猴廳蕃薯寮（現在的旗山）、甲仙埔或臺南廳噍吧年有本島人企圖秘密計畫的風評，以及在臺中廳員林附近舉動可疑的中國人屢屢和本島人往來，秘密策劃某事的傳聞，成為事機敗露的緒端。然官憲並未能徹底查明事實，但在大正四年五月二十五日從基隆出航、駛往廈門的大仁號船上，有一名臺南廳阿公店（現在的岡山）管區內名為蘇東海的人，因行為舉止可疑而被逮捕，被留置在基隆支廳，但他卻託人把密函送給員林的危險人物賴淵國，但日本官憲早已得知而沒收該密函，由此判明除余清芳、羅俊之外，謝成、賴淵國及其他均為一夥黨徒。

4 襲擊甲仙埔支廳

於是羅俊先在嘉義廳竹頭崎的山中被捕，但余清芳與擔任參謀的江定一起攜帶二千餘圓的軍費，逃入噍吧年方面的山中，因不易捉拿，於是派遣二百七十名警察隊，大肆搜索廣達十數里的森林溪谷，致使余清芳等出現狗急跳牆之舉，七月九日趁虛攻擊甲仙埔支廳，殺害數名巡查及其家人、另外二名日本人，別動隊襲擊其附近的小張犁、大坵園、河表等警察派出所，遭匪徒毒手者合計達三十餘名之多。此一騷亂其實乃不意發生，因此當然無應急的對策，除在甲仙埔擊退暴徒之外，均寡不敵眾，派駐警察及其家人多死於敵手，但當局又急派應援隊收復上述各派出所，終於進逼他們。

5 襲擊噍吧年支廳

然敵人以約三百人的集團，在八月二日襲擊南庄警察派出所，殘殺二十餘名的日本人，趁勢揚言自己是大元帥，散佈：「我軍已鏖殺阿猴廳管區內全部日本人，今明日中中國革命黨的優勢軍隊將登陸安平，攻擊臺南的同時軍艦來航，海陸相呼應開始砲擊，就能把日本人逐出臺灣」的妄言，因此附和者多達一千餘名。他們為襲擊噍吧年支廳，已佔領附近的高地（虎尾山）一帶，五日上午五時左右敵人的前哨屢屢接近日本警備隊，但極力奮鬥的結果皆加以擊退，戰鬥拖到翌六日午後二時，但此日臺南守備隊的黑田少佐所率的軍隊抵達，一看敵人已非日軍的對手，交戰一小時後敵人就支離破碎。

6 鎮定匪徒

如此余清芳的計畫完全齟齬，戰敗後向東逃入山中，七日拂曉越過後堀仔山中的天險石壁寮抵達四社寮，此時隨從有江定以下三百名，余清芳仍虛張聲勢自稱大元帥，登上此山頂遙望蕃薯寮，因日本警察隊已壓制該地一帶，因此意氣遽然沮喪，立即命部下解散，各自散逃，但因不耐空腹而在八月二十二日來到王來庄時，被該庄的人誘騙被捕。然江定隱藏山中難以逮捕，因此總督府採用許廷光等招降對策，遂在翌五年五月十八日突然招降逮捕江定以下十數人，並有部下三百名歸順。至此，亙一年的大陰謀事件因江定的招降而逐漸平息，在此被視為頑迷不靈、不可揣度的所謂臺灣之癌的匪亂，在本事件後告終，誕生臺灣文化的一個新紀元。

第七章　改革官制

第一節　行政設施

明治二十八年六月十七日舉行臺灣總督府始政大典，自翌日起開始統治的事務，最初為軍政，但至翌二十九年四月因全島完全平定，而變更為民政組織，具備中央（臺灣總督府）及地方行政的設施。

一　行政組織的變遷

以下列舉日本領臺之初至今的行政組織的變遷，看來甚為複雜，但若劃分為三期，第一期是：

1　置縣時代

自明治二十八年六月發布地方官臨時官制以來，如下表第一變遷所示，把臺灣全島劃分為三縣一廳加以統治，迄明治三十四年十一月改正地方官官制的前後六年間，主要是以置縣來治理的時代，第二期是：

2 置廳時代

指明治三十四年十一月改正地方官官制，把全島劃分為二十廳，之後在明治四十二年加以合併、改為十二廳，至大正九年九月田總督時代的改正官制前的時期，期間的十九年全臺均以廳來統治的時代，第三期是：

3 置州時代

指自大正九年田總督時代根本大改正地方制度以來至今的時期，期間除某特殊地方之外，廢除原來的廳而置州，最近（大正十五年七月一日）屬於高雄州的澎湖島分離，恢復為廳，與東部的花蓮港、臺東二廳同樣獨立成為一個行政區，以州為本體與現在一樣。此外，若要更進一步了解各時代的內容，把縣、廳、州等的廢合以下表來表示行政組織的變遷。

變遷	法令	臺灣本島	澎湖	時代
第一變遷	明治二十八年六月地方官臨時官制	臺北縣〔基隆支廳、宜蘭支廳、新竹支廳〕、臺灣縣〔嘉義支廳〕、臺南縣〔鳳山支廳、恆春支廳、臺東支廳〕	澎湖島廳	(一)置縣時代
第二變遷	明治二十八年八月總督府條例	臺北縣〔基隆支廳、宜蘭支廳、新竹支廳、淡水支廳〕、臺灣民政支部〔嘉義出張所、彰化出張所、雲林出張所、苗栗出張所、埔里社出張所〕、臺南民政支部〔鳳山出張所、恆春出張所、臺東出張所、安平出張所〕	澎湖島廳	(一)置縣時代
第三變遷	明治二十九年三月地方官官制	臺北縣、臺中縣、臺南縣	澎湖廳	(一)置縣時代
第四變遷	明治三十年五月地方官官制	臺北縣、新竹縣、宜蘭縣、臺中縣、嘉義縣、臺南縣、鳳山縣、臺東縣	澎湖廳	(一)置縣時代
第五變遷	明治三十一年六月地方官官制	臺北縣、宜蘭縣、臺中縣、臺南縣、臺東縣	澎湖島廳	(一)置縣時代
第六變遷	明治三十四年十一月地方官官制	澎湖廳、臺北廳、基隆廳、宜蘭廳、深坑廳、桃仔園廳、新竹廳、苗栗廳、臺中廳、彰化廳、南斗廳、斗六廳、嘉義廳、鹽水港廳、臺南廳、蕃薯寮廳、鳳山廳、阿猴廳、恆春廳、臺東廳	澎湖廳	(二)置廳時代
第七變遷	明治四十二年十一月地方官官制	臺北廳、宜蘭廳、桃園廳、新竹廳、臺中廳、南投廳、嘉義廳、臺南廳、阿猴廳、臺東廳、花蓮港廳	澎湖島廳	(二)置廳時代
第八變遷	大正九年九月地方官官制	臺北州、新竹州、臺中州、臺南州、高雄州、臺東廳、花蓮港廳		(三)置州時代
第九變遷	大正十五年七月地方官官制	臺北州、新竹州、臺中州、臺南州、高雄州、臺東廳、花蓮港廳	澎湖島廳	(三)置州時代

備考

(一)在本表以外也有一些變遷。

(二)本表中最明顯的變遷是兒玉總督的第六變遷與田總督的第八變遷，前者是廢縣置廳，後者是廢廳置州，此外臺灣變成自治也是第八變遷的結果。

二　行政形式的變遷

在上述的行政組織下，敘述日本採取何種統治形式如下。

1　從軍政到民政

即使依議和條約在和平中割讓的殖民地，但在授與時仍有一部分民眾反抗，一旦以劍戟之力平定後，不論是哪個國家，在草創之初以軍政來統治可謂最為妥當的，因此日本在領臺當時也施行軍政，但翌二十九年四月全島完全鎮定，因此撤廢軍政改為民政，亦即從軍隊政治變成普通政治。爾後日本施行列國無可比擬的一視同仁、平等無差別的民政至今。

2　從武官總督到文官總督

就總督來看，以往總督是武官，但在大正八年開始由文官田健次郎出任總督（第八任），自此以來如內田嘉吉（第九任）、伊澤多喜男（第十任）、上山滿之進（第十一任）等皆以文官總督來統治本島，島民均以好感相迎。

第二節　行政機關

為統治臺灣而設各種政務機關，其中重要的行政機關是總督府與州及廳。

一　臺灣總督府

臺灣是在明治二十八年四月依馬關條約歸日本帝國的版圖，但爾後經過十一任的總督以及加以輔佐的九任總務長官（最初稱民政長官）歷任間，在統治上經過幾多變遷，直至首任文官總督田健次郎男爵，以大正九年十月一日斷行大改革，從原來嚴密的中央集權主義漸次導入地方自治來實施新制度，這種統治臺灣的根本機關即臺灣總督府。

1　臺灣總督府職制的變遷

明治二十八年五月、即授與臺灣前，在內閣設所謂臺灣事務局（現在拓殖局的前身），在內閣總理大臣監督下，管理有關臺灣澎湖島諸般文武的事務，同月對臺灣公佈臺灣總督府臨時條例，自翌六月起執行統治臺灣的政務。從當時至今日三十餘年間，總督府內職制有幾多的變遷，進行部局的廢合，最後改為現在的組織的是大正十三年十二月以後的事。

明治二十八年五月 總督府臨時條例	民政局 陸軍局 海軍局
明治二十九年三月 總督府臨時條例	總督官房 民政局 軍務局 臨時土木局
明治三十年十月 總督府官制	總督官房 民政局 陸軍幕僚 海軍幕僚
明治三十一年六月 總督府官制	總督官房 民政局 陸軍幕僚 海軍幕僚
大正八年六月 總督府官制	總督官房 內務局 財務局 殖產局 警務局 土木局 遞信局 法務局
大正十三年十二月 總督府官制	總督官房 內務局 財務局 殖產局 警務局
備考	(一)上述明治三十一年六月的改正是兒玉總督（民政長官為後藤新平）時代，在民政部設財務局、通信局、殖產局、土木局與警察本署。 (二)依據大正十年六月勅令，設立名為臺灣總督府評議會的臺灣總督諮詢機關。

以上官制改革中最值得注目的是明治三十一年六月的改革，這是因臺灣最初為軍政，以致軍隊萬能的積弊變得牢不可破，盤據在統治臺灣的根底，文武官員互相反目嫉視、遇事衝突，以致政令缺乏統一。即使撤廢軍政後，民政也未興，因此兒玉總督（第四任）謀求確立民政以

改積弊，進行根本改革的就是明治三十一年六月的改正，總督府如表所示，是以總督官房、民政部、陸軍幕僚、海軍幕僚四部組成，而且對陸海軍幕僚嚴格規定：「除非有民政部的要求，否則絕不能用兵」。此外當時總督府也有名為評議會的組織，但總督對此會也禁止陸海軍幕僚干預置喙有關軍事以外的事。如此明確區劃民政機關與軍務機關，不久民政部成為政府的首腦。這是在統治臺灣史上最值得注意的大改革。以下列舉臺灣總督府的職制及官銜，闡明現在的行政組織。

- 臺灣總督府
  - 總督府官房
    - 秘書課
    - 文書課
    - 審議室
    - 法務課
    - 會計課
    - 調查課
    - 臨時國勢調查部
  - 內務局
    - 庶務課
    - 地方課
    - 土木課
  - 文教局
    - 庶務課
    - 督學室
    - 學務課
    - 社會課
  - 財務局
    - 庶務課
    - 主計課
    - 稅務課
    - 金融課
  - 殖產局
    - 庶務課
    - 特產課
    - 農務課
    - 工商課
    - 山林課
    - 警務課
    - 獸疫血清製造所
    - 養蠶所
    - 植物檢查所
    - 蔗苗養成所
    - 營林所
    - 殖林所
    - 苗圃
    - 樟林作業所
    - 茶檢查所
    - 輸出米檢查所
    - 商品陳列館
    - 度量衡所
    - 水產試驗所
    - 淡水養殖試驗所
    - 鹹水養殖試驗所
  - 警務局
    - 庶務課
    - 警務課
    - 保安課
    - 理蕃課
    - 衛生課

隸屬臺灣總督府的官衙

- (一)法院
- (二)信託局
- (三)交通局
  - 總務課
  - 道路港灣課
  - 鐵道部
  - 遞信部
- (四)專賣局
  - 庶務課
  - 製造課
  - 鹽腦課
  - 煙草課
  - 酒課
- (五)稅關
  - 監視部
  - 庶務課
  - 檢查課
- (六)中央研究所
  - 農業部
  - 林部
  - 工業部
  - 衛生部
  - 庶務部
- (七)刑務所
  - 戒護系
  - 作業系
  - 庶務系
  - 用度系
  - 教務系
  - 醫務系
  - 會計系
  - 領置系
- (八)臺灣神社
- (九)各種專門學校
- (十)高等學校
- (十一)師範學校
- (十二)警察官及司獄官練習所
- (十三)圖書館
- (十四)感化院
- (十五)醫院
- (十六)結核療養所
- (十七)地方廳
  - 州廳

2 臺灣總督的職權

在本島，中央有總督府，地方有州廳，另有臺灣軍司令官統率的守備隊，形成行政系統，以下列舉二、三項總督對此之權限，(1)總督管轄臺灣，(2)就管轄本島而言，接受內閣總理大臣的監督，統理諸般的政務，(3)為維持安寧秩序，在必要時能請求其管轄區域內的陸海軍司令官使用兵力，(4)總督的身分是親任，(5)依其職權或特別的委任發布總督府令，對違反者得處一年以下的有期徒刑、禁錮或拘留或二百圓以下的罰金或附課罰則，(6)總督認為知事或廳長的命令或處分違反正規或妨礙權限時，得停止其命令或處分或取消，(7)對其他文官的敘位、敘勳、任免、懲戒等依上奏或專行來處理也是總督的職權。

二 公共團體

連同大正九年地方官官制的根本改正，為確立地方自治的基礎，以州廳市及街庄新定為地方團體。大正十三年十二月改正總督府官制的同時改正地方官官制，把原來的三市四十七郡二廳改為五市四十六郡二廳，又自大正十五年七月一日起讓澎湖郡獨立稱為澎湖島廳，結果臺灣全島改為五州五市四十五郡三廳。

1 州

大正九年七月以律令第三號公佈臺灣州制，自同年十月一日起開始實行，結果產生臺北、新竹、臺中、臺南、高雄五州。州是以法律勅令或律令處理屬於州的事務，州知事負責州事務並代表州。有關州的事務，設立議會做為州知事的諮詢機關。議會是由州知事與議員（由總督官選有學識名望的日本人或臺灣人）組成，對州的預算、州稅、起債及其他重要事務應州知事的諮詢，因此全島的員額有一百四十名。其次列舉州的管轄系統如下。

州
- 知事官房—文書課　會計課　稅務課　調停課
- 內務部—地方課　教育課　勸業課　土木課　水利課
- 警務部　高等警察課　警務課　保安課　衛生課　理蕃課
- 港務部　海務課　檢查課
- 警察署
- 稅務出張所
- 農事試驗所
- 市役所—庶務課　財務課
- 郡役所—庶務課　警察課
  - （市役所、郡役所）—小公學校　幼稚園
  - （郡役所）—街役場　庄役場
- 縣社

公設當鋪
米穀檢查所
帽子檢查所
公立中學校
公立盲啞學校
公立高等女學校
公立實業學校

2 廳

廳也和州一樣，是依大正九年七月律令第三號所設置，當時有臺東、花蓮港二廳，但依大正十五年七月一日的改正增設澎湖島廳，廳也一樣是由臺灣總督所管理，但州和廳重要的不同點是，州是由州知事負責其事務、代表州，但廳長並非代表者而是管理者，依臺灣總督的指揮命令處理其事務而已，而且州必須設置議會，但廳卻不能設置，其次列舉廳的管轄系統如下。

- 廳
  - 庶務課
  - 警務課
  - 稅務課
  - 縣社
  - 支廳
  - 庄役場
  - 區役場
  - 公立補習學校
  - 公立小公學校
  - 公立幼稚園

3 市與街庄

臺灣除州及廳之外，還有市（市尹）、街（街長）、庄（庄長）等公共團體，以街庄為自治的單位。街庄雖和日本當地町村制的町村性質類似，但街長或庄長是由官方任命而非選舉，這點與町村不同。市尹（相當於日本內地的市長）同樣也是官選，但日本內地的市長是公吏，而臺灣則是官吏。而有關市街庄等行政系統，請參照上述別表。

（女）　生蕃種族　（男）
（泰雅族的男女）

第八章　佐久間總督的理蕃與現在的對蕃政策

第一節　理蕃政策的變遷

在明治二十八年甲午戰爭的議和談判上，日本要求割讓遼東半島以及臺灣、澎湖島時，清廷議和使李鴻章對日本全權大使伊藤博文說：「臺灣除有強悍的潮州、惠州、漳州、泉州等移民之外，還有占居島內十分之六餘的化外生蕃」，告知統治生蕃不易的理由，企圖改變日本的意向，但此時伊藤博文卻斷言：「治權一旦讓我，維持其和平與秩序是我政府的責任」，表示確保達成治匪理蕃之意。如此，臺灣由日本領有後，歷任總督期理蕃之大成，順應時宜實行適切的理蕃政策三十餘年來至今，此期間政策有四次的變遷。

一　綏撫時代

此期間是主要想以恩惠來撫化蕃人的時代，從領臺當時起至明治三十一年六月廢除撫墾局的三年間。

1 樺山總督與水野民政局長的諭示

最初樺山總督赴任之際，在橫濱號上對文武諸僚諭示治臺的方針時，就有關制馭蕃人表示：「在島的東部有割據的蒙昧頑愚的蕃族，對待他們須以愛育綏撫為宗旨，使其悅服天皇覆載之仁」，在八月對軍務當事者頒發有關對待生蕃的訓示中告知：「若欲拓殖本島，必先馴服生蕃，若讓生蕃看待日本人如中國人般，拓殖本島的事業必遭遇極大障礙，故本總督欲專以綏撫為主，他日才能收其效」，此外，當時民政局長水野遵承其意而說：「召集酋長及其他蕃民，以酒食款待，給與布帛器物，孜孜不倦從旁加以教導，獲得其好感，以期在採伐樟樹、製造樟腦、經營山林、開墾土地、開鑿道路等上達成圓滿的交涉，而另一方面給與土地，訂立就耕種之業的方法，就能漸次感化成為良民」。由此看來，可能認為生蕃原是淳樸無知之民，苟若能以赤誠保持信義，撫育得宜，歸順悅服並非難事。這是臺灣最初當局者的意見，為此最初的理蕃政策傾向綏撫一方，以教育與授產、惠與來改變蠻性，就能獲得化育之實。

2 設立撫墾署

由此樺山總督在明治二十九年三月發布撫墾署官制，在叭哩沙（羅東的西方）與大嵙崁（現在的大溪）、五指山（新竹街的東南）、南庄（中港溪的上游）、大湖（後龍溪上游）、東勢角、林圯埔（現在的竹山）、埔里社、蕃薯寮（現在的旗山）、恆春、臺東等十一處創設撫墾局，專門司掌有關蕃地林野蕃族的調查，蕃人的教育與授產、取締蕃地等事務，又至九月制定臺灣礦業規則及樟腦製造取締規則，保護蕃地的天然產物，同時防遏人民的侵占及利益的壟斷等有關保護蕃地蕃人大力加以綏撫，其次桂總督、乃木總督也主要是依據此一方針。

二 中止時代

此期間雖進行一、二次討伐，但主要忙於平定土匪，以致有關理蕃的事務似乎變成一時中止狀態的時代，因此從明治三十一年六月廢止撫墾局至明治三十九年四月佐久間總督上任的八年間均中止。

1 廢止撫墾局

前期所採用的綏撫主義與預期中相反，彼等蕃人把恩惠視為理所當然而輕忽政府的美意，有出蕃界出草（馘首），甚至誘出官吏加以殺害的情形，之後頻頻發生殺人馘首之事，尤其樟腦採取者所受的蕃害甚大而影響生產力，加上當時（明治三十一年左右）土匪出沒無常、騷擾良民，因此掃蕩土匪比對蕃事業更是當務之急，因為這二種情況，故在明治三十一年二月兒玉大將以臺灣總督（第四任）赴任本島後，在當年六月廢止撫墾局，暫時中止原來的政策，專心平定土匪。

2 決定理蕃大綱

幸好在明治三十五年七月平定土匪，因此兒玉總督在翌三十六年六月決定理蕃設施的大綱，依此⑴改隸後撫育拓殖屬於殖產局進行，採取樟腦屬於專賣局進行，防備蕃界保護民眾屬於警察本署進行，在中央尚無主管統一機關，因而在此是以警察本署做為理蕃設施的主管統一機關，⑵對北蕃是以威為主，對南蕃是以撫為主，⑶對北蕃是以隘勇線（參照下節）推進及聯絡來包圍壓迫。這為臺灣蕃政上開啟新局面，成為今日理蕃設施的基礎。然此期間因爆發日俄戰役等，受財政的影響而未見顯著的成效，接著就進入下一個時期。

三 討伐時代

此期間是盛行討伐的時代，指從明治三十九年四月佐久間總督（第五任）上任至大討伐結束的大正三年八月的八年間，雖然稱討伐時代，但另一方面卻以綏撫來對待蕃人，僅對不服從政府的生蕃進行討伐。

1 分立蕃務本署

佐久間總督認為統治臺灣的急務在於理蕃事業之大成，因而訂立自明治四十三年度到四十七年度五年間掃蕩北蕃、釐清蕃地的計畫，向日本國會要求一千五百萬圓而終獲通過，因此理

第五任佐久間總督

蕃事業的擴大漸次複雜，但因與一般警察混淆而在處理事務上感到不便，於是在明治四十二年改革官政，把理蕃事業從警察本署分離，在中央分設蕃務本署，在地方設立蕃務課。

2 膺懲蕃社

依上述的蕃政機關統一蕃務，對不解皇仁的不歸順蕃社進行討伐。

四 威撫時代

即指現任佐久間總督討伐以後的時代，在此時代並非偏向威壓的方針，而是威撫並用以期蕃族的歸順進化，只不過依蕃族的情勢，威與撫的程度有所差異而已，因為如果不是在用威後以撫，就不能收到成效，故這是日本當局理所當然採取的最好的歸結。

第二節　佐久間總督的討伐

在明治七年臺灣之役時，越過石門之嶮蹂躪牡丹社兇蕃而威名遠播的佐久間佐馬太擔任臺

隘勇線的推進及膺懲蕃社的情況（其一）

灣總督九年間，在基隆、打狗建港，興建總督府廳舍，經營阿里山森林，設立研究所，改正地方制度，擴張水利事業（指埤圳），發行彩票（以保存慈善、衛生、寺廟為目的），開設吉野村等移民村等，治績不少，但其中最傾力的是討伐生蕃。

一 對未歸順蕃人的處置

佐久間總督為使未歸順蕃人沐浴皇化，開發蕃界不僅能開發本島的富源，如此才能獲得統治臺灣之實，故在位九年中的前四年進行隘勇線的推進，後五年進行如下的征伐。

1 隘勇線的意義

所謂隘勇線就是配置隘勇的路線，警戒防禦蕃人出草（馘首）的防蕃設備。隘勇是守備關隘

隘勇線的情況（其二）

兵勇之義，在本島開始採用隘勇制是始於乾隆年間，打兵勇駐屯在要衝地以防備兇蕃，起初稱為屯丁，以後稱隘丁，又再改為隘勇。而在隘勇線把所謂警備員的上述警察與隘勇配置在隘寮（每三、四百公尺）、分遣所（每四、五個隘寮設的監督所）、監督所（每四、五個分遣所設的監督所）等警界所，即所謂的隘勇線就是安寧與危險的分界線，一旦踏出此線外，就身處敵域。蕃界警備員的任務是負責防備此準戰線，維護鄰接蕃界庄民的安寧，保障蕃地各種事業，或探查線外的地理，或埋伏樹叢中擊退出草蕃人等，可謂平素持續戰鬥狀態、冒險犯難的勤務。

2　推進隘勇線

從上述應可了解何謂隘勇線，以及在理蕃上何等要緊。在此佐久間總督自明治三十九年到四

推進隘勇線及膺懲蕃社的情況（其三）

十二年把新竹、宜蘭、桃園、阿猴、臺東、南投各廳的隘勇線向前推進，做為理蕃事業的第一步，推進隘勇線是理蕃上重要的事業，蕃人非常畏懼而頑強防止，是故經常伴隨戰鬥。然勇敢的日本警察隊及軍隊卻成功向前推進。

二　討伐蕃社

理蕃事業是進行上述的工程，但執迷不悟不沐浴皇澤的蕃社仍佔相當多數，最顯著的是下述六個蕃社，均稱泰雅族，在生蕃中最凶惡的所謂北蕃。

1　威壓六蕃社

佐久間總督親自接獲必須完成掃蕩蕃界的綸旨，以明治四十三年以後五年為期，支出一千六百二十餘萬圓，討伐新竹廳的馬里闊安、奇那吉兩蕃社、桃園廳的高義蘭蕃、臺中廳的北勢蕃、南投廳的司加揚、薩拉馬歐兩蕃社，以及久居東部臺灣具猛虎負嵎之勢的太魯閣蕃等，並完全達成計劃，在大正三年八月凱旋臺北。佐久間總督在此事業進行到一半時碰上明治天皇駕崩，但總督仍以效忠先皇的大節，達成陛下所交付的任務。

2 討伐的結果

原以蒙昧頑固聞名的生蕃，完全變成日本的臣民。因前後五年間推進隘勇線及討伐蕃社，日軍所佔據的地區及沒收的武器如下。

推進隘勇線或討伐所囊括的地區及其他

年度	廳名	方面	面積（方里）	備考
明治四十三年	宜蘭	高義蘭	六、八〇〇	一 沒收武器　此次討伐沒收步槍八千餘支、槍身二千五百餘支，奪取彼等的抵抗力。步槍是他們的利器，失去時感到比死還悲傷。 二 蕃害　領臺以來的蕃害、即被蕃人所殺者，從明治二十九年到大正十三年度累計約六千七百人，負傷者多達一萬餘人。領臺當時每年殺害七百人，但
	桃園		一四、〇〇〇	
	新竹	高義蘭及馬拉巴萊	六、九九〇	
明治四十四年	臺中	大甲溪及八仙山	六、〇〇〇	
	新竹	大安溪	三、六二二	
		李崠山	二、八四三	
	南投	境高地田口原間	二、〇一〇	

推進隘勇線或討伐所囊括的地區及其他

大正元年	臺中	北勢蕃	二、〇〇〇
	南投	白狗蕃	七〇〇
		羅布哥	五五〇
	新竹	馬里闊安	三八〇
二作	桃園新竹	奇那吉及馬里闊安	三〇、〇〇〇
	宜蘭	濁水溪流域	一八、〇〇〇
三年	花蓮港	太魯閣蕃	一〇六、〇〇〇
	宜蘭	南澳蕃	六二、〇〇〇
計			二六二、〇〇〇

這次的大討伐後遽減，在大正七年有四十一人，大正八年有二十四人，大正十三年僅四人而已。

第三節　現在的理蕃政策

理蕃五年的大事業在大正三年八月告一段落，之後偶爾因受不逞的本島人蠱惑，時而誤解

撫育生蕃（其一）
（蕃人的農業狀態）

惡疫的流行，或受比鄰動態的驅使，而屢屢襲擊駐在的警察，但馘首良民等行兇日益減少。然當局以懷柔撫育以免迭誤機宜，對甚為兇殘的生蕃則以鐵絲網封鎖，另一方面為柔順的歸順蕃講求化育的方法。

一　撫育蕃人

現在的理蕃政策已脫威壓時代而進入威撫時代，傾力授產與教化，因此可見蕃人漸次脫離游牧的原始生活而轉為經濟生活的曙光。現在他們已拋棄用於狩首或狩獵的弓箭槍支等，手拿鋤鍬努力務農，物物交換的蕃習漸次廢弛，而以貨幣進行買賣，也看到使用日本當地生產的家具或攜帶品者，亦偶見嵌黃金假牙者，當然也斷髮，整備公共墓地或公共便所的設備，

生蕃的歸順儀式（在臺中市附近的東勢郡烏石坑）

撫育生蕃（其二）
（蕃人授產的手工紡織業）

也設粗糙的公共澡堂。尤其最近組成所謂的家長會，男女老幼齊聚一堂，研究日語與練習行儀作法。他們擁有的存款或繳納的稅金也不少。也有人在教育所學習後獲得相當的社會地位。在具殺伐之氣馘首以光耀門楣的蕃人中，也有如此進化者，現在做為天皇的臣民，過著安居樂業的生活。以下敘述當局五種撫育的方法。

1　授產（輔導就業）

有四種，⑴各種耕作。在各種農作物中最著名的是水田耕種，範圍逐年擴張，現在有水田、教育所附屬實習田（官設）、蕃人自耕田等，均在官方的指導下日益收效。米作是蕃地產業的大宗，將來有更為發達的可能性。在大正十三年度的種植面積約八百甲，收穫糙米有六千二百石以上，其他耕作中比較容易且收益

撫育生蕃（其三）
（蕃人教育）

多的是甘蔗，因此栽培逐年獲得良好成績，種植面積達二百餘甲，銷售價格達三萬七千餘圓。此外也栽培香蕉、煙草、苧麻、茶樹等。(2)畜牧。畜牧轉換將狩獵當成唯一樂事的殺伐風氣的同時，也彌補因獵物減少引起的營養不足為目的，獎勵飼育家兔，也飼養豬三萬一千餘隻、水牛及黃牛五千二百餘頭、山羊一千七百餘隻。(3)養蠶。蕃地的氣候適合飼養，同時野桑也多，因此飼養並不困難，而且還可當作交易品，將來大有前途，因此自大正五年左右起開始試驗性養殖，飼養逐年盛行，在明治十三年度蕃人的收繭達三百零七石，價格達一萬一千餘圓。(4)織布業。近來蕃布的手工紡織甚為盛行，不僅可充當蕃人的衣服，也進行各種花樣的設計，製造做為日本和服用腰帶的布料或各種工藝品的材料。

2 教化

在撫育蕃人中，教化與授產是最重要的項目，教化有蕃童教育與蕃人社會教化事業二種，(1)蕃童教育。近來在蕃人間熱中教育逐漸提高，其畢業生進入高級學校者也逐年增加，現在此等先覺者中有人擔任醫師、教員、警察、護士或公司的事務員，在社會上活動，如今有人在各種中等學校、高等農林學校就學，在大正十三年蕃童教育所有一百七十三所，就學兒童數四千四百十四名，畢業生當年有六百三十名。(2)蕃人社會教化事業。近來在各州廳普遍傾力社會教化事業，除改良風俗、改善陋習、獎勵勤儉儲蓄、集體定居、謀求耕地普及等之外，還設有家長會、青年會、同窗會、日語研究所、頭目勢力者會等，努力指導蕃人。

3 醫療

原本蕃人生病時都是採用祈禱符咒等迷信的方法，但當局設立公醫診療所、療養所、施藥所等近二百處做為醫療機關，開始治療蕃人，信賴這種治療者顯著增加，感激當局所施予的恩惠，在理蕃上成效卓著。

4 交易

蕃地交易事業主要是由臺灣警察協會經營，依物品交換以達到順化他們的野性、保障生活、提高社會生活、獎勵生活等為目的，交易所數有一百零三家，交易額在大正十三年達到約五十五萬圓。

5 觀光與拍攝影片

原本是以啟蒙蕃人為目的，讓他們觀光都會區，但僅此無法充分達到目的，於是自大正十一年起在理蕃課設置拍攝影片班，製作有助於理蕃的影片，分發各州用來啟發蕃人的智德，其成效亦頗為可觀。

二 威壓蕃人

如上所述，現在的理蕃政策是以撫育為主，但對歸順蕃可採用此法，對半歸順或未歸順蕃，在撫育的背景下須有所謂的威壓。無威壓的撫育屢屢引起不知感恩卻招禍的情形，因此煞費苦心的撫育也很難奏效。

1 配置警備線

於是設警備線（隘勇線）做為蕃地防備，設置警戒所、駐在所、分遣所等機關，以制壓防備兇蕃與保障蕃地事業的安全，在一部分必要之處設置電流鐵絲網，或是配備火砲，但隨著撫育的進展也漸次撤廢這些配置。

2 警察航空隊的威脅

在總督府理蕃課組織警察飛行隊，屢屢對未歸順蕃進行威脅飛行，逐漸收到頗大的成效，這是值得注意的新理蕃法之一。

3 討伐蕃社

討伐蕃社自大正三年以來鮮有顯著的事項，雖然並非全無呈現蕃情不穩的狀況，但因當局的處置得宜而未引起大事，即使在政府的控制下過生活，但不久他們必定全部都會沐浴在聖恩之下。

三 蕃人難以駕馭的理由

在臺灣有泰雅、賽夏、布農、鄒族、排灣、阿美、雅美等七族，合計十三萬一千六百名生蕃，其大部分已歸順，但剩餘的五千七百四十人卻尚未歸順當局。而當局採取的理蕃根本方針則如上所述，對良蕃給與保護與撫育，對惡蕃加以威壓與討伐，但理蕃事業甚為困難，當局日夜孜孜不倦努力撫育，或賭注身家立蕃界等，付出極大犧牲的結果，才能獲得如今日般的順化，視察一次蕃界者就會了解當局對理蕃的大業是如何苦心努力，但無論如何生蕃仍有不易駕馭的四種原因，因此在理蕃上伴隨很大的困難，有關四種原因，宇野理蕃課長的說法非常貼切，以下依其說法加以敘述。

1 蕃人的智識低

原本提到蕃人，幾百年來已習慣蕃界的山地生活，無人識字，也沒有人懂算數，歷史只有荒誕無稽的神話傳說而已，其他也無合理的文物典章。而且社會的制裁也依古來的習慣，以血族關係為基礎的團體，狩獵區域相同的團體等組成頗為簡單的社會組織，因此敵視所有異蕃族，避諱與外界的交往，以致見聞極為狹隘，智識愈低落，幾乎超乎想像之外。在此列舉一、二例來看，因為他們不懂算數，因此算物品或曆數均以結繩或小石、木草來數，超過數千的位數時就說如樹葉或如天上的繁星，遠處就說在太陽的後面，難解之事就說是神所為，例如看到機械也不會想到是人做出來的。如此低的知識，以致從事理蕃事業的警察官吏等，即使說明日本的勢力或在世界的地位等，也無法理解。此外，總督府員率領蕃人前往日本內地觀光，但多數蕃社民眾卻認為觀光蕃人受到官憲的籠絡，也不重視蕃人的觀光心得等，這都是蕃人的知識低所致，也成為理蕃上的障礙之一。

2 蕃人被迷信所惑而盲動

原本在蕃人間有各種迷信，當局雖苦心破除，卻對積年的習慣很難獲得成效，例如在一個蕃社內罹患流行性感冒而導致多數人死亡時，若恰巧碰上官廳正在大興土木開道路，這些蕃人就會認為流行性感冒之所以猖獗至極，是因違背蕃社的舊習，建造寬廣的道路不合他們祖先靈魂之意。此外如果碰到持續乾旱，若恰巧正在採伐警察官吏駐在所的建築材料，他們就會說乾旱是因祖先認為伐木違法而在作祟，另外如果持續打不到獵物，而當時又正好在指導蕃人著手耕作水田，就會說耕作水田不合祖先之意等，產生常識無法判斷的想法，如果說全體蕃社都如此也不為過，現在受迷信所惑而大膽從事出草馘首野蠻行為的人仍不絕，令人感慨萬分，此等迷信經常造成理蕃上的障礙。

3　蕃人富尚武的氣息而不怠忽訓練

蕃人富尚武的氣息，可謂祖先遺留下來的風氣，男孩出生後長到六、七歲時，父親就教導射箭法，把標的的距離逐漸拉遠，待熟練後就射樹上的鳥、水中的魚，如果命中就認為已經體會成人的武術，父母兄弟給與激賞，近鄰的同族也稱羨，因此兒童的射技日益熟練。十歲以上時，就由父兄陪伴上山打獵，或取得加入出草行列的資格。不僅練習射技，也會學習蕃刀的使用法或游泳技術等，因此身體強壯、健腳如鐵絕非偶然。這種尚武的氣息正是他們足以對抗荷蘭或西班牙、鄭氏乃至中國政府二百年來外界的壓迫，得以維持佔居區域的原因，在改隸後不免仍為統治上的障礙。

4 蕃人利用險惡的地形且擅長山地戰

蕃人居住之地除東部平原與紅頭嶼之外，均為中央山脈的中腹、即陡峭險崖相連的蒼鬱密林深山之地，而且當中有湍急的水流，尤其臺灣島內一萬尺以上的高山有四十餘座，由此不難想像蕃地部落是何等險峻。而蕃人住在這種天嶮之地，經年累月之間屢屢防止異民族的入侵，累積山地戰的經驗，逐漸擅長此一戰術。通常他們採用的戰術是迴避敵人的銳鋒，襲擊防禦較弱的汲水場或炊事場，搬運物資的中繼站或運輸隊等，若遭遇優勢的部隊就隱匿蹤跡。他們若採取守勢，會在險惡的地點建築牢固的掩體，在此堆積巨石並以藤蔓等綑綁，如果敵人部隊通過下方，就切斷藤蔓讓巨石落下，如此設置所謂的石罠（圈套），或設陷阱、竹坑等障礙物，在附近配置伏兵，出奇不意起而攻擊敵人。

以上是蕃人所採取的作戰計畫的大要，多數情形大致能推測，但除地形的險惡之外，朝夕濃霧籠罩，因此負責警戒任務的日本警備員的辛勞非一般能了解，這些也是不易駕馭生蕃的原因之一。

第九章　教育的發達

第一節　臺灣教育的濫觴

領臺的同時也誕生的臺灣教育，終於見到臺灣大學的設立，其進步發展顯著、生氣蓬勃，但與領臺當時相比，實在令人不堪回首。在此溯自領臺當時，以探究臺灣教育的由來。

在臺灣全島皆沐浴皇化之際，當時的樺山總督在明治二十八年六月十四日，率文武官員進入臺北，同月十七日在臺北城內舉行始政典禮，終於著手本島的統治，但當時土匪到處出沒，疫癘極為猖獗，加上運輸交通的不便，處在難以言喻的狀態，因此剿滅土匪、維持治安、整頓交通工具等，成為統治本島上之急務不少，在此期間為使新附之民沐浴皇恩、同化國風，除靠教育之力外別無他法，因此自始政之初起即在總督府內設置學務部，當時的學務部長伊澤修二翌六月十八日，在臺北大稻埕的一民家開設總督府學務部事務所，欲嘗試教育本島人。

一　芝山巖學堂

然附近的土民因畏懼兵亂，不少人早已逃至對岸的廈門、福州等地，以致處在招不到就學子弟的窘境。然總不能白白空等，四處打聽的結果，距臺北一里半的地方有一處名為士林街的地方，古來就被稱為臺灣文化之地，住有學者、士紳、舉人、秀才等，幸好此地還留有居民，既然如此就決定前往該地，大膽嘗試招募受教的學生。於是伊澤修二與部員一起，先乘船行駛淡水河，然後溯支流進入基隆河，不久就看到風景絕佳的勝地，在此下船後爬上的地方有一處名為開漳聖王廟的荒廢寺廟，住有一名僧侶。打聽之後才知道此處是芝山巖，往昔士林的某人開設學堂、教育子弟之處，因此認為這是因緣際會，而在翌七月決定把學務部事務所遷至芝山巖，在廟內教育子弟，這就是芝山學堂。

1　開始日語傳習

然在此之前遇到不少困難，因此首先召集士林街的學者、進士等知名人士，商量欲在此芝山巖開設國語學堂一事，表明若要成為日本的良民，必須接受教育，而我等就是為了此一教育事業來到此地，若從明日起就把子弟等送來，接受良好的教育，必定有所助益。經過長達二小時懇切的說服後，他們也漸漸了解，答應把自己的子弟等送來，翌日起果然有五、六名子弟前

芝山巖學堂遺跡
（開漳聖王廟）

伊澤修二先生之碑

講習員制服制帽

伊澤先生肖像

來，由此開啟國語傳習的端緒，故芝山巖可謂臺灣教育的搖籃地。當時也無教科書，教師在講課之餘也必須編纂教科書，而且對風俗習慣相異的新附之民的教養沒有任何經驗，因此在教授上煞費苦心。當時多數本島人罵芝山學堂是蕃仔的學校，而且把學校教育視為不事生產的閒業加以輕視，另一方面散佈若接受日本式教育，不久就會被斷髮，或畢業後被誘拐至日本當地使役等各種誤解流言，而且書房教師也在背地裡反抗日本的新教育，煽動父兄子弟阻礙進入學校，同時父兄子弟也尊重書房教師之言而忌諱學校。在這種情形下，當時本島人教育非常困難。然逐漸慢慢就緒，此期間對國語傳習中的七名學生首次頒發畢業證書，正當在島民教育上露出曙光時，土匪的出沒甚為橫行，終於突發所謂的芝山巖事件，使本島教育頓挫。

2 芝山巖事件

這是在明治二十九年一月一日發生的事。當時處在土匪橫行、惡疫亦不少的狀況，因此從日本當地前往新領土臺灣的官員，不管是武官或文官，無不是為國家赴湯蹈火在所不辭、有堅定決心之人。伊澤修二先生的部下有楫取道明、關口長太郎、中島長吉、桂金太郎、井原順之助、平井數馬等六人，在芝山巖學堂負責教育本島人子弟。當時在臺灣士紳之間早在數日前就已得知土匪即將蜂起，因此在蜂起前晚鄉紳潘某款待六位老師，席上告知：「各位在此地可能會遭遇不測之禍，最好儘早返回總督府」，然楫取道明等人卻回答：「你的好意很難得，但我們平日教導各位的子弟不惜殉義，若土匪果真蜂起，我們既是教育者，將對他們說明順逆之理，以免誤入歧途，若現在聽到有危急就立即逃走，不僅違背我們的決心，對各位的子弟也是教導無方，我等絕不怕殉職」，真令人敬佩。翌日土匪果然蜂起，來到芝山巖，六位老師出面對他們說明順逆之理，連土匪也對其凜然之氣產生敬畏之念，而暫時撤走，但不久卻阻擋六位老師的歸途、加以殺害。之後把這六位老師稱遇難六士，稱此一事件為芝山巖事件。六位老師下場雖悲慘，但他們的死卻對臺灣子弟具體顯示日本國民之精神，在統治本島上的貢獻甚大。

3　芝山巖合祀

當時伊澤先生因學事計畫出差東京，聽聞後極為悲傷，但卻束手無策，為了慰藉他們的英靈，且不使其志節落空，把他們的靈魂做為臺灣教育的守護神，返臺後伊澤先生把他們的遺骨合葬在芝山巖山頂上風景秀麗之地，做為永久坐鎮靈魂之處，日後也把死於本島的教育家合祀在此，在每年二月一日舉行莊嚴的祭典。

二　伊澤修二先生的功績

從四位勳二等伊澤修二先生是嘉永四年（西元一八五七年）生於信濃國伊那郡高遠，從小學業成績超群而有聰明伶俐的少年之稱。在二十四歲時被任命為愛知師範學校長，但翌年留學美歸朝後官階累進，被任命為東京師範學校長，接著歷任體操傳習所長、音樂取調掛長、文部省的書記官，以及編纂局長、盲啞學校長等，以後出任臺灣總督府學務部長，又轉任高等師範學校長，晚年設立樂石社，負責矯正口吃，惠澤廣泛，講求救濟之途。在大正六年以六十七歲去世。眾所週知前臺灣總督伊澤多喜男是其胞弟。以上列舉伊澤修二先生的經歷，以下敘述他在臺灣學務部長時代的功績。

1　開拓臺灣教育

明治二十八年二月伊澤先生前往廣島的大本營晉見日本天皇，藉此機會與內定的臺灣初任總督樺山伯爵會面，他提出有關新領土教育的意見時，伯爵大為歡喜，勸說擔任學務部長一職來付諸實行。於是下定決心從事開拓新領土的教育，同年五月他隨樺山總督赴臺出任學務部長，對臺灣教育實行其抱負的時機到來。如上所述，當局雖在臺北大稻埕開設學務部臨時事務所，卻招不到施教的學生，為尋求受教者的臺灣人子弟，溯淡水河來到士林附近的芝山巖，在因緣際會之下決心在此開設學堂。然依翻譯（英語）巴德連所言，此地現在是匪徒的巢窟，非常危險。而巴德連也頻頻勸告不要留在此地，但伊澤先生卻泰然自若，決定獨自一人留在此地，讓其他人先回到大稻埕，準備妥當後再來，然後他就在僧侶寢臺旁的地上鋪毛毯過夜，但半夜果然出現火把，從四方包圍山，卻意外未發生任何事。如此翌日三宅恒德來到此地，次日楫取道明以及數名部員一起前來。伊澤修二欲在芝山巖開設日語學堂，邀請士林街的士紳，以長達二小時說明接受新教育的必要，這是第三天的事，伊澤先生屢屢往來生死之巷，報效國家的結果，從翌日起逐漸有五、六名子弟來到，才開始有受教者，在此伊澤先生開拓臺灣教育的基礎。

2 辦學設施

可謂臺灣教育之父的伊澤修二先生，與學務部員一起孜孜不倦的忙於開拓新教育。恰巧此時樺山總督巡迴南部地方，因此伊澤修二先生亦隨行，暫時滯留臺南視察該地一般的教育，由此對臺灣全島的教育設施已有初步的想法，先回日本當地準備立案，抵達東京後伊澤先生訂立適合教臺灣人教員養成的事業及臺灣教育的設施等計畫，率領實行所需的教師部員等約五十名，在翌二十九年再次赴臺，投入臺灣的教育事業。

伊澤先生如下表般立案臺灣的教育事業，穩健實施。

	緊急事業		永久事業				
			日語學校				
	總督府講習所	日語傳習所	師範部	語學部	附屬學校	附屬小學	師範學校
目的	訓練日語傳習所師範學校等教員與接觸土人的官衙吏員	對本島人傳習日語，準備地方行政設施，且奠定教育的基礎	養成將來日語傳習所師範學校的教員、小學校長等	對本島的青年學生教導日語，以及必須的教育，將來在臺灣從事公私的業務	做為普通教育模範，以供師範部學生實地教授傳習用	做為完整的小學教育與實地夜校的模範	養成普通教育的諸學校的教員
年齡					幼年生八歲—十五歲 青年生十五歲—三十五歲		十七歲—三十五歲
修業年限	約四個月	六個月	二年	四年	第一附屬　六年 其他二校　四年	八年	三年
備考	(一)學校的教科大概分為日語、修身、土語、漢文、地理、歷史、理科、體操、唱歌等，其他師範學校還有簿記、裁縫等，(二)在師範學校附設修業六年的附屬小學，(三)臺灣人教育的資源是以原來的學田、學租等收入等成立一個財團來充當。						

領臺當時臺灣的學校（其一）

3 著手生蕃教育

當時連臺北附近都有土匪出沒，在芝山巖學堂也響起槍聲、土匪燒殺等，因此連平地的教育也賭注性命，但伊澤先生更致力著手生蕃教育，真令人感到佩服。幸好在恆春附近名為豬方箒的地方，此地的蕃人較不凶惡。當時恆春廳長相良長綱前往該蕃地告誡：「汝等今天已是日本臣民，因此必須成為日本天皇忠良的臣民才行，為此汝等的子孫必須接受日本的教育」，蕃人等對相良廳長手無寸鐵前來感到心服，因此相信其言，立即接受教育。於是伊澤先生認為機不可失，派遣講習員藍原新二建木屋，用粗糙的桌椅，賭命式的施教。這是對生蕃子弟教育的嚆矢。

此外，對北部生蕃也非著手實行這種教育不

可，但該生蕃性質甚為兇猛很難實行。連視察蕃情都有危險，但所謂勇將之下無弱兵，學務部員伊能嘉矩、栗野之丞兩位毅然決然付諸實行。果然不出所料，遭遇不少危險，某處已有人密謀殺害此二人，但因蕃女密報而獲救，終於平安無事完成視察，向總督府提交報告書。這也成為生蕃教育的一項指針。凡事創業為艱，但如伊澤先生般賭命從事教育則是極為罕見。

第二節　教育的普及

六位學務官員在芝山巖死於無情的兇刃之下，學堂被破壞，相關文件散失，辛辛苦苦建立的本島教育設施也不得不暫時中斷。學務部事務所遷至總督府民政局內講求善後對策，等待伊澤學務課長歸府（六位老師遇難當時他正在東京立案辦學經營中），再重新投入臺灣的辦學設施，以普及日語與實施新教育，始終一貫陸續設置各種教育機關，以下敘述其概略。

一　教育機關的設立及其變遷

伊澤學務部長在四月回臺，依其腹案先設立日語學校與日語傳習所，之後再設立各種學校。

1　日語學校

本校在明治二十九年四月設在臺北，為養成日語傳習所的教員，募集日本當地人講習生四

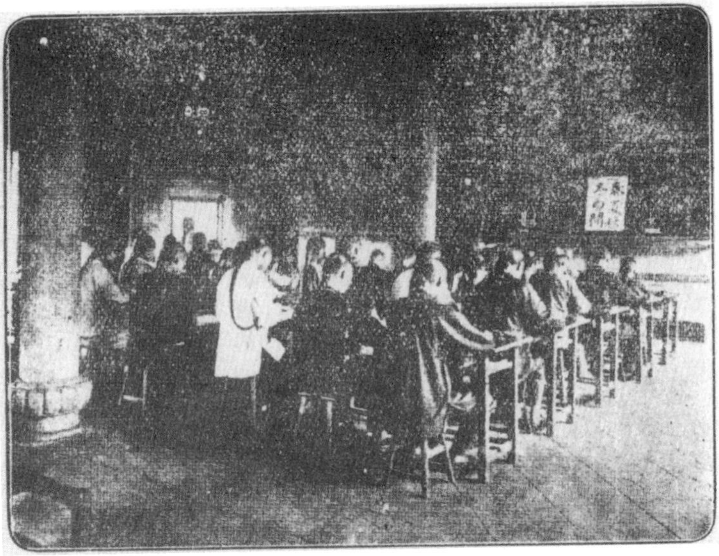

領臺當時臺灣的學校（其二）

十五名，同年四月起開始學習臺灣話，同年七月一日授與畢業證書，然後把這些畢業生配置在各傳習所及日語學校附屬學校擔任教職，這即是在臺灣總督府養成教員的嚆矢。

在日語學校最初設置師範部，努力養成教員，當時教員的需求甚大，等不及師範畢業生，因此先從日本當地有小學教員資格者中募集講習員，教授臺灣話及本島教育所需的學科數個月，然後配置在日語傳習所（以後的公學校）做為應急對策，前後共七次。這所日語學校就是臺北師範學校的前身。

2　日語傳習所

設立日語學校的同時，也在淡水、臺北、臺中、鹿港、雲林（現在的斗六）、嘉義、恆春、澎湖島等樞要地十四處設日語傳習所，這所學校的目的是奠定教育的基礎，以及準備地方行政的設施，教授本島人日語，班級分甲乙二班，甲班對有漢文素養的青年男子，以一年或半年為期，速成教授日語，乙班對幼年者教授

圖：遇難六氏肖像

中島長吉　井原順之助　平井數馬
桂金太郎　楫取道明　關口長太郎

普通教育，修業年限為四年，這種乙班就是現今公學校的前身。之後傳習所數增加，達到約三十三所，但在明治三十一年七月發布教育令，廢除恆春、臺東之外的其他日語傳習所而稱公學校，僅恆春、臺東稱日語傳習所，但自明治三十八年四月起稱為蕃人學校，但現今不稱蕃人學校，改為公學校的名稱。

3 師範學校

如前表所示，師範學校的設立也是伊澤先生的腹案，但尚未設立他已去職，實際設立是在明治三十二年四月。設立臺北、臺中、臺南等三處，在全島共有四所教員養成機關。然在明治三十七年間，以上三所師範學校全部廢除，本島的師範教育被統一在日語學校，大正七年七月在臺南設日語學校的分校，翌八年隨教育令的改正，把日語學校改稱臺北師範學校，臺南的分校獨立成為臺南師範學校，在大正十二年設立臺中師範學校，最後全島有三所男子師範學校。為女子所設的師範學校在本島尚無，但在高等女校附設師範學校講習科來充當。

4 中學校

明治三十一年四月在日語學校內附設尋常中學科，可謂中學的嚆矢，明治四十年從日語學校獨立成為臺灣總督府立。在本島人方面，冠上中學校名稱的是始於大正四年四月設立的公立臺中中學，但做為本島人的高等普通教育，在明治二十九年創立的日語學校語學部日語科已實施。而臺中中學自大正八年四月起改稱臺灣公立臺中高等普通學校，但自大正十年起，依據臺灣公立中學規則成為州立，再改稱為臺中中學。此外，南部也有臺南中學，招收在臺日本人子弟，但大正十年後增設如現在的新竹、高雄、臺中、嘉義、基隆等。

5 高等女校

在女子高等普通教育上，與男子高等普通教育一樣，事實上優先本島人。明治三十年四月日語學校的第一附屬學校開設女子分教場，對十四歲以上二十五歲以下的本島人女子教授普通學與手藝，這是本島女子教育的本源。大正八年附上臺北女子高等普通學校的名稱，同年在彰化、大正十年又在臺南增設，在發布教育令前繼續使用此一名稱，現在除上述之外，也在新竹、臺中、嘉義、高雄、花蓮港設置，女子教育也漸次盛行。

6 實業學校

本島的實業教育機關是在大正八年創設，為本島人在臺北設工業學校，在臺中設商業學校，在嘉義設農林學校，為在臺日本人在臺北設商業學校、工業學校，依日本人臺灣人，系統也不同，但依據新教育令撤廢系統上的差別。此外，大正十五年在宜蘭新設農林學校，在開發東部臺灣上是非常可喜的現象。

7 高等學校

大正十一年四月在臺北新設七年制的高等學校，大體上是依照日本當地的高等學校，而招收此等畢業生的台灣大學也將創立，校舍不久即將開工。

8 專門學校

專門學校中沿革最古老的是⑴醫學專門學校，本校在明治三十年四月附屬臺北醫院，開設醫學講習所，對本島人子弟教授醫學與普通學為其根源，因成效頗佳而在明治三十二年三月創立總督府醫學校，這是今日醫學專門學校的前身。大正八年設置醫學專門部，也招收在臺日本人子弟，施以和日本當地的醫學專門學校相同程度的專門教育。此外，醫學校自此年起改稱醫學專門學校。同年為本島人子弟在臺北設⑵高等農林學校，在臺南創設⑶商業專門學校，為日本人在臺北設立⑷高等商業學校，教授與日本當地高商相同程度的商業專門教育。然因公佈日本人臺灣人共學為旨趣的新教育令，以致原本的醫學專門學校與高等農林學校升格為具新意的專門學校，在臺南的商業專門學校等到在學的學生一畢業就廢校，⑸臺南高等工業學校則在昭和元年設立。

9　其他的教育機關

其他的教育機關與日本當地一樣，除私立中等學校、盲啞學校、幼稚園之外，臺灣還有清朝時代遺留下來的各地的書房。此外，做為教育設施的除博物館、圖書館之外，還有日語夜學會等，在各種教育機關的完備與日語的普及後，臺灣教育界日益發展，現已邁入壯年期。

二　日語的普及

改隸當時設立日語傳習所、日語學校等，專獎勵日語教育，以教授日語做為臺灣教育的骨架，因此現今日語在全島普及，變成所謂現代本島人不可或缺的用語。

1 日語必須普及的理由

若考察其理由，第一，日語做為溝通語言是必要的。原來本島有廈門話、廣東話，廈門話又有漳州話及泉州話，而蕃人間因種族不同，也有很多種蕃語，因此島民間沒有可做為思想溝通媒介的標準語，故與其採用文化不發達的土語做為標準語，不如把文化發達的日語做為標準語，反而對島民相互間更為便利。第二，日語做為同化的手段是必要的，為使所謂臺灣人的思想習慣等與日本當地人一致，取得同化之實，普及日語為其捷徑。第三，做為文化發達的手段是必要的。而在臺灣普及日語的目的，與西歐諸國對侵略割讓的領土強制學習本國語的政治性意味大異其趣，從以上所述即可了解。

2 臺灣教育的三大系統

在最近發布教育令前，臺灣有本島人教育、日本當地人教育、蕃人教育等三種制度，各自進入所規定的學校，因此可謂差別的教育。因為在腦力以及資性風習上，對與日本當地人有明顯差異的本島人教育採取此一制度，可謂最適切的設施。而此一制度是從改隸當時到大正十一年發布新教育令、即共學前施行。在此附帶說明，在爪哇或菲律賓、印度等地，提到所謂的殖民地教育，即意味土人教育，並沒有如本國人教育般那麼重視，但日本卻不然，在臺灣是在日本當地的延長主義下，日本人與臺灣人均接受與日本當地同樣的教育，可謂非常幸福。

第三節　教育的發達

本島教育界自改隸以來日益發達，現今已進入文化機運燦然發酵的狀態，以下大致敘述其狀況。

一　臺灣教育制度的三大變遷

原本在臺日本人與本島人之間是採差別的教育制度，但變成接受撤廢差別等教育的狀況，迄今以前教育制度的變遷經過三個階段。

1　差別時代

這是自改隸當時到大正七年，因本島人的知識風習及其他明顯比日本人拙劣，因此不依特種的教育制度就難以教化的時代。

2　過度時代

自大正八年到十一年一月之間，隨臺灣人的向學心漸次發達，確立教育的根本方針，限定範圍程度來統一本島學校的時代。於是明石總督（第七任）在大正八年一月四日以勅令第一號制定臺灣教育令，其要領是設立公學校做為初等教育，設立高等普通學校、女子高等普通學校做為高等普通教育，設立各種實業學校做為實業教育，設立專門學校做為專門教育，而師範教育除設立師範學校、師範講習科之外，也在高等普通學校、高等女子普通學校、實業學校設師範科。本教育令最值得注意的是重視女子教育與實業教育，這是有鑒於本島的情勢，在奠定同化島民根基的同時，增進島民未來的福祉，而且自此開啟准許一部分日本人與臺灣人共學之途。

3　共學時代

指大正十一年二月以後，為從根底融合日本人與臺灣人，以獲得同化島民之實，最需要的是共學。當時的臺灣總督（第九任）田健次郎在同月改正教育令，這是本島現行的學制，原則上是依照日本當地的學制，對臺灣特殊的情況所設的特例，亦即不分日本人與本島人（包括蕃人在內），均能在任何學校共學為本體，唯在初等教育上，則依是否常用日語而分別設立小學與公學校，在師範教育也是依此制定兩師範部制的特例，在其他高等普通教育、實業教育、專門教育上，其種類程度完全一樣，都是純然的共學。

二　臺灣教育的概況

大正十四年四月底的概況如下表所示。

校名	年度	校數	學生數	就學率	備考
小學	明治四十四年底	四	一五二		
	大正十三年四月底	一三三	二、四二一	九七	
公學校	明治三十一年底	八二	八、二三〇		
	大正十三年四月底	七二〇	二四〇、五四三	二九	大正七年公學校學生的就學率僅十五人中有七人。
蕃童公學校	明治四十四年底	三八	七〇七		
	大正十三年四月底	一七四	四、四五六		
中學	明治四十年度	一	二七〇		
	大正十三年底	九	三、〇五〇		
高等女校	明治四十二年度	一	四三三		
	大正十三年四月底	一一	二、四二八		
農業補習學校	大正十三年四月底	五	二〇四		
水產補習學校	同上	二	八三		
商業補習學校	同上	二	二四九		
商工補習學校	同上	一	八七		

工業學校	大正元年度	一	五八		
	大正十三年四月底	一	五二〇		
農林學校	明治三十八年底	一	一〇〇		
	大正十三年四月底	一	二三七		
商業學校	大正十三年四月底	二 三	六五六		大正十四年在宜蘭增設一校。
師範學校	明治三十二年底	一	二一		
	大正十三年四月底	一	一、九二六		
高等學校	大正十三年四月底	一 一	一六〇		
醫學專門學校	明治三十二年底	一	六九		
	大正十三年四月底	一	三四七		
高等農林學校	大正十三年四月底	一	一五四		大正十四年在臺南增設一校。
高等商業學校	同上	一	二一三		
商業專門學校	同上	一	一二〇		在大正十五年度廢校。

三　對岸教育的概況

對居住對岸中國的臺灣籍民子弟的教育，是依據居留對岸日本人之要求，以及駐該地領事之請求，在明治四十一年設立福州東瀛學堂（之後改稱東瀛學校），在明治四十三年設立廈門旭瀛書院為嚆矢，現在汕頭也有東瀛學校，以上三校對臺灣籍民施以初等教育，此外在上述三地及廣東、香港設日本人小學，其設置維持及教員的宿舍等費用均由居留民負擔，總督府補助一部分經費，而福州、廈門、汕頭、廣東等各學校，則由總督府派遣教員。

校名	教員	學生	備考
福州東瀛學校	一二	三一六	(一)以上七校是與臺灣相關的初等教育機關，此外香港有日本人小學。
廈門旭瀛書院	二二	五〇七	(二)對岸尚未設立日本人經營的中等學校
汕頭東瀛學校	八	一八九	
廈門日本人小學	三	二五	
福州日本人小學	三	二〇	
汕頭日本人小學	三	一六	
廣東日本人小學	二	二六	
合計	五三	一〇九九	

第十章　產業的發達

第一節　農業

臺灣地處亞熱帶的圈內，土地肥沃、雨量潤澤，清朝做為農業殖民地，移民至此收穫農產品、採集林產品運送本國，把臺灣做為中國的穀倉。由此臺灣產業中最重要的是農業與林業，其中又以農業為大宗。就拿明治三十五年的農產品總額來看，金額五千六百餘萬圓，耕地面積四十五萬一千甲，農民八十九萬餘人，但在大正十三年，總額二億五千餘萬圓，耕地七十八萬五千甲，從事農業的農民達二百三十萬人，佔本島總人口的約五成強。

一　主要農產品

農產品有米、香蕉、甘蔗、甘藷、茶、落花生、豆、麥、胡麻、煙草、苧麻、黃麻、蜜柑、鳳梨、蔬菜等，其中從米以下至茶五種是本島五大農產品，以下概略敘述。

1　米

本島適合稻米的栽培，島內大概每年收穫二次，領臺以來其品質及其耕作法大為改變，在明治三十五年產額二百八十萬石，價格二千二十餘萬圓，但在大正十三年產額達到六百餘萬石，價格一億三千萬圓，而且最近全島掀起栽培日本當地種米熱，所謂的蓬萊米，在大正十三年生產約三十五萬石，交易額比在來種多出四成乃至五成。

2 香蕉

香蕉不僅佔本島蔬果中第一位，在農產品中是僅次於米的重要品，明治四十二年產額一千五十三萬餘斤，在大正十三年達到約三億斤，其中輸出約二億斤，其價格達到一億二千萬圓，預期今後仍有很大的發展。

3 甘蔗

明治三十五年兒玉總督樹立糖業政策，在總督府內設糖務局予以獎勵。先輸入爪哇地方的優良蔗苗與篩選島內實生優良品種等，始終致力於改良至今，確立其獎勵方針的翌年、即在明治三十六年期（所謂製糖期的一年，就是從前一年十一月一日起至當年的十月三十一日止），收穫面積僅一萬六千五百餘甲，收穫額六億八千餘萬斤，但在大正十三年期，收穫面積十三萬三千餘甲，收穫額增至約七十八億斤，幾乎全島各地都有產出。

4　茶

主要為北部產，依其製法分為烏龍茶、包種茶、紅茶、綠茶等，但原料均相同。收穫也因總督府的獎勵而增加，在明治三十五年種植面積二萬八千餘甲，生產額（粗茶）二千八十萬餘斤，但在大正十三年期種植面積達到四萬七千餘甲，生產額達到二千六十二萬斤（粗茶）。

5　甘藷

島內任何地方都生產，其中又以南部生產的所謂臺南甘藷味道最好，在主要農產品中僅次於稻米、甘蔗。在明治三十五年其產額已達五億餘斤。上述及下述的農產品數量如下表所示，供各為參考其產出是何等豐富。

臺灣的五大農產品

品名	數量
米	六〇〇萬石
香蕉	三億斤
甘蔗	七八億斤
茶	二、〇六二萬斤
甘藷	一九億斤

臺灣的其他農產品

品名	產額
落花生	四一三、〇〇〇石
豆類	九六、〇〇〇石
小麥	四、七五〇石
大麥	三、〇〇〇石
胡麻	一二、八〇〇石
黃麻	六〇〇萬斤
苧麻	二一五萬斤
木藍	二三八萬斤
煙草	二一四萬斤
柑橘	二、一二五萬斤
鳳梨	一、一〇〇萬個
龍眼	一、一〇〇萬斤

備考

(一)在本島農業勞力的主要家畜是牛，其飼養數每戶農家平均一頭。牛以黃牛、水牛為主，飼養率是黃牛一比水牛三的比例，此外還有洋牛、印度牛、雜種牛等。水牛在大正十三年飼養二十八萬六千餘頭。

(二)做為務農副業的養豬、養雞也盛行，尤其養豬非常普遍，農家每戶有三頭強，在大正十三年有一百三十四萬頭。

(三)蠶業是最近十年來的新興產業，在大正十三年有二千一百石的收繭。

二　農業設施

在如本島的農業殖民地，應指導的項目甚多，藉此促進進步發展，增加生產以圖國富，增進本島農民的福祉。以下敘述現今各種的農業設施。

1　農會

明治三十三年設立本會，但現今在各州均已設立，從事改良獎勵一般農林、改良米作、改良牛豬、獎勵蠶業、經營農場、共同購買肥料、經營農業倉庫等，成為農政上的助長機關。本島稻米近年有顯著的改良，農會所做的貢獻不少。

2　米穀檢查所

為防止稻米的粗劣，在主要稻米產地設置，進行輸出稻米的檢查。

3　植物檢查所

檢查在本島輸出入植物類，防止病蟲害的傳播，謀求業者的交易安全，現在基隆、臺北、新竹、員林、高雄、臺南五處設置。

4　養蠶所

5 種畜支所

謀求畜牛的改良與獎勵。

6 獸疫血清製造所

本所自撲滅牛疫以來廢除牛疫血清的製造，而新製造豬瘟預防液及其他家畜傳染病預防上所需的血清與預防液。

7 業佃會與農事實行小組合

前者是以改善佃農慣行為目的，後者是一派出所區域以一街庄為單位，這是農民自發性謀求直接改良農事的小組合。

第二節　林業

本島的山嶽佔總面積的三分之二，因此森林頗為優良。然靠近低地的山因往昔林政不得宜，放任濫墾濫伐，以致變成禿山，植林是日本領有以後的事，因此還未見成效。現在的大森林只能在深山的高山蕃地看到，其豐富令人嘆為觀止。而現今林產品總價格約九百萬圓。

一　主要林產品與森林的分布

在臺灣有許多有用林種，而森林的分布主要是在高山蕃地，因此經營上更為困難也是不得已。

1　主要林產品

臺灣的主要林產品幾乎全部在中央高山蕃地的五、六千尺上下處，分布最多且其種類也多種多樣。臺灣的森林帶可分為⑴熱帶林（榕樹帶）是海拔一千尺以下，⑵暖帶林（櫟楠帶）是一千尺以上五千尺以下，⑶溫帶林分為二，五千尺以上八千尺以下的地區是扁柏帶，八千尺以上一萬尺以下的地區稱為鐵杉帶，⑷寒帶林（冷杉帶）是一萬尺以上的地區，今日在經濟上利用的是除寒帶林之外的其他三帶，在各帶中生產的品種依括弧內的別稱大致可了解，但在此附帶說明，除樟、扁柏、紅檜、亞杉、鐵杉、櫧、梢楠木、榕樹之外，相思樹、竹等也是建築材料、薪炭用的重要林產。

2　森林的分布

如上所述，臺灣有各種樹種樹林，佔全島總面積一半以上，在高山蕃地之間現今仍蔚然繁茂雄偉，可想而知在尚未受到濫墾濫伐的往昔是如何的壯觀。葡萄牙人從海上望見時發出「福爾摩沙」的讚嘆聲絕非偶然。然隨著中華民族的遷居而遭到濫墾濫伐的厄運，終如今日般只有在遠離平地的高山蕃地才能看到其殘影。因此今日仍保有自然林形態的僅限五、六千尺以上的高山蕃地而已，從其殘留森林帶的分布來看時，北部有宜蘭濁水溪森林，中部有阿里山、八仙山、巒大山的各森林，南部有大武山森林等。

二　總督與三森林

在上述森林帶中最大的是阿里山、八仙山、宜蘭濁水溪等三森林，現在是以官營進行砍伐事業。在大正十三年度的木材銷售額合計二十二萬千餘石（一石是十立方尺），價格達到三百萬圓。

1　佐久間總督與阿里山森林

以上三大森林中最著名的當屬阿里山森林，阿里山森林位於嘉義火車站東方四十餘哩的地點，海拔八千餘尺，東西二里、南北五里，總面積一萬六千六百餘甲，其中除一千五百甲的草生地之外，其他均為針葉闊葉的大樹木，總蓄積稱一千萬石。起初是由大阪的合名會社藤田組取得臺灣總督府的許可，自明治三十九年七月以來著手鐵道的工程、森林的調查等創業設施，但因經營困難而在明治四十一年一月被迫中止事業。然佐久間總督在明治四十三年間，以預算四百九十萬圓收為官營至今。為搬運木材所設的阿里山鐵道，是達八千尺山嶺的登山鐵道，匍伏山腹攀登嶮坡的壯觀連日本也看不到。設在嘉義的製材所最新式且規模頗大。在大正十三年度的砍伐約十八萬石中銷售數量十三萬餘石，價格一百九十萬圓，佔島內總林產的過半，而且日益發展、前景無限，此外在砍伐之餘也不怠忽造林，大正十三年度造林面積達約十二萬甲。

2 安東總督與八仙山、濁水溪二森林

八仙山森林是從豐原火車站溯大甲溪約二十里，從合歡山向西分歧的支脈中最高峰向姑大山（一萬一千尺以上）西方一帶的地點，在大甲溪與北港溪（大肚溪的支流）之間，東西四里、南北三里，總面積一萬六千餘甲的大森林帶。安東總督（第六任）時在大正四年七月開始著手經營，現今從山地到東勢對岸土牛的三十三哩之間採用軌道運材法。大正十三年度的伐木造材二萬石，銷售額約十六萬圓。

其次在安東總督的森林經營上可列舉的是宜蘭濁水溪上游的大森林，這是包括南湖大山、大霸尖山、三星山等全山幾乎不見斧鉞痕跡的千古大森林，地形是東北比西南長，東北有十二里，西南有五里，面積是五萬六千甲。隨著大正三年佐久間總督理蕃事業的完成，此大森林受到總督府的重視。當佐久間總督掛冠求去、安東總督繼任時，在大正四年十月初次著手經營至今，大正十三年的伐木造材額八萬一千石，銷售額九十五萬圓。在此值得一提的是，素來秉性極為兇殘剽悍、自恃不改馘首惡習的奇納基及其他兇蕃，現已沐浴皇威的餘澤，以若干工資從

事圓木搬運等勞役。

三　林業設施

以下敘述主要的造林及林政機關的大要。

1　造林

主要是⑴樟樹的造林以明治四十年佐久間總督在任中發布的樟樹造林獎勵規則而受到保護獎勵，因此官民均積極加入造林。其他熱帶樹的造林如柚木、相思樹、龍眼樹等，雖在大正六年（安東總督時代）才開始著手，但經營日漸進展。此外，補助造林事業有⑵海岸砂防造林與大屯山造林的事業，前者主要目的是防止因沙丘的發達而侵害耕地，地方公共團體獲得總督府的補助金負責經營，後者是臺北州的事業，以涵養水源、防止土砂崩壞及增進風景等為目的。大正十三年以後十年的永續事業。

2　伐木

與造林一樣，伐木亦為開發富源上重要的設施之一，上述三大森林的伐木也不例外。

3　林野調查與林野取締

此外有⑴保安林的調查，⑵作業計畫調查（對全島有希望的森林進行作業計畫的調查），

(3)森林治水調查、施業案編成調查（對全島的國有林為確定施業的方針所進行的調查），(4)林野取締等林政設施機關，負責林野的保護、森林的經營等。

第三節 礦業

在本島許可採挖的礦物種類有煤炭、黃金、銅、石油、硫磺、銀、砂金、硫化鐵、水銀、砂鐵、褐炭、燐礦等十二種，在明治三十九年此等礦物的總產額二百二十七萬圓，但在大正十三年增加到一千三百三十八萬圓。

一 主要礦產品

在本島礦產的分布，從最北部起的東部臺灣有黃金、砂金、銀、銅等金屬礦物，北部有煤炭、硫磺，中南部有石油，大致分為三。而上述的煤炭、黃金、銅、石油、硫磺等五種稱為臺灣的五大礦產品。

1 煤炭

明治二十九年九月發布礦業規則，之後因本島產業的發達、出入船舶的增加等，逐次促進此業的發達，第一次大戰以來國內外的需求突然激增至今，其產額產地等與其他礦產一起總括以下表（大正十三年度）來表示。

2 金

在臺灣的舊記中記載不少產金的事項，但這是指砂金而非山金。山金是明治二十六年（光緒十九年）在九份山發現，可謂在本島開發金礦的濫觴。翌二十七年再金瓜石的岩璋發現金礦，接著又發現一些產金，但不久改隸，在明治二十九年十月把該地方一帶分為二來設定礦區，前者稱瑞芳金山，後者稱金瓜砂礦山，均自明治三十一年起開始濕式煉製，成為日本屈指可數的金山而馳名。接著在明治三十四年發現武丹坑金山，由此出現三大金山的鼎立。

3 銅

銅礦是明治三十六年在花蓮港廳秀姑巒溪的下游奇密社發現為嚆矢，但當時猶棄之不顧。然明治三十八年間在金瓜石也發現，翌年開始著手煉製，本島至此才開始產銅。之後不免盛衰，但進入大正十二年後，又在金瓜石發現大礦床，以致山內呈現活絡的景象。

4 石油

清朝時代所知的產油地是苗栗的出礦坑而已，但改隸後依據總督府的調查，在全島的第三紀層中幾乎到處發現出油的徵兆，使臺灣未來的石油事業前景大好。

5 硫礦

產地自清朝時代起幾乎僅限大屯火山麓，領臺後許可一般大眾採礦，但礦床大致分散，因此並非大規模的煉製所，且連年受制於海外的市況，產額也呈現減少的傾向。

名稱	主產地	數量	金額	備考
煤炭	以基隆及四腳亭為中心的地方	一五〇萬噸	一一六四萬圓	(一)本表表示大正十三年度的概數。該年度的礦產總額一三三八萬圓，因此這五大礦產佔全產價額的九成五。(二)全島的礦區數是九百二十六，此面積是二億五千萬坪。
黃金	金瓜石、瑞芳、武丹坑	七〇萬貫	三九	
銅	金瓜石	三八萬斤	二〇	
石油	苗栗、甲仙、竹頭崎	一九〇〇石	二八	
硫礦	北投附近	三一三萬斤	四	
合計			一二五四	

二　礦業設施

領臺當時當局為調查產業，也一併調查有關地質礦產，自此以來持續進行。其主要設施有下列二項。

1 礦產及地質調查

進行油田、煤田的調查及一般礦物及地質的調查，努力指導開發礦業，自明治四十二年起又開始進行土質調查。

2 獎勵石油礦業

因為新經營油田甚為困難，故總督府自明治四十二年度以來，對深達二千尺以上的鑿井設備適當補助部分鑿井費以茲獎勵。

第四節 水產業

做為農業殖民地的臺灣，除農業林業之外，進步的痕跡明顯落後，尤其水產業自明治四十三年起才使用石油發動機，因此可謂較晚才發展的最新事業。

一 漁業

就漁業來看，原本在臺灣僅使用小型的木造船或竹筏等簡陋落後的沿岸漁業而已。領臺後初期仍是如此，因此不能滿足需求，於是在明治四十三年建造一艘石油發動機船使用在漁業，自此以來在大正九年增至一百六十艘，另外以連子鯛漁獲為目的的帆船也漸次增加船數，加上以基隆為根據地的拖網船的出海等，近來反而鮮魚供應過剩，輸出到日本當地，之後漁獲量達約九百二十萬圓，佔水產總額的六成。

1　主要漁獲品

以基隆、高雄為漁港的發動機船漁業最興盛，主要魚類有鰹魚、連子鯛（亦稱赤鯛）、旗魚、鯊魚、鮪魚、烏魚、土魠魚等，此外南部也捕獲鯨魚等，其中連子鯛佔總漁獲額的一成強，是臺灣食用魚的代表。此外，淡水魚有鰱魚、草魚、鯉魚、鯁魚等，且隨著日本當地人的增加，香魚、鰻魚等也在市場出現。

2　採取珊瑚貝類及石花菜

大正十三年一月在基隆外海發現珊瑚，自此以來即盛行採集，由此基隆被視為珊瑚工藝品的產地。此外在澎湖島有貝殼工藝品，其原料的夜光貝及其他材料完全仰賴臺東廳與沖繩。其他在臺北州沿海與澎湖島，自古以來就採取石花菜。

二　水產製造業

以柴魚的製造為主，其他合計在大正十三年製造價格達到三百四十二萬圓。

1　乾鹹魚

以魚類為原料，有柴魚、鱙煮、沙丁魚干、魚翅、鹹魚干、魚鬆、魚脯等。

2　製鹽

本島適合日曬製鹽，在西部海岸有面積約二千二百甲的鹽田，每年產出二億斤的鹽。

三　養殖業

此業在本島自古以來就發達，有在鹹水池養殖與在淡水池養殖二種。大正十三年底的養魚池總面積約二萬五千甲，此等養殖場的收穫物達三百萬圓，和水產製造品差不多。

1　鹹水池養殖

以虱目魚、烏魚為主，規模大，池的面積達一百甲的不少，此外也養殖牡蠣、蝦、蟹等。

2　淡水池養殖

有草魚、鰱魚等中國產魚類及鯉魚、鱉、鰻魚等。

四　水產設施

有如下設施，在此僅列舉其名稱。

⑴漁業試驗船，⑵養殖試驗所，⑶海洋調查。

第五節　工業

原來本島的產業是以農業為主，因此以往本島的工業大致小規模，而且是依據極為簡易的機械器具操作的所謂家庭工業而已，處在甚為不振的狀態，但改隸後漸次發達，除製糖業、製茶葉之外，也興起各種新式工業，逐年邁向勃興的機運，即將達到自給自足的地步。原來本島即富各種原料品，另一方面因地勢上的關係，能利用的水利也不少，因此將來日月潭電力工程完成後，即可享受廉價又豐富的電力供應，屆時本島工業界勢必讓人耳目一新。

一　臺灣的二大工業

自改隸前就被視為本島工業界大宗的有製糖業與製茶業等二種。

1　製糖業

領臺前本島的糖業早在十五世紀左右即開始進行，但其方法很原始，是以數頭水牛或黃牛拖拉二輪石車或三輪鐵車旋轉，把壓榨出來的糖汁在平鍋熬煮，然後吸入打糖盤，攪拌乾燥後製成砂糖，就是所謂的糖廍，一晝夜的能力，石車糖廍僅一萬六千斤上下，鐵車糖廍約三萬斤而已。荷蘭鄭氏時代均謀求甘蔗的栽培與獎勵製糖，尤其荷蘭政府把糖做為唯一的財源，但當時究竟有多少產糖卻不詳，依舊記中的記載，其客戶主要為日本，對日輸出額一年達七、八萬擔，由此可推知當時的產糖額。西元一六六一年鄭氏驅逐荷蘭人統治本島以來，自福建地方輸入蔗苗，並大為獎勵栽培與製糖，以致本島產糖額提升約三倍，其砂糖不僅輸出日本、中國，也輸出英國、美國、澳洲等，西元一八七六年（明治九年）以後六年間是空前的豐收，有時甚至超過一億斤。然西元一八八四年（明治十七年）在中法戰爭之際，砂糖的輸出港安平、打狗被法國軍艦封鎖，自此以來完全杜絕砂糖的輸出，加上外國糖商的撤退，使糖價顯著下滑，因此蔗作亦減少，爾後又因年年風災等影響到蔗作的生成，製糖額也逐次減少直至日本領臺。

明治二十八年日本領臺後，朝野均重視臺灣的糖業，明治三十五年兒玉總督依據後藤長官的意見，把砂糖生產做為臺灣產業政策的根本，不久驅逐外國糖的輸入，樹立本國砂糖自給自足的糖業政策，在同年六月設置臨時臺灣糖務局，依據法令保護並獎勵糖業至今，其砂糖生產額在明治二十八、九年生產九千二百萬斤，之後大致遞減，明治三十五年為七千二百萬斤，但之後因增設新式工廠，產額日益增加，尤其在明治三十三年九月兒玉總督時期，募集三井一派的資本，以資本金一百萬圓在橋仔頭興建產能三百英噸的的新式製糖公司做為基礎，自明治三十五年以後漸次增設製糖工廠，現今新式的製糖公司已有十三家，總資本二億七千萬圓，工廠有四十四家，一晝夜的壓榨能力三萬七千四百美噸，製糖總產額約七億四千萬斤，輸出總值達約一億三千萬圓。

2 製茶業

喫茶的習慣始於中國唐代，至宋代傳入日本，因此臺灣也不難想像很早就由對岸的移民帶來臺灣，但本島開始生產茶則是百餘年來，當時只不過是自家用及供應島內消費而已，但六十年前起開始把少量的茶運送到中國，之後經過數年直接輸出美國，坐收龐大的利益，這是本島茶輸出的先驅。自此茶樹的栽培與製茶的生產盛行，在領臺以前的明治二十一年左右，輸出額已達一千三百萬斤，盛況空前，在海外輸出品中佔有重要的位置。改隸後漸次發展，至明治四十四年以及大正七年突破二千萬斤，呈現本島未曾有過的輸出額。現今年產額二千萬斤中，輸出一千數百萬斤，其價格達到一千萬圓，成為本島輸出品的大宗。臺灣茶是以烏龍茶（輸出額八百五十二萬斤，價格四百八十六萬圓）、包種茶（輸出額七百二十萬斤，價格五百四十五萬圓）為主，前者輸出美國，後者輸出荷領印尼。此外也有少許紅茶與綠茶。

二　各種工業

除上述的二大工業之外，臺灣因受到時局及其他影響而出現各種新式工業，加上天然產品豐富與電力的供應，推測應能穩健發展。從以下列舉的此等各種工業的概要，即可窺知工業界的趨勢。

1　**機械及器具工業**

重要的首推產額約三百一十六萬圓的鐵工品，另有罐頭類、錫製品、錫箔等。

2　**纖維工業**

以黃麻及其他為原料的紡織品、染色、苧麻絲、黃麻絲等工業。

3　**化學工業**

首推酒精的四百九十五萬圓，水泥的三百萬圓次之，其他重要的化學工業品如綜合肥料、板狀樟腦、磚瓦等，均有二百萬圓上下的產額。

4　**食品工業**

除上述的砂糖（一億六千八百萬圓）、茶（一千四百萬圓）之外，還有穀粉、麵類、醬油、鳳梨罐頭、麥酒、酒類等製造品。

5 其他工業

所屬的極多，其中首推木製品的三百二十三萬圓，金銀工藝品的一百四十三萬圓次之，其他還有金銀、紙、金銀工藝、紙帽子、竹工藝以及帽子類、鞋類等，多半屬於家庭工業。

第十一章 交通的發達

第一節 陸上交通

在本節除道路、鐵道、橋樑之外，也附帶一併敘述臺車、轎等舊式的交通工具，在領臺以前，官府並不重視這方面的設施，因此領臺當時交通的不便無以名狀。

一 道路

尤其道路的不完善，從當初隨日軍進軍時必須先藉工兵隊之手來修築道路即可想像。領臺後雖已過三十年，但今日如果前往鄉下地方，道路的不完善比日本當地更為驚人。然貫通臺灣南北的所謂縱貫道路卻非常壯觀。

1 縱貫道路

這是明治二十八年日本工兵隊所開鑿的軍道，爾後以國庫或地方費用來修改延長，現今已從基隆經臺北、新竹、臺中、臺南、高雄、屏東到達恆春。南部地方雖仍有需要修改之處，但已大致竣工。而此縱貫道路在臺灣的國防上深具意義，如果少了這條道路，就無法保障臺灣的國防。

2 蕃界道路

上述之外，為開發蕃地，明石總督企圖開鑿蕃界道路，在大正七年自臺中州的霧社經能高、奇萊二山達到花蓮港廳初音的二十三里橫斷道路，更在大正九年開鑿自臺中州的新高郡楠卡經八通關到達花蓮港廳玉里的三十二里道路，而且又在田總督時代著手開鑿自臺北州羅東郡的四季，越過南山通過霧社的二十四里蕃地縱貫道路，並於大正十年竣工，在道路沿線均設置警察駐在所。如此一來就能連絡臺灣的東西部，現今本島的縱貫道路可比擬日本國道的有一百一十六里，可比擬府縣道的有六百四十四里，比擬市町村道的有二千九百二十里。然因臺灣特有的河川亂流，架橋需要巨額的費用，不時受財政上的限制，故道路尚未全部完成，在主要城市附近的一部分已能逐漸行駛車輛，但若要地方道路能行駛車輛而無礙，尚有一段長遠的路要走。

3 橋樑

看臺灣的地圖就能了解其河流是如何亂流，這不僅阻礙一般交通的便利，對鐵道的全通也造成障礙而延遲不少。然當局為統治本島、開發地方，投入巨額的費用架設多座橋樑，不僅使地方交通便利，也促進產業的蓬勃發展，造福地方人民。在眾多橋樑中最著名的是伊澤總督（第十任）時代竣工的臺北橋、田總督（第八任）時代竣工的大肚溪橋、明石總督（第七任）時代竣工的二層行溪橋等，均能通行人馬牛車。如濁水溪、下淡水溪最大的河流，迄今尚未架橋（雖有鐵橋），而是依賴渡船，但其他河川在縱貫道路上的橋樑，隨著修築道路也急著架橋。此外，在山地蕃界仍有名為鐵線橋的臺灣特有的橋樑。

4　特殊的交通工具

最近在臺灣隨著修築道路，市街地或特殊地方均以汽車連絡，但多半仍利用臺車、牛車、轎等臺灣特殊的交通工具，以利地方交通之便，但在臺灣東部仍有蕃人以肩扛的蟹轎等，其中臺車是臺灣極為普遍又便利且廉價的交通工具（參照後述）。

二　鐵道

清領時代鋪設的基隆、新竹間的鐵道，隨著改隸歸於日本手中，但幾乎用處不大。今日的鐵道完全是日本領臺後的新建設，現今除縱貫線二百四十九哩，其支線阿里山線、臺東線等合計五百五十餘哩之外，由各製糖公司經營的私營線也頗多，已達三百哩。而現在不僅進行建設新線路，為促進私設鐵道的發達，附帶一定的條件，從營業開始之日起限十年，付給足以保證一定金額利益的補助金等，急於開發臺灣鐵道，終於呈現今日的盛況。經費的大要如下述。

1 縱貫鐵道

所謂縱貫鐵道，基隆、高雄間二百四十六哩是本線，其中基隆、新竹間六十二哩是清朝時代的遺物，因極不完備而幾乎毫無用處，於是當局投入二千八百八十萬圓的經費，在明治三十二年度（兒玉總督時代）進行改造舊線、鋪設新線做為十年永續事業，至明治四十一年四月（佐久間總督時代）才通車。而且在縱貫鐵道竣工前，北部的臺北、淡水，南部的高雄、九曲堂間先通車，而且臺北、基隆間十八哩的複雜工程，是在大正八年明石總督（第七任）時代，以一百二萬六千圓的工程費竣工，而竹南、王田間五十三哩的所謂海岸線，花費一千五十五萬圓經費，四年永續工程在大正十一年田總督（第八任）時代通車，大為增加南北的運輸力。如此，本島的主要都市散佈在本線之間，而島內大部分物產也集中在其沿線，因此開通縱貫鐵道不僅在臺灣的統治上極為重要，同時也是本島產業發達不可或缺的設施。

2 其他的官線

(1)宜蘭線與(2)屏東延長線均在大正六年（安藤總督時代）開始著手，宜蘭線的八堵、蘇澳間的六十哩，屏東線的屏東、潮州間的九哩早已通車，潮州、枋寮間的二十五哩目前正進行工程中。其次(3)東部線是為促進開發落後的東部臺灣的文化，以謀求產業的發達，在佐久間總督時代動工，首先從事花蓮港、玉里間五十五哩的鐵道工程，在大正六年田總督時代竣工，而臺東、里壠間二十七哩的鐵道，是在大正十一年以約九十五萬圓向臺東拓殖株式會社收購，在此玉里、里壠間的工程現正進行中，現在（大正十五年一月底）臺東北線已從花蓮港通車六十四哩，南線從臺東通車三十四哩，剩餘僅八哩餘最近應該會竣工，因此全通之後就能一掃原來交通的不便，同時也能期待開發東部臺灣。

3 阿里山鐵道

以上是總督府鐵道部所管轄的鐵道梗概，其他還有屬於殖產局管轄的阿里山鐵道，在全線五十四哩中，嘉義、竹崎間的八哩為營業線，其他是森林鐵道。在明治四十三年四月從阿里山最初的經營者藤田組動工後接手，在大正元年十二月全線通車。列車在山腹匍伏攀登嶮坡，蜿蜒幾十迴旋登上八千尺的山嶺，途中壯觀的景色連日本當地也看不到。

4 製糖公司線

臺灣的私設鐵道是各製糖公司為搬運甘蔗所鋪設，其一部分取得總督府的許可變成營業線做為副業，但因與官線相配合而對開發產業貢獻不小。

5　輕便臺車軌道

所謂輕便臺車軌道，是在公共道路或特設道路舖設輕便的鐵軌，以供臺車或名為手推車的載客載貨的四輪車行駛，苦力從後方推來前進，製糖公司在搬運甘蔗時也使用，也有運輸旅客做為營業用，在大正十三年的營業哩數達五百八十七哩。臺車在本島是重要的交通輔助工具，對地方的開發有頗大的貢獻。明治四十二年以後才發達，爾後有長足的進步而呈現今日的盛況，在大正十三年的營業哩數達五千八百七十哩，其收入超過二百零二萬圓。

第二節　水上交通

領臺以前本島的航海權是由英商道格拉斯輪船公司所獨占，以淡水與安平為起點，負責與大陸華南間的航行，但領臺後總督府立即對大阪商船與日本郵船二家公司，每年提供一定的補助金，下令定期航行日本當地與中國方面，因此那些外國輪船終於被迫撤航。爾後在基隆、高雄築港來增加指定船數，又有自由航路的加入等，使日本海運蒸蒸日上，以下敘述現今的狀況。

一　海運

本島的海運除政府的指定航路之外，尚無可觀的航線，指定航路有以下五線。

1 基隆神戶線

基隆、神戶線是以大阪商船及近海郵船公司的一萬噸級及六千噸級輪船，每月定期往返十二次，旅客的往來主要依賴這條線。

2 高雄橫濱線

這是以大阪商船、近海郵船及山下輪船等三家公司的三千噸級輪船六艘，每月定期往返六次，以運輸貨物為主。

3 沿岸線

這是聯絡本島沿岸主要地的航線，以基隆、高雄為基點，往返本島的東岸與西岸。

4 華北線

以高雄為基點，往返天津之間的航線。

5 華南線

有甲、乙、丙三線，甲線是以基隆為基點，停靠廈門、汕頭前往香港，乙線是以高雄為基點，經由廈門、汕頭、香港前往廣東，丙線是以基隆為基點，往返福州之間，以上各線均為大阪商船公司的指定航路。

6 南洋線

有甲、乙、丙三線，均以基隆為基點，甲線是駛往巴達維亞及其附近，乙線是駛往西貢及曼谷，丙線是往返海防之間，其中甲乙二線是大阪商船公司的指定航路，丙線是山下輪船公司的指定航路。

二 築港

本島的海岸線短，幾乎沒有可謂的天然良港，因此為彌補此一缺點，計畫基隆、高雄的築港以及蘇澳、海口的二港工程。

1 基隆築港

基隆位於本島的北端，人口六萬二千餘，是島內最大的要港。而領臺當時，冬季受東北季風的妨礙而浪高，港灣內水淺，連一千噸上下的小船也無法進入外海一哩外。因此在明治三十二年兒玉總督時代，開始港內一部分的浚渫掩埋工程，爾後為謀求數次規模的擴張又繼續工程，預計在大正十五年完成既定計畫，但又決定再延長到大正十八年度。如此一來將花費三十一年的歲月，工程費總額三千五百九十二萬圓。此一工程竣工之日：

(1)在九百九十二丈的新造碼頭能停泊三千噸級乃至一萬噸級的船舶十一艘，既有碼頭的四艘加上浮標的六艘，合計內港能停泊二十一艘大船。

(2)新造碼頭內四百零七丈專供裝載煤炭用，一年能裝載八十萬噸的煤炭。

(3)設三千噸級與一萬噸級二座船塢，以供船舶的修理，至今已建成的設備現狀如下。

A錨地面積，外港水深三十尺以上有三十四萬六千坪，內港二十四尺乃至三十二尺有二十萬五千六十九坪。

B浮標，外港有二個，內港有十個，鋼筋混泥土造浮淺橋有三座，其他內外港的航路有四個，合計十九個浮標。

C其他防波堤延長有一百八十丈與一百三十丈等二處，碼頭九百二十二丈，護岸石垣延長一千三百四十八丈，陸上設備完成鐵道的碼頭連絡等。

2 高雄築港

高雄是南部臺灣唯一的要港，人口四萬三千餘，位於寬八百丈、長三里的高雄灣內側，灣僅在西北端有開口通到外海，可謂天然的良港，但原本水淺，灣的大部分在退潮時不過三尺而已，而且港口附近處處有岩礁淺灘等，連小輪船都不能自由出入，因此在佐久間總督時代，以經費一千七百餘萬圓著手大築港的工程，做為明治四十一年到大正十四年的十八年永續事業。其計畫的內容如下：

⑴建造七百三十丈的碼頭，以便一萬噸級的船舶能碇泊碼頭，使水陸的連絡完備，適應一年九十萬噸貨物的吞吐。

⑵其設計是從港外到港口開闢水道，港口在南側建造二千二百八十尺的防波堤，北側建造七百六十尺的防砂堤，以防止波浪與漂砂的流入。

⑶把港口拓寬五百尺，在港內退潮時三十尺的水面積能保有五十四萬四千坪，至今已完成的部分如下：

A建造二千一百八十九尺的防波堤，浚渫土砂約二百八十九萬坪，退潮時十八尺以上的水深、面積在港內有三十三萬五百七十五坪，在港外水道寬八十丈，退潮時有二十六尺乃至二十八尺的水深。

B除去港口岩礁，在港外完成二個航路標識，在港內完成十二個繫留浮標。又建造四百八十丈的碼頭，現今有八千噸級以下的船舶六艘能停靠碼頭，浮標也能繫留六艘，但大正六年以後因物價上漲，必須追加預算以彌補工程費的不足，故竣工期限可能會延長。

領臺當時郵件的搬運（需要軍隊護送）

3 蘇澳築港

蘇澳是接近本島北部的漁場，做為漁港的位置最適當，因此為促進本島水產的發達與蘭陽地方一般產業的開發，以六百六十二萬圓預算，在田總督時代的大正十年起開始修築工程，在大正十二年竣工。

4 海口築港

海口是為開發本島最南部恆春地方的交通與水產業，在大正十年以十一萬五千圓預算，自同年七月起著手修築，翌年度完成。

第三節　郵政

現在臺灣的郵政在與日本當地完全相

同制度下，正確且迅速的進行，但回想改隸前的情況，其速度之緩慢甚為驚人。

一　改隸前的郵政

改隸前施行的郵政制度是劉銘傳在西元一八八八年（明治二十一年）起施行，因此此一制度與世界普遍實行的大異其趣。

1　郵政

首先把郵票分為郵政、商票二種，郵政是用於遞送官書，而商票是貼在人民委託寄送的信件上，其外形如銀行支票般，把數張裝訂起來成帳簿，當民眾委託寄送時，就秤信件的重量，把年月日、郵資寫在郵票的表面，一半貼在信件，另一半留在帳簿，當一本帳簿用完時，就送回臺北的總局。而遞送郵件是使用所謂站夫的工人而非車馬，經過地的驛站分為正站、腰站二級，各站間相隔約三十哩。郵資依重量與經過的站數來計算，因此寄送遠地時就昂貴，譬如臺北與臺南之間有十站，加上臺北與臺南兩站合計十二站，一站二十文郵資，總計二百四十文，但未設正站、腰站之處必須另外送去，因此實際上需要二百七十文的郵資。以上是官設郵政，另外在臺南有五家私設郵政公司，每次輪船進出時處理大陸及香港的郵件，信件每一封收一百文的郵資，小包則依物品而有各種規定，據說如人蔘般昂貴物品的郵資就非常高。

2 電信

電信事業頗為可觀，西元一八七七年（明治十年）在打狗、安平間鋪設海底電纜，西元一八八七年（明治二十年）在澎湖、安平間鋪設海底電纜，翌年在安平、臺北間架設陸地電信，而芭蕉島（福建省閩江口）淡水局的海底電信也落成，以臺北為總局在淡水、臺南、安平、新竹、嘉義、澎湖等設電信支局。在此之前，沿著基隆、新竹間的縱貫鐵道因設有電信線而漸次發達。

二 改隸後的郵政

如上所述，劉銘傳制定的郵政制度雖不完備，但也存在，如現在般文明的制度則是領臺後的設施。日本在明治二十八年佔領澎湖島時所設的野戰郵政局，可謂在臺灣的郵政制度的嚆矢。之後隨著領臺軍的南進也在兵站部所在地設置，最初是軍事郵政。

1 郵政

明治二十九年四月撤廢軍政改為民政時，當局立即沿用日本的制度使制度完備，但因道路險惡、橋樑又不多，加上土匪出沒無常而常發生掠奪郵件或殺傷郵差等事情，因此在遞送時常需要警察、憲兵或守備兵等護送。因狀況如此，以致付出很大的犧牲才有今日般正確迅速的配送。

2 電信

電信是明治二十九年四月開始民政之際，繼承日軍兵站部民政部，當時陸地線有延長一百九十一里，海岸線有五十二里（安平澎湖島間）。然多為修繕清代的線路而成，最初頻頻故障。之後因修改與延長而漸次發達，經由沖繩的日本臺灣線在明治二十九年五月竣工，明治四十三年十一月淡水長崎間的線也開通，在此日本臺灣線變成如今日般的複線。此外淡水、福州間在改隸當時使用權雖在日本，但所有權的歸屬卻未定，但明治三十二年與清廷交涉的結果，所有權歸日本，由此通話區域每年擴張，同時也整頓電信業務，明治四十三年十月在臺灣的北端富貴角設立無線電信局，與航行臺灣近海的內外船舶開始通電，之後在臺灣的南部鳳山也設立軍用無線電信局。

3 電話

明治三十年三月為澎湖島守備隊各部相互間，以及媽宮郵政電信局與西嶼燈塔間所設的是在本島的電話架設的嚆矢。之後隨著臺灣的開發，現今島內重要地方均有設置，也開始長途電話。在臺灣利用電話不僅是一般用而已，也不能忽略對理蕃事業的重大意義。

郵政電信電話		大正二十九年度	大正十三年度	備考
普通郵件	受理	四、八三六、八一二件	五五、八六九、八八八件	國電報依據萬國條令使用國際線，有淡水與福建省川石山東方擴張電信公司（福州）的通信連絡。
	配送	五、四三四、九九七	六三、五七四、〇二一	
小包郵件		三十二年度		
	受理	一七七、六九二	六二四、二二六	
	配送	二八三、七三一	九七八、七九二	
郵政匯兌		三十二年度		
	件數	三九二、五九八	四九三、四七六	
	金額	五、四八七、八七六日圓	二四、七三〇、七九八日圓	
電信	發電	一九八、五八一件	一、三〇七、一八四件	
	來電	二一二、四四八	一、三六四、二三三	
申裝電話者		三十三年度 四四〇	一一、一七九	

依上述的統計就能了解交通發達的推移。

第十二章　財政與金融

第一節　臺灣的財政

改隸當時的臺灣財政每年仰賴日本政府七百萬圓上下的補助，現今除能獨立自給之外還有多額的餘裕，這可說是兒玉總督銳意勵精確立其政策所致，鎮定土匪之後，統治臺灣的大著眼是使財政經濟發達。從此一意味而言，先從兒玉總督的政策開始敘述。

第四任兒玉總督

一　兒玉總督的財政政策

明治三十二年兒玉總督在任當時，內不僅文武官員互不親近，且行政司法的官僚又彼此不和，外有土匪四處作亂，諸般政策尚未確立，臺灣處在幾乎渾沌的狀況。在此兒玉總督首先制定文治的方針、確立司法制度、改革行政機關等，立下種種功績，但其中最著名的是使臺灣財政獨立，促進經濟的發達，奠定殖民政策的基礎。兒玉總督為斷行財政獨立做為其根本，首先從事土地調查、實施專賣制度、設置交通機關等。

1 土地調查

在農業殖民地最重要的是土地，但臺灣的土地是由遷移臺灣擁有龐大資本與勢力的所謂豪族，取得墾地的官許，招募農民即中國移民，支付資本，任意開拓廣漠的地區而成。而此等豪族稱為墾主，墾主向農民徵收租穀，負擔納稅的義務，農民稱為墾戶，自己耕作該土地或讓他人耕作以徵收佃租，對豪族就繳付上述的租穀，此等豪族（墾主）向農民（墾戶）徵收的租穀稱大租，農民向其佃農徵收的租穀稱小租，因此墾主是大租戶，墾戶是小租戶。大租戶一開始掌握有關土地的實權，但隨歲月的演變與時勢的變遷，其實權轉移到小租戶，大租戶幾乎變成僅有虛名而已，小租戶有任意出售或出租該土地的權利，因而大租戶僅剩向小租戶收受租穀的權利。由此使得大租權、小租權均個別移轉，以致有時大租戶與小租戶互不了解其權力，使大租戶蒙受最大的不利。因為大租戶雖向小租戶收取大租，但有不確實的情形，卻必須負擔納稅義務的義務。總之，大租戶、小租戶的習慣，造成土地的直接經營者與納稅義務者的關係變得疏離，而對土地的發達與農業的進步帶來不少阻礙。

於是土地調查除為了革除其弊害，也以增收地租為目的，在明治三十一年著手調查，至明治三十七年完成。其結果⑴農地的舊甲數有三十六萬一千甲，卻變成七十七萬七千甲，耕地的面積多出二倍以上。同時⑵收購大租權（廢除），⑶承認小租戶的業主權，賦予納稅的義務加以課稅。為此稅額在明治三十一年的地租收入僅七十八萬圓，但土地調查後的明治三十八年卻高達二百九十七萬圓，增加約三倍。但新制的土地課稅僅針對西部臺灣，並不及於其他地方，直到大正三年（佐久間總督時代）才對東部臺灣，以及大正五年（安東總督時代）對澎湖島也施行與西部臺灣同樣的地租規則，至此全島才施行劃一的制度，在大正八年（明石總督時代）修訂租率至今，但土地調查及土地課稅的基礎卻是由兒玉總督所樹立。

2　實施專賣制度

目前專賣制度的種類有鴉片、食鹽、樟腦、煙草、酒等五種，其中鴉片（大正十三年度收入四百四十三萬圓）是明治三十年樺山總督時代開始專賣，酒（大正十三年度收入一千一百五十二萬圓）是大正十一年田總督時代開始專賣，但其他三種均是兒玉總督為尋求財源所創的。首先⑴食鹽在清領時代也是專賣，但改隸時廢除專賣，生產、販賣均自由委諸民間，但因鹽田日益荒廢，價格也經常變動，弊害叢生，因此兒玉總督為安定島民生活與振興沿岸產業，在明治三十二年五月參酌舊制實施專賣，一方面努力復興與擴張荒廢的鹽田，謀求增加產額與改善品質，使鹽價均一。在實施專賣當時，鹽田面積僅二百甲，但明治三十二年底變成三百五十甲，而產額也從一千八百四十萬斤逐次增加，至大正十三年底鹽田面積達二千三百五十甲，產額二億八千二百三十萬斤，價格達到二百八十七萬圓。(2)樟腦早為外國人等所垂涎，外國人以輸出賺取暴利。自此以來清廷嚴禁輸出，但因走私猖獗無法禁止直至改隸。樟腦變成官營是在食鹽變成專賣後的翌六月，臺灣的樟腦本以生產量多、品質一定、價格低廉等三大特色著稱，普遍獲得世界的好評。實施專賣當時的出售數量為樟腦七十萬斤，這個價格加上副產品也不過九十一萬五千圓而已，但大正十三年的販賣數量則有四百六十三萬斤，把此價格與副產品合計起來超過一千一百零八萬圓。(3)煙草在明治三十八年四月變成專賣，之後隨住民財力的增加與生活水準的提升，消費量日益增多，大正十三年的收入有一千一百零三萬圓。

3　制定事業公債法

兒玉總督認為當時開發臺灣上當務之急的除上述的土地調查之外，還有鋪設縱貫鐵道、基隆築港、新建廳舍監獄官舍等，希望以公債來支付這些費用，因此在明治三十三年募集四千萬圓的事業公債來付諸實行，由此更進一步促進臺灣的開發，可謂功不可沒。

二　財政的獨立與發達

明治二十九年四月在本島施行民政的同時，也必須樹立有關財政的政策，因此在明治三十年設特別會計法，依此兒玉總督不僅斷行本島財政的獨立，之後每年都產生龐大的剩餘金。以下來觀看本島財政的狀態。

1　財政的獨立

從明治二十八年改隸當時的臺灣財政來看，日本因承襲以往的秕政，以致歲入極少，與歲出不成比例，不足以奠定臺灣財政的基礎，因而接受日本會計的補助。就拿明治二十九年來看，歲入九百六十五萬圓中，日本會計的補助額高達六百九十四萬圓，區區二百七十一萬圓的差額就是臺灣的歲入。為此，當時有人認為統治臺灣的前途渺茫也不足為奇。於是政府在翌三十年制定臺灣特別會計法，把臺灣的歲入與日本本國會計的補助金做為歲入來施行諸般設施，把明治四十三年定為臺灣財政的獨立期，此期間每年從日本本國會計接受補助。在制定臺灣特別會計的明治三十年，接受五百九十五萬圓，雖比前一年稍少，但翌三十一年減為三百九十八萬圓，明治三十二年又減為三百萬圓，明治三十三年到三十六年每年減為二百四十萬圓上下，至明治三十七年最後接受七十萬圓為止，翌三十八年起完全不需要接受日本本國的補助，至此臺灣財政終於獨立。比預定還要早四年達成。

2 財政的發達

之後諸般的設施日漸增多，使每年的支出額也次第增大，但隨著島內經濟的發展、產業的進步，收入也倍增，在明治四十二年、即預定財政獨立年限前一年起至大正三年度，把關稅的一部分轉移到日本本國會計，在大正二年度把砂糖消費稅的一部分轉移到日本本國會計，翌三年度起把該稅中對日本當地消費額的全部轉移到日本本國會計，即使如此安排臺灣財政也不感吃力。由此可窺知臺灣財政牢固的基礎。從明治三十八年臺灣財政獨立當時的歲計來看，歲入二千五百四十一萬圓，歲出二千四十四萬圓，大正十三年度歲入一億一千三百六十一萬圓，歲出八千六百八十六萬圓，有二千六百七十五萬圓的結轉。從下列歲計來尋找財政發達的足跡，就能了解何等富裕。

年度	歲入（圓）	歲出（圓）	盈餘（圓）
明治二十九年度	九、六五二、〇九八	九、六五二、〇九八	㈠歲入超過的是接受日本本國的補助所致，㈡因此省略記載三十七年度以前。
三　十年度	一一、二八三、二六五	一〇、四八七、六一〇	
三十一年度	一二、二八一、九六〇	一一、二一七、一八七	
三十二年度	一七、四二六、六一八	一六、三三三、五四八	
三十三年度	二二、二六九、六九五	二一、四七四、五一三	
三十四年度	一九、七六六、三三三	一九、三六三、七五五	
三十五年度	一九、四九七、五七九	一八、四〇六、八〇五	
三十六年度	二〇、〇三七、五三三	一九、一〇九、二七八	
三十七年度	二二、三三三、一一五	一八、八八九、六六三	
三十八年度	二五、四一四、一四五	二〇、四四二、九三八	四、九七一、二〇七
三十九年度	三〇、六九二、一七三	二五、三三四、二〇五	五、三五七、九六八
四　十年度	三五、二五九、七七二	二七、七〇九、七五一	七、五八六、〇二一
四十一年度	三七、〇〇五、七六三	三〇、六六六、四五五	六、三三九、三〇八
四十二年度	四、〇四〇、九一七	三〇、一八九、三八三	一〇、二二九、七二四
四十三年度	五五、三三八、三四六	四一、二〇一、五三三	一四、一三六、八一七
四十四年度	五七、八三九、八四五	四三、六二一、二五一	一四、二八一、五九四
大正元年度	六〇、二九五、八五八	四七、一八八、五七六	一三、一〇七、二八二
二年度	五四、二一七、九二三	四四、四七三、七八一	九、七四四、一四一
三年度	五三、一六四、三三九	四七、六九五、八三四	五、四六八、四九五
四年度	四五、六四〇、五一九	三八、二四九、七〇七	七、三九〇、八一二
五年度	五五、七六五、六八七	四二、六八六、五六一	一三、〇七九、一二六
六年度	六五、四二五、四九六	四六、一六六、五五八	一九、二五八、九三八
七年度	八〇、五〇〇、七三二	五五、三三四、七七八	二五、一六五、九五四
八年度	一〇〇、一六五、五四三	七二、三二三、一三八	二七、八四二、四〇五
九年度	一二〇、二七五、八四八	九五、三三四、一一一	二四、九四一、七三七
十年度	一一二、〇二五、五八五	五四、五一九、六三五	五、七五〇、五九五
十一年度	一一三、四二〇、五二一	九六、三四六、五一六	一七、〇七四、〇〇五
十二年度	一一〇、〇九七、五六二	八七、七三八、九五一	二三、三六八、六一一
十三年度	一一三、六一四、七九八	八六、八六一、八四七	二六、七五二、九五一
十四年度	一一九、五五九、八七六	八七、七七〇、八七五	三一、七八九、〇〇一

其次為了解歲入及歲出重要的科目，以大正十四年度的預算轉記如下來看，在歲入官業及官有財產的收入與租稅是重要的項目，在歲出是專賣局費、地方廳費龐大。

	科目	歲入金額
臺灣歲入	官業及官有財產收入	六八、五七二、六八九
	租稅	一五、四五三、二二五
	印花稅收入	二、二三〇、七二四
	雜項收入	—
前年度剩餘金結轉		二、一九四、二四一
官有物出售費		六六三、四八七
其他		
合計		八九、八六五、九一〇

	科目	歲出金額
經常部	專賣局	二六、八八〇、八二九
	地方廳	一三、三五二、七三七
	交通費	一二、九〇七、八二七
	國債整理基金特別會計結轉	四、五二六、〇四五
	教育費	二、八一八、五一二
	預備費	二、〇〇〇、〇〇〇
	醫院	一、〇三二、九四九
	其他	—
臨時部	事業費	八、五五二、七五七
	補助費	五、三九四、七〇六
	勸業費	一、〇三三、五〇八
	酒賣創業費	—
	學費臨時加給	—
	退職特別賜金	—
合計		八九、八六五、九一〇

三　發行彩票

有一段時期發行彩票做為臺灣的變相式財政政策，這是投臺灣人所好，非常有趣。

1　發行彩票的原因

彩票是一種彩卷。原來本島到處流行各種彩卷，另外還有一種馬尼拉及南洋方面發行的名為天財票的彩卷，很多人不惜一擲千金來賭輸贏，因此每年有巨額的資金流出海外，於是佐久間總督一方面為防止資金的流出，同時為籌措興建無力負擔的公共設施的財源，而在此政策下發行。

2　發售彩票

於是當時佐久間總督在明治三十九年六月以律令六號規定凡為慈善、衛生、保存廟宇的事業得發行彩票，接著在同年九月首次發售，至明治四十年三月第五次發行的五次銷售額高達一百二十萬圓以上。然因故僅發行到第五次，就在明治四十三年三月二十日以號外告示中止發行。

第二節　臺灣的金融

領臺當時比鎮定土匪次要的是實行獎勵產業、整頓交通、調查土地等經濟性政策，因此等政策日益奏效，使財政發達、金融圓滿，而得以與其他經綸一同收統治臺灣的實。

一　金融機關

首先就金融機關來看，在改隸前尚無所謂的銀行，因此對如砂糖、茶等特種生產品，有所謂的銀會（融通給福建移民資金的機構）、匯兌館（雖是匯兌商，卻也借貸資金）及媽振館（針對茶業者的金融機關）等資金融通的機關，但並無針對其他一般農工商業者的金融機關，僅有向地方的巨商豪農臨時融通。

1　銀行

然在明治二十八年本島始政之際，必須有辦理國庫金的機關，因此才在本島開始設銀行。隨著總督府的始政，日本中立銀行在臺北設辦事處，翌二十九年開業，此外日本銀行也在臺北、臺南、臺中等六處設辦事處，從中立銀行承接辦理國庫金的事務，明治三十二年設立臺灣銀行，臺灣銀行成為本島特種銀行最重要的金融機關。銀行是在明治二十八年臺灣始政之際，當時的大藏大臣松方侯爵提出：「既已得到臺灣，為了開拓必須依據利用厚生的主義，先設置金融機關，而且該金融機關必須是擁有紙幣發行權的特殊銀行，如此他日遇到非常時變時，亦能幫助新領土的財政，謀求經濟界的發達」的意見，依據此一意見，在明治三十二年發布臺灣銀行法，從這年六月開始營業。依此日本銀行辦事處歇業，臺灣銀行成為臺灣的中央銀行。

銀行名稱	創立	資金(萬圓)	沿革	備考
日本中立銀行辦事處	明治二十八年	五〇	在明治三十二年與三十四銀行合併改稱三十四銀行分行	一 在臺灣的銀行是依據大正十三年十二月底現在，家數七家，資本金一億一千八百萬圓（繳納九千八百萬圓），準備金一千五百萬圓，淨利七百萬圓，存款九千二百萬圓，貸款二億九千萬圓。
日本銀行辦事處	明治二十九年			
臺灣銀行	明治三十二年	六、〇〇〇	有發行紙幣權能的臺灣中央銀行	
臺灣儲蓄銀行	明治三十二年		在大正元年與臺灣商工銀行合併	
嘉義銀行	明治三十七年		合資公司	
彰化銀行	明治三十八年	六〇〇		二 請注意在兒玉總督時代，有眾多的金融機關蔚然興盛。
日本勸業銀行代理店	明治三十八年		大正十二年在臺北設置分行	
臺灣商工銀行	明治四十三年	一、六〇〇		
新高銀行	大正四年		大正十二年與商工銀行合併	三 最近各銀行均受經濟上的打擊而減資，現在資本金變成如下：
華南銀行	大正八年	一、〇〇〇		臺灣銀行　四千五百萬圓 臺灣商工銀行　一千萬圓
嘉義銀行	大正十年		株式會社，繼承上述嘉義銀行的業務，在大正十二年和商工銀行合併，	彰化銀行　四百八十萬圓
臺灣儲蓄銀行	大正十年	一〇〇	大正十年施行銀行法的結果，商工銀行不能兼營儲蓄業務，因此以商工銀行的分身設立	華南銀行　五百萬圓

2 信用組合

中產階級的金融機關有所謂的信用組合，這是產業組合（各人為謀求各自的產業或經濟發達的組織）之一種，把資金借貸給組合員或謀求存款的便宜為目的。在日本當地設有多家，但近年隨著臺灣逐漸發達而許可設立。在大正二年的組合數僅十一家，組合員二千三百五十人，資金九十三萬圓而已，但從大正十四年十月來看，組合數有二百八十家，組合員多達十四萬三千三百七十人，資金超過一千二百三十九萬圓，成為本島人普遍利用的金融機關。

3 互助信貸公司與產業獎勵資金

前者是在大正五年施行，目前營業中的有臺灣勸業無盡株式會社與大正無盡株式會社，做為庶民金融機關發揮相當的功能，後者是本島郵政儲金累積在中央政府，經由日本勸業銀行還原給本島的資金，主要貸款對象是公共團體、產業組合或個人的產業資金或住宅組合資金等，貸給總督府認為妥當的方面。

二 幣制

改隸前的幣制與清代一樣，並無一貫的貨幣制度。其通貨的種類極多，高達一百數十種以上，而且交易計算的單位全島一律稱元，但其實價各地不同，而且貨幣也用秤一一量過才收付，因此費時費事。

1 改隸前的幣制

如上所述，通貨的種類多，但若大致區分可分為馬蹄銀、銀幣及銅錢等三種。⑴馬蹄銀亦稱銀兩，官鑄，有大小各種，在清代使用在巨額的金錢交易，但在本島因其品質比其他貨幣佳，而多半由銀匠收購，不太在市面上流通。⑵銀幣有鈸仔銀（在廣東、新加坡、香港、臺灣鑄造，有十錢、二十錢二種）、粗銀（有傷墨西哥元、西班牙元、日本圓銀即龍銀等），⑶銅錢有制錢（中國各省官局鑄造）、樣錢（北京官局鑄造）、私錢等三種，上述中最普遍使用的是粗銀與銅錢。⑷紙幣就是銀票，有官衙間通用的銀票，以及劉永福反抗日軍時為籌措軍費所發行的官銀票，但不久因他敗逃，其官銀票也變成廢紙。

2 改隸後的幣制

⑴貨幣的種類—改隸後政府為支付經費，把日本銀行兌換卷、一圓銀幣及輔幣移入臺灣，因此臺灣的貨幣變得更複雜，翌二十九年四月開始民政後，謀求專為流通日本貨幣，銀幣一開始就能順利流通，但兌換卷卻被視為與中國錢莊發行的銀票一樣，因此流通並不順利，遂在銀與紙幣之間產生價差，其金額有二十錢之多，於是政府開始在各地換銀，終於把差額降至二、三錢，紙幣的流通才逐漸順利。⑵金幣本位制與臺灣—接著在明治三十年十月一日，在日本當

地實施金幣本位制。於是在社會上也引發一個問題，就是是否也和日本當地一樣，在臺灣實施金幣本位制，但政府推論在臺灣的經濟上狀態，尤其有關貨幣流通的舊慣，即時採用金幣本位制並不恰當，而決定在十月一日以後暫時以金幣計算，在臺灣通用銀幣，看時機再改為和日本當地同一制度。然後在同日以後，把國庫回收的一圓銀幣蓋上戳記，以對金幣的市價（一圓付給九十六錢四厘的公定價格）使用在公納，同時禁止原來准許在公納使用的外國銀幣及私自蓋上戳記的貨幣的一切收納，以謀求日本銀幣的流通及兌換卷的普及。(3)發行臺灣銀行卷—在此之前，政府為謀求新領土的開發及幣制的統一，在明治三十二年設立臺灣銀行，發行臺灣銀行卷，與日本銀行的兌換卷一併在市場流通，但本島人對銀情有獨鍾，因此粗銀在市場流通甚多，完全妨礙日本貨幣的流通，因此在明治三十六年發布律令，對銀課徵輸入稅來設法防遏。(4)採用金幣本位制—流通如上述的多種貨幣，尤其把銀做為交易的本位，但銀幣的公定價格與實際價格卻很懸殊，經常造成臺灣經濟界的弊害，因此在明治三十六年也在本島採用金幣本位制，一掃其弊害，在翌三十七年發行能兌換金幣的銀卷，又在明治三十九年廢除能兌換金幣的銀卷的發行，而僅發行金卷，或禁止一圓銀幣的無限制通用等，種種變遷的結果，使臺灣變成如今日般流通臺灣銀行發行的金卷與日本當地移入的兌換卷、銀幣以及銅錢的金幣本位制的國家。

第十三章　蕃人與土俗

第一節　熟蕃

觀看臺灣的蕃人時，其開化的程度各異，山中的蕃人兇猛不服中國的權力，厭惡中國人更甚蛇蠍，因此一有機會就刎其頸。由此中國人稱之為生蕃。然居住平地的蕃人大致上服清朝的權威而歸其治下，終和中國人混合同化，這即是所謂的熟蕃。

一　平埔蕃

熟蕃分布的區域甚廣，在臺灣的平原一帶，居住西部平原的稱為平埔蕃，居住東部平原的稱為南世蕃。

1　平埔蕃的分布

在至少距今三百年前，漢人（明朝人）及荷蘭人等佔據西部臺灣以前，西部平原一帶的區域已居住平埔蕃，與山蕃、即生蕃對立。然而他們與生蕃一樣同為馬來系的印度尼西亞族（參照本篇第十七章），均從南方諸島遷居，但並非同一時代、同一地點登陸，有些早、有些晚，有些從西南海岸或西北海岸登陸臺灣，各自形成團體遷居，因此分為以下十小群，分布在西部臺灣一帶的平地。

	平埔蕃的族群	居住地	備考
南部	馬卡達歐小群	以鳳山為中心至打狗、東港、蕃薯寮等地方	以後馬卡達歐、西萊雅群遷至恆春、花蓮港的平原。
	西萊雅小群	從臺南到噍吧年地方	
	羅札小群	以嘉義為中心至哆囉國、斗六、西螺等地方	
中部	波阿瓦札小群	在鹿港、東螺、北斗等地方	以後這五群遷至埔里社平原
	阿里坤小群	在彰化、臺中地方	
	波布朗小群	在大肚、牛罵頭、大甲地方	
	巴賽赫小群	在葫蘆墩、東勢角地方	
	塔歐卡斯小群	在苗栗、後壠、新竹地方	
北部	凱達格蘭小群	以臺北為中心在滬尾、南崁、基隆、三貂地方	
	庫娃拉汪小群	以宜蘭為中心至蘇澳、頭圍等地方	

2 平埔蕃的土俗

平埔蕃(1)性愚直而容易受騙，猶帶野蠻的餘臭，尚未中國化的仍留有與生蕃一樣馘首的風

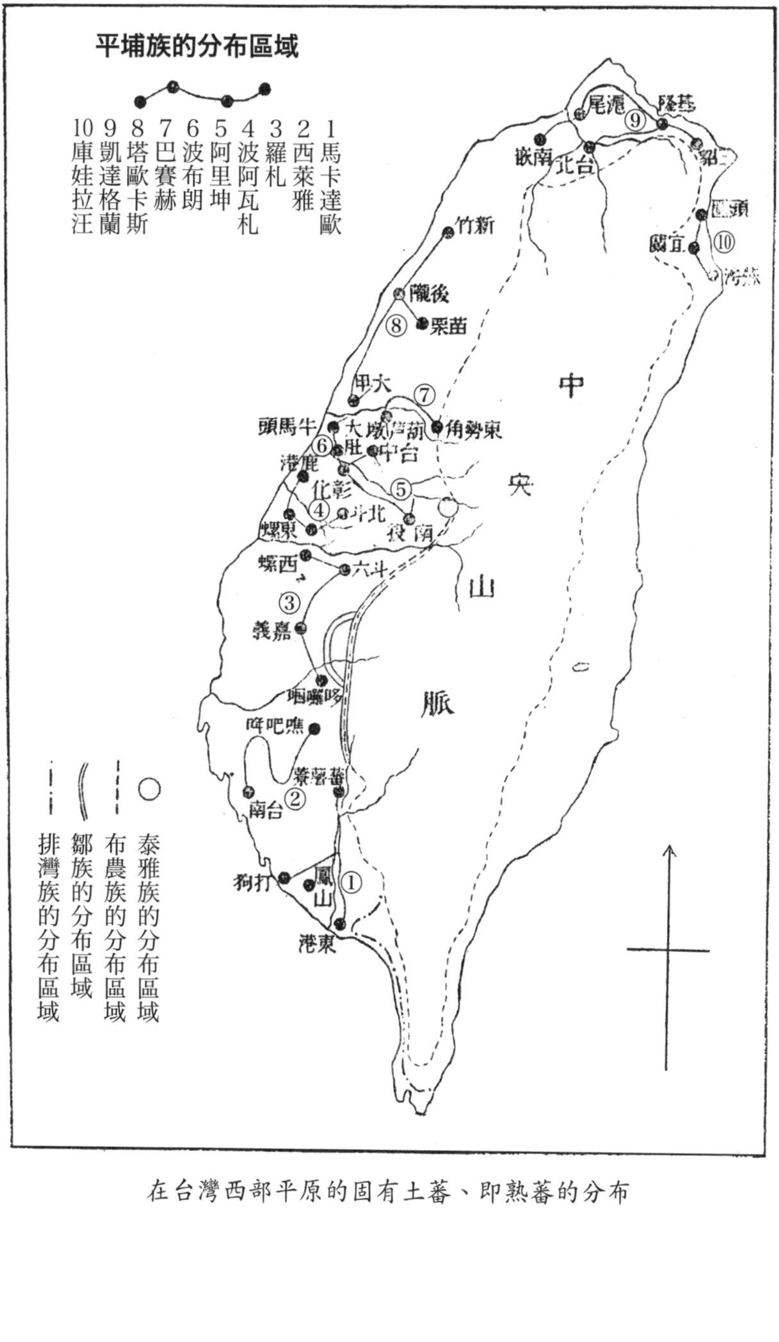

在台灣西部平原的固有土蕃、即熟蕃的分布

氣。依據中國人的記錄：「殺人後砍去頭顱烹煮、剝去皮肉、以金色裝飾骷髏，常向眾人炫耀」，但荷蘭人化或漢人化的平埔蕃不會這麼做。其婦女身體強壯、直立步行，頗為活潑，任何人只要語言相通都會歡喜回答，與中國婦女的柔弱、看到外國人隨即心生恐懼或掩面等完全不同。⑵以狩獵及農業為生業，⑶如風俗幾乎類似生蕃，但不像生蕃般赤身露體，其中更有人穿漢服，這當然是被漢化所致。女性和生蕃的女性也大異其趣，穿長上衣與褲子，不紋身，其家屋也像現今在臺灣鄉下的土廓造的茅屋差不多。⑷宗教是崇拜自然，在他們之中無偶像，也無殿堂或僧侶，也無神的觀念，唯認為有無數的靈魂，降下幸福獲得冥護而已。然荷蘭人佔據本島後，致力於土蕃、即平埔蕃的教育，如上所述以羅馬字拼音來信仰基督教。（參照第二篇第三章）

3　平埔蕃的大遷徙

唯利是圖的中國人趁平埔蕃的愚直屢屢壓迫侵略，可謂大勢所趨、在所難免，但隨著遷居本島的中國人越來越多，其中狡猾之人與通蕃情的通事勾結，以巧言籠絡平埔蕃人，僅以斗酒尺布之微來騙取彼等的土地，或公然以武力脅迫、毀其家、殺其族、逐出域外，掠奪其土地。當局雖加以禁止，卻不能厲行，因此在道光年間遷居中國人以破竹之勢開始侵略平埔蕃地，其一是北路、即以彰化為中心，侵略以阿里坤小群為首的中部平埔蕃全部（參照前表中部）的地區，另一是南路、即以鳳山為中心，侵略馬卡達歐、西萊雅二群的棲息區域。結果平埔蕃終於失去抵抗力，北路的平埔蕃族相率逃入埔里社的盆地，南路的平埔蕃族相率逃至枋寮，在此分為二派，一派橫越中央山脈、經過卑南，遷居秀姑巒溪南方的臺東平原，另一派留在恆春的平原定居，均被漢族同化，現今已不見昔日的面影，完全無異於漢族，他們多數冠潘姓，而且信基督教的也多。

二　南世蕃

中國人通常稱平埔蕃為熟蕃，但依據清領末期在臺灣宣傳基督教二十餘年與從事蕃地探險，精通臺灣情事的美國傳教士馬凱先生的蕃書所載，熟蕃除平埔蕃之外，還有一族，即南世蕃。

1　南世蕃的分布

其分布似乎散居在花蓮港附近奇萊溪流域的阿美族部落內。

2　南世蕃的土俗

⑴居住農舍的彼等主要形成村落，在各村的周圍環繞竹林深壕，過門入村就有開放式的茅葺竹造的小屋，長五丈寬二丈左右的所謂狹長屋，另一方面有大型的公用水井，⑵服裝方面，男子幾乎裸體，女子下身纏布，男女均掛耳環，女子特別喜歡念珠與貝殼繫成的頸飾，⑶食物是以米為常食，生肉為美食，閒暇時終日抽煙草、嚼檳榔。然而他們因受貪得無饜的中國人與割據山地的蕃人的蠶食或同化混淆，現今幾乎快要滅絕。

第二節　生蕃

如佔居中國西南隅的苗族，依有無歸順而稱生蕃、熟蕃一樣，中國人對本島的土著蕃人也依進化的程度而稱生蕃、熟蕃。此外，還有所謂的化蕃，教化的程度比熟蕃低，介於生蕃與熟蕃之間，在臺灣中部日月潭的湖岸形成一個部落，但他們皆為馬來系的印度尼西亞族，與從中國大陸遷來的所謂中國人（其實是印度支那族，參照本篇第十七章）是完全不同系統的人種。雖把這些蕃人稱為生蕃、熟蕃、化蕃等，有進化的差異，但從人種上來看，完全是同一系。

一　生蕃的分布與蕃情

從人類學上來看，蕃人可分類為以下數種，以下概略敘述其分布與蕃情。

1　生蕃的分布

在臺灣面積二千三百三十三方里內，蕃地大致佔其六成，在此地域內，一萬尺以上的山有四十餘座，因此氣溫低，在五、六千尺以上的高地，即使夏季也很少超過華氏七十度，冬季降至冰點以下也不稀罕，而且常起濃霧，因此看見陽光的機會很少，在此情景下有七族十三萬的蕃人佔居全島。

種族名稱		人口（括弧內的數目是未歸順蕃的人口）	分布
北蕃泰雅族		三一、三五一（五三〇）	居住在埔里社沿北方的中央山脈一帶的山地，在七族中分布最廣。
南蕃	賽夏族	一、一四〇	居住在新竹州的南庄附近。
	布農族	一六、六四八（四、三六〇）	居住在埔里社南方的中央山脈及其中央山脈的東側。
	鄒族	一、八九〇	居住在臺灣最高的玉山谿谷。
	排灣族	四一、三五〇（八五〇）	居住在布農族南方至恆春的山地，以及花蓮港及臺東的平原。
	阿美族	三七、五四一	
	雅美族	一、五八八	居住在臺灣的東南端四十海浬左右的紅頭嶼。
代表性蕃人		蕃人的總數	備考
泰雅族。他們性兇猛、好馘首，往往成為理蕃上的障礙。		十三萬一千六百九人中，五千七百四十人尚未歸順。	除本表之外還有布馬族、祖阿利鮮族，但其體格、語言、歷史、風俗、習慣完全和排灣族一樣，因此包括在口傳最古老且人口最多的排灣族中。

2 蕃情

臺灣的生蕃並非漂泊性的人類，而是定居性的人類，各種族均形成所謂蕃社的社會組織，在此有具備處罰社眾犯罪權能的酋長，統率管理蕃社，維持安寧秩序。以下來看看各蕃社的情況，(1)在蕃族中泰雅族的蠻性最強，兇猛剽悍而盛行馘首之風。原本固陋，團結合作之念淡薄，連同部族間都常彼此反目成仇。(2)賽夏族比泰雅族稍微脫離蠻性，比較溫和，但卻很難駕馭。大部分被泰雅族化，一部分人已漢族化，編入行政區劃，過著與本島人同樣的生活，以本島語為日常用語。(3)布農族勇悍，團結心強，男女均勤勉，據說常儲存三年的糧食。(4)鄒族因吳鳳的教訓而矯正馘首的風氣，但對敵蕃的出草迄今仍未停止。而且他們勇氣過人，奉行之念強，留有敬老的美德。(5)排灣族的文化程度稍微進化，蕃情大致溫順，殺伐之風少。其他蕃族的社會組織有酋長（頭目），頭目是以選舉推舉或世襲，蕃族採平民主義，沒有身分階級，但在排灣族頭目是世襲而有專制權，土地是頭目所有，其蕃族是頭目的臣隸，身分階級不同。(6)阿美族自古就與漢人有交往，因此性情溫順，幾乎無馘首之風，是最富裕的種族。有人甚至編入日本的行政區，過著與本島人同樣的生活。(7)雅美族居住在太平洋的一個孤島紅頭嶼，性情溫順，不會加害異人，也不擁有槍器，僅有小刀、棍棒等而已。

二　生蕃的土俗

以下敘述蕃人一般的日常生活以及土俗方面。

1　衣服

依據口傳，往昔不知穿衣，僅披獸皮或樹皮，以後才了解用麻做衣服的方法。他們的衣服多為麻布，其形狀有二種，一種是穿著宛如無袖外罩般把背部與腋下縫合的上衣，長及股或膝，短及肚臍。男子腰纏棉布，在前面打結，其兩端垂前，婦女腰纏二片方形布，且男女均把方形布的兩端披掛在肩上，而另一種是穿著如襯衫般的上衣，婦女則穿中國式窄袖的長衣，此外盛裝時，各種族都穿不同的盛裝。用貝殼裝飾的所謂珠裙是最貴重的一套。

2　裝飾

有耳飾、手環、胸飾等，也有毀傷自己身體的一部分來裝飾的紋身、穿耳、缺牙、除毛等傳統的奇習。

3　家屋

主要是長方形，長四、五丈、深二、三丈、高七尺左右，把屋內的地盤向下挖一尺乃至四尺，在室內一隅設床鋪，建材是木、竹、石板、檜皮等，也會在住宅外設穀倉與家畜倉等。

4 食物

食物是以米、粟、稗、黍、甘藷、芋頭為主食，豆類、玉蜀黍為副食，其他還吃鹿、豬、猴等及其他野獸、鳥類、魚類與牛、豬、雞等家畜、蔬菜、筍、草木的嫩芽等，有自製的煙草、酒等，有時也種植果樹等。大體來說，蕃人是二餐主義，一餐是米、粟，一餐是粟、甘藷或芋頭是常例。

5 生業

男子以狩獵捕魚為主，耕作則交由女子打理。

6 刑罰

在蕃社內被視為罪惡的是殺傷、姦淫、竊盜、爭吵等，處罰的方法大致是以賠償來解決，但其中也有逐出蕃社外一段時間的情形。以通姦為例，最重有時會斬殺犯者。歸順蕃在執行這類處罰時，會事先取得駐在警察的諒解以參酌舊慣，但高度進化的蕃社有時是依照法律接受審判。

7 生產

生產是由孕婦自行負責接生、洗兒等奇習。

8 婚姻

婚姻通常需要取得尊族親的同意，但一部分蕃足間也會搶婚。娶妻通常要有一定的聘禮與媒人，但阿美族是母系制，因此是男子入贅女子家。

9 疾病

有各種風土病，但如甲狀腺腫大是特殊的疾病。現今有些地區雖有公醫，但僅限少部分，通常沒有醫師也沒有醫藥。使用某種草根、樹皮，或是仰賴巫女的祈禱。

10 死亡

蕃族皆有把死屍埋葬在屋內的風習，但有些是在埋葬後拋棄家屋另遷他處。然而近來一部分蕃人在屋外設公共墓地來埋葬。

11 馘首

蕃人走出蕃社馘首敵蕃或異族的頭顱稱為出草。出草的重要原因可分為以下三個條件，第一是為解決爭議的是非時，第二是為親友復仇時，第三是希望獲得英勇的表彰時。這種馘首的風氣最多的是北部臺灣的泰雅族，現在偶因些微問題或迷信，仍有殺戮居住蕃地的本島人，或蕃族間互相殺傷的馘首蠻習。因為在這些蕃人的腦中，原本就認為馘首是遵照祖先遺訓的道德性行為，因而肆無忌憚的予以尊重，達成其目的時，就相信是神靈的冥助所致。

第十四章　田總督與確立自治制

第一節　施行自治制

田健次郎出任臺灣總督期間，是大正八年十月到大正十二年九月出現山本內閣前滿四年，期間做為首任文官總督有頗多可觀的治績，其中又以施行臺灣自治制最為光輝。

一　田總督的施政方針

隨著田總督到任的同時，因總督是文官，故無兵馬之權，於是政府另外設置臺灣軍司令，當時柴五郎大將被任命為臺灣軍司令官赴任。由此田總督在大正八年十一月十一日到任，接著前後二次訓示施政方針。由此可窺知其活潑的施政方針。

1　第一次訓示

到任的翌日隨即提出以下的大綱。

「予以文官初次榮膺此一重任，特別感到責任的重大，臺灣是構成日本帝國領土的一部分，當然從屬帝國憲法統治的版圖。不能與英法諸國領地僅被當作是本國的政治策源地或經濟的利源地的殖民地相提並論，因此統治的方針均以此一偉大精神為出發點，為經營諸般的設施，使本島民眾成為純正的帝國臣民經營諸般的設施，必須教化善導本島民眾對我朝廷忠誠，涵養對國家的義務觀念」。

2 第二次訓示

田總督發表本訓示的第三天，從桃園廳開始，視察西部七廳的制度文物六天，之後又把全島的廳長召集到臺北，詳述前面的施政方針，發表第二次的訓示，讓臺灣的官民感覺有如一大警鐘。其內含蓄豐富、新鮮活潑，(1)緒言，(2)有關教化問題，(3)有關警察問題，(4)有關交通，(5)有關水利，(6)有關土地，(7)有關農林，(8)有關漁鹽，(9)有關衛生，(10)有關一般社會，(11)有關社會問題，(12)有關勤儉儲蓄，(13)有關官吏服務，(14)附錄，共分為十四項，滔滔不絕發揮數千言的口才，發表施行自治制的抱負。

第八任田總督

一言以蔽之，總督的功績是確立自治制，若觀看細目，在實施共學、獎勵海運業、領事裁判權歸屬本島、廢除笞刑令等眾多事業中，革新地方制度可謂最出眾，可流傳後世的事蹟，對臺灣來說是未曾有過的大改革。

二　修正地方制度與設置協議會

1　修正地方制度

大正九年七月以勅令發布總督府地方官官制，自同年九月起實施地方制度，其要點列舉如下，⑴廢西部十廳（宜蘭、臺北、桃園、新竹、臺中、南投、嘉義、臺南、阿猴、澎湖），設置五州（臺北、新竹、臺中、臺南、高雄）（東部二廳照舊），⑵把原來的中央集權主義改為地方分權主義，提高地方長官的地位、擴張其職權，⑶把州分為市郡，市設置市尹，郡設置郡守，⑷對郡守賦予警察權，而在市另外設置警察署，又在街庄設置街庄長等，大約與日本當地的地方長官官制相同，但不同的是⑴賦予郡守警察權，在郡配置警察官吏，⑵把相當於日本當地市長的市尹做為官吏，相當於町村長的街庄長給予官吏待遇，⑶有理蕃、稅務、調停等本島特殊的事務。依據上述的修正官制，施行州市街庄制，五州分為三市四十七郡，郡下設置街庄，廢除原來全島輔助機關的八十六支廳（西部二廳與五支廳照舊），在全島設置四十七郡。

如此改變全島的行政區劃，以備施行即將到來的自治制。

2 設置議會

在此州市街庄設議會，官派議員，州議會並非決議機關而是諮詢機關，因此社會上認為並非真正的自治制，但實際上在此處決議的事項幾乎都受到尊重而付諸實行。

第二節 確立自治制

在施行自治制的前提下，變更行政區、修正地方制度，接著設置議會而開啟自治的端緒，隨著以下敘述的解決六三問題與設立臺灣評議會而更加確立自治制。

一 六三問題的處置

以下敘述歷任總督視為統治臺灣暗礁的所謂六三問題。

1 六三問題的由來

如臺灣如此遠隔之地，尤其與日本本國的民情風俗大異其趣，因此畢竟不能以日本當地同樣的法律來規範，而且不論施行何種法律，若由中央主務省合議或每件事都一一在議會通過才能在臺灣施行法律命令，將迭失時機而不能收統治之效。於是帝國政府對臺灣總督委任立法權。這是在明治二十九年三月發布的法律第六十三號，即所謂六三問題。

2 解決六三問題

所謂六三問題的法律第六十三號，是由下列六條構成，最初此法律的有效期限限定為三年，如果期滿而失去效力，會對統治臺灣上帶來障礙，每次到期時臺灣當局都在議會為延長有效期限而惡戰苦鬥，前後長達二十餘年，經過第七次的折衝，終於進入田總督時代，在大正十年三月十四日依法律第三號的發布，日本當地法律以勅令能直接適用本島，在此使得二十餘年間成為統治本島暗礁的六三問題終於獲得解決。

解決六三問題的法律第三號	所謂六三問題的本文法律第六十三號
第一條　法律的全部或一部分需要在臺灣施行時，以勅令定之 第二條　在臺灣需要法律的事項卻沒有施行的法律，或依前條的規定很難施行的事項，依據臺灣特殊的情況必要時得以臺灣總督的命令規定之 第三條　前條的命令請求主務大臣的裁決	第一條　臺灣總督在其管轄區域內得發布具有法律效力的命令 第二條　前條的命令經由臺灣評議會的決議，經拓殖務大臣請求勅裁 第三條　在臨時緊急的情形下，臺灣總督得立即發布第一條的命令

第四條　依前條所發布的命令，在發布後立即請求勅裁且報臺灣總督府評議會，若得不到勅裁，臺灣總督公佈其命令在將來不具效力

第五條　在現行的法律或將來發布的法律，其全文或一部分需要在臺灣施行時，以勅令定之

第六條　此法律自施行日起經滿三年時喪失其效力

第四條　在臨時緊急的情形下，臺灣總督得不依前條的規定發布第二條的命令，依前向的規定所發布的命令，公佈後立即請求勅裁，若得不到勅裁，臺灣總督立即公佈其命令在將來不具效力

第五條　依本法臺灣總督所發布的命令，不得違反臺灣施行的法律及勅令

附則　本法自大正十年一月一日起施行之

二　設置臺灣評議會

田總督為遂行統治本島理想的同化、無差別、日本當地延長主義，做為解決六三問題的歸結，希望在本島施行的律令及其他島內各般的重要設施必須尊重民意，在大正十年七月設統治臺灣的諮詢機關—臺灣評議會。

1　臺灣評議會的官制

本官制是以大正十年六月一日的勅令發布，由以下六條構成。

第一條—臺灣總督府評議會隸屬臺灣總督，應其諮詢提出意見。

第二條—評議會是由會長一名、副會長一名及會員二十五名以內組成。

第三條—會長是由臺灣總督擔任，副會長是由臺灣總督從總督府部內高等官員及居住臺灣有學識經驗者中選定，會員的任期為二年，但臺灣總督認為必要時，雖在任期中也得解任。

第四條—會長處理會務，會長因故不在時，由副會長代理其職務，會長、副會長均因故不在時，由臺灣總督指定的會長代理會長的職務。

第五條—評議會設置幹事，由總督從總督府部內高等官員中任命之

第六條—評議會設置書記，由總督從總督府部內職員中任命之

2 臺灣評議會的運作

本會是領臺以來的新例。徵求民意的機關，此評議會在大正十年六月於總督府內召開第一次會議，在已召開的六次會議期間提出的議題有義務教育的實施案、道路的基本政策、施行民法的施行法、施行行政訴訟令等。評議會對此等問題提出答辯，結果獲得施行商法的全部、民法的除外令、施行訴願令等效果，並在本島實施，由此可見評議會在統治本島上收穫不少。

第十五章　臺灣的民俗

第一節　臺灣的住民

沐浴在一視同仁皇恩的總督統治下，過著快樂生活的三百餘萬島民，如何度過日常生活，了解土俗方面將有助於日臺親善、融合同化，因此從這種意味來說，以下敘述本島人的土俗方面。

一　臺灣人的分布

在此所謂的臺灣人，是指在二百年或更早以前，隔著台灣海峽與本島相望的中國大陸移居的民族，以福建及廣東二省者最多，終如今日般在平地主要有福建省移居，山腳主要有廣東省移居，但此一分布早在鄭氏時代就已存在。

1　閩族

亦稱福建族，泉州、漳州的住民最多。閩族移居本島從明朝永曆初年（德川家綱時期、一百六十年前）已開始，之後臺灣成為海盜的根據地，成為荷蘭人的領土時，應此等海盜或荷蘭人的招募而來的中國人主要為這些閩族。進入鄭氏時代，對岸一帶之地特別受到滿人、即清朝的壓迫，加上鄭氏採寓兵於農的政策來迎接彼等，以致擴散到西部平原各地。清代後，臺灣當局對本國中國人移居本島的設施方針經常不定，時而禁壓、時而獎勵，經過幾多變遷，總之對岸民族所看到的本島是土地豐饒的樂土，而且山谷未開發之地有甚大的遺利。於是他們最初從南方移居，漸次蔓延，自清代的康熙二十年起，經雍正、乾隆至嘉慶末年的一百四十年間，分布在南自鳳山、北至噶瑪蘭（現在的宜蘭）的廣大地區，把先住民的土蕃壓迫到東部山地，其勢威所不及之處，在平地只有噶瑪蘭以南的東部臺灣、即所謂山後的地方而已，進入道光、同治時代後，高明追求利益的他們進入山後一帶之地，自永曆起二百年間，全臺的平原沒有一處不留下閩族的足跡。

2 粵族（廣東族）

亦稱廣東族，潮州、惠州的住民最多。粵族移居本島是始於距今二百三十年前、即康熙二十二年成為清軍征鄭之兵渡海來到本島。雖在閩族遷臺僅僅二十年後，但當時閩族已在全島留下足跡。因此把先來的閩族稱福老（福是福建的簡稱，老是舊的意思），把粵族稱客人（客家人）。客人的粵族本來就比閩族少很多，而且移居的年代也如上述般較晚，因此西部平原的肥

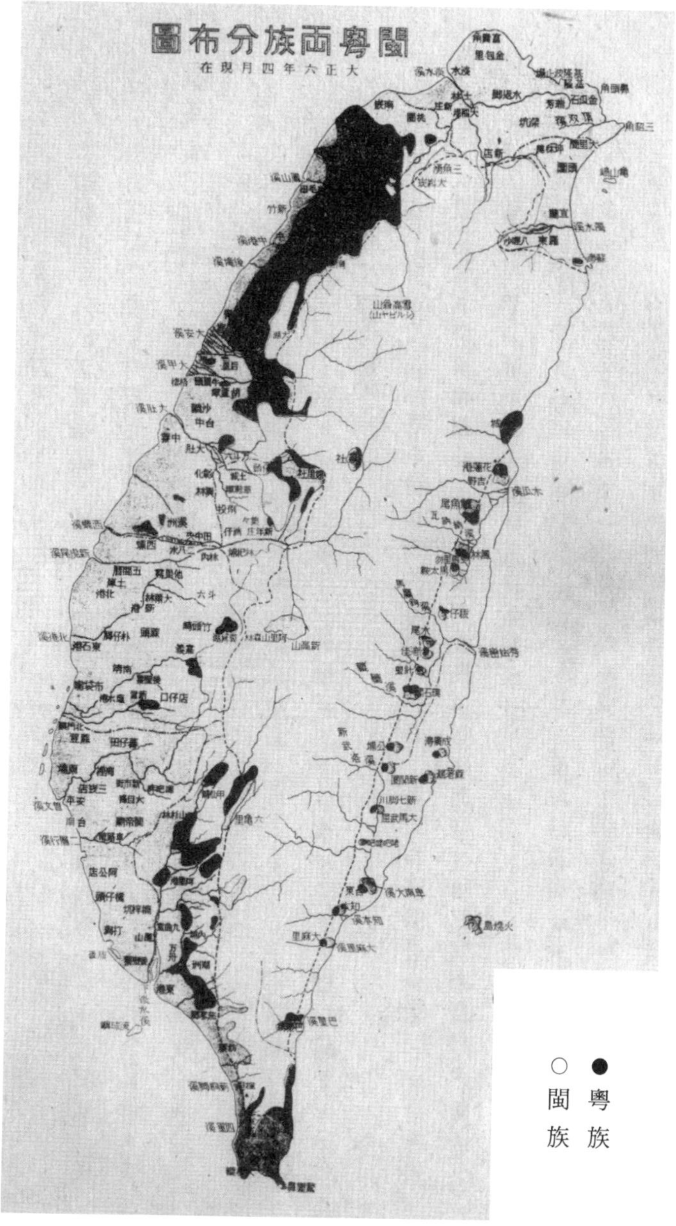

● 粵族

○ 閩族

沃之地概由閩族開墾。而粵族若想佔據其地，自然會遭受閩族的壓迫而身不由己。於是多數粵族散居在蕃界附近的山腳或東部平原。今日他們重要的居住地零星散佈在中壢到苗栗、三叉、東勢之間的海岸地方除外的一帶地區，以及下淡水溪的左岸一帶與臺灣的南端（城東及東海岸的八瑤灣地方），北自新城、花蓮港、臺東至八瑤灣的東部平原。

二 臺灣人的風土適應

氣候風土相異的中國移民、即現在的臺灣人祖先，來到本島後漸次習慣臺灣的風土而能生活，稱之為風土適應。

1 在文獻出現的臺灣風土

在醫學衛生學尚不進步的往昔，許多移民在適應熱帶乃至亞熱帶之地的風土前，不斷重複悲慘的歷史。最初企圖移居臺灣的中國人，當時因無法適應其風土而危害健康、死於非命者不少，尤其在北部平原似乎更甚。從文獻來看，⑴黎斯氏的臺灣島史記中記載：「就連今日欲長久居住臺灣島的歐人都有一大危險，有名的臺灣熱病（可能指瘧疾），永住的結果會使眼球凹陷云云」，此外搭乘英國軍艦巡航中國海上的博物學者赫倫奇烈馬特先生也說：「臺灣是不適合人居住的美島」，荷蘭傳教士則感嘆臺灣的不健康，由此可知臺灣是如何不適合人居住的瘴癘之地。⑵康熙十七年（西元一六七八年）清朝水師提督施琅在剿討臺灣的上疏中記載其實況：「居住臺灣的人（指中國人）原有二、三萬人，此數年來他們因水土不服而病故及傷亡者約五、六千」。此外⑶在郁永河（康熙三十六年臺灣探險者）的稗海紀遊中記載：「雞籠淡水地方水土苦惡，人至即病，病輒死，凡隸役聞被遣至雞籠淡水地方，皆唏噓悲嘆如前往絕域，以水師之例，在春秋更戍時均以得生還為幸，客秋朱龍圖謀不軌時，總兵命某辦率百人戍下淡水時，才二個月無一人生還，下淡水且然，何況雞籠淡水的遠惡更甚於此」，由此可知當時的風土如何折磨人。此外在郁永河的海上事略也對北部地方的狀況記載：「人雖能至，水土卻不服，生還者幾何」。當時處在如此狀況，因此如諸羅（嘉義）、鳳山縣治之地，有地方官藉口惡毒的瘴地而不赴任。再舉一例，⑷在藍鼎元的阮蔡文傳中記載：「蔡文以北路參將巡察北路地方時，部下涕泣諫曰，半線（彰化）以北民少蕃多，大肚、牛罵、吞宵、竹塹（新竹）諸處山川蓊鬱、水土苦惡，南崁、淡水窮年陰霧，康熙四十九年雖設淡水防兵，但一年期滿生還者僅三分之一，蔡文不聽而前往，中途因病而歸，但不癒」，以上的記錄可能稍微誇大其詞，但由此可知古來臺灣的風土如何不適合移居。

2　風土適應的時效

中國人原本就是足跡踏遍世界各地的國民，但對移居臺灣卻頗有難色。然而一般中國人仍具有冒險與忍耐的精神，甘冒這種瘴煙蠻雨深入內地開拓，長住的結果終於適應風土，除蕃地之外，全臺各處山陬谷僻之地均可見其村落，尤其改隸後依據日本當局的衛生設施與國民保健的方策，三百餘萬的島民證明東亞美島的臺灣是其適住地。

第二節　臺灣人的民俗

以下從第一、生活的樣式，第二、宗教，第三、迷信，第四、興趣來分別敘述，做為窺視臺灣人的土俗方面的手段。

一　生活的樣式

分為儀容、食物、住屋等三項來看時，均以簡易為宗旨，可能是因氣候風土所致，但主要是傳統的民族性所使然。必須了解臺灣人是凡事都崇尚簡單風習的人，這種風習也展現在生活上，平常雖是簡單明瞭、粗衣粗食，但在儀式典禮等上就變成複雜、笨重、華衣飽食，幾乎不像是同一民族。

1　儀容

以臺灣人的服裝來說，首先是中國式、類似洋服，男女均穿上下二件，上稱衫、下稱褲，一般是使用無花紋的素色布料，但也有特別加上各種花紋或刺繡等。男子的禮服是先穿衫褲，在外加長衫與褲腿，綁帶子，帶子一端挾在左側垂下。女子的禮服是在衫褲外加穿裙。男子斷髮、女子結髮，但福建族與廣東族結髮的形式與衣服的款式有些差異，福建族的髮型有龜仔頭（十五、六歲到三十四、五歲男子所結的髮型、類似龜甲）、螺鬃（十二、三歲到三十歲左右所結的髮型、類似貝殼螺卷）、頭鬃尾（三、四歲到十二、三歲所結的髮型，編成長辮垂在背後）等，廣東族則是所謂的銀髻鬃，類似日本當地的二〇三高地卷，因此乍看很容易與福建婦女區別。裝飾品一般喜愛簪、耳飾、手環、指環等。纏足僅限於福建婦女，廣東族沒有。此外用土名稱烏布的黑布包頭髮的是廣東婦女的特徵。男子的儀容兩族幾乎一樣，因此若不聽其語言，乍看很難分辨。

2 食物

臺灣人的日常食物極為粗糙，上流階層又當別論，中產階層以下的食物甚為簡單。雖然常吃米，但在南部地方的農民有時會在米中加入一些甘藷切絲曬乾成的蕃薯簽做為常食。副食品雖有豬、魚類，但魚肉絕不生食。臺灣人很愛吃脂肪（肥肉），烹調任何食物幾乎都使用。但在慶賀、祭祀等時就不像日常的粗食，而是堆滿山珍海味，盡情品嘗美食。

3 住屋

臺灣的家屋有單彈式與連續式二種，前者是單獨建造，後者是街市地的店舖等相鄰、與隔壁一樣。而在街市地屋簷下設的行路稱亭仔腳，成為行人的通道。這些街市地的家屋是以磚堆砌成，屋頂用瓦，但在窮鄉僻壤則有以竹柱、茅草屋頂蓋成的家屋，也有以黏土堆砌而成的所謂土角的住家。屋內通常昏暗，空氣不流通，讓人感覺陰鬱。然近來做為同化臺灣的象徵，語言風俗已顯著日本當地化，令人甚喜。

二 宗教

領臺前存在的宗教有儒教、道教、佛教（中國式）、齋教等依循舊慣的宗教，此外還有基督教（西洋人傳道）等，領臺後傳入的宗教有基督教（日本人傳道）、佛教（日本式）、神道等，以下概述各宗教在臺灣的狀況。

1 儒教

孔子祖述前代聖王的教義，說道德的實踐以顯示治國之道，同時把祭祀做為政務之一，最為重視的是儒教的教義，但本島的現狀是除少數有識之士之外，因不了解儒教的本義而陷入有道教臭味的迷信，對祭祀儒教系統神靈的廟祠的態度，完全失去儒教本來祭祀的意義，徒陷入為祈福求利之弊害。

2　道教

道教的淵源來自於黃帝老子，有周末方士說明依虛心養性就能升天化仙，而且在後漢末年出現名為張陵者，稱從老子傳授秘錄，盛行以符水禁咒作法來蠱惑愚民，在此打下迷信式道教的基礎，之後隨著佛教的傳播再加上其教理，就成為現在所說的道教。然而以本島來看，雖有所謂的道士，但卻對教義全然無知，僅以符水禁咒或進行葬儀為職，有些廟祠甚至有聲稱賭博能贏或能湮滅罪證等以此圖利的道士，也有專以念經為業的道士。

3　佛教（中國式）

佛教是印度的釋迦所說，經西域在後漢時期流入中國，在隋唐時期頗盛，但自道教受到唐朝的保護後就日趨衰退，至清朝更加衰微，僧侶大致都是不學無術之徒，空有堂塔伽藍而已。本島人原本是從福建廣東移居，因此本島的寺院大抵上是由鼓山湧泉寺或怡山長慶寺等的末徒所開拓。故雖是禪宗，卻不像日本當地般純粹的禪宗，有加上淨土的教義。此外，本島僧侶的不學無術與中國一樣糟，在全島數千名僧侶中，僅得數卷經文者屈指可數。

4　齋教

這是明朝時期自禪宗變體而成的，尊信觀音，與一般的佛教並無不同之處，但其信徒與僧侶不同之處在於不穿法服、不剃頭髮，在市井營生，與一般俗人無任何相異之處，但做為佛家弟子持身極為嚴正，能遵守戒律。其信徒皆不吃肉而常吃菜，故稱之為持齋宗，而其信徒俗稱食菜人。這也是今日陷入末法時期腐敗之弊而不免受到有識之士的指責，但這些信徒非常團結，往往成為施政之累，因此清廷視為邪教而曾講求禁遏的手段，西來庵事件的首魁余清芳也是食菜人，即以齋教為中心，靠著宗教的團結力起事。

5　基督教（西洋人傳道）

西元一六二七年荷蘭傳教士康濟丘斯把天主教傳至南部臺灣，在此前後西班牙傳教士也來到北部臺灣推廣，這是基督教傳入臺灣的開始。彼等銳意努力教化土蕃，因此有一段時間極為隆盛，但隨著西元一六六一年鄭成功的據臺，基督教曾絕跡。自此以後經過約二百年，西元一八五九年西班牙人再度派遣多名傳教士嘗試在本島傳布天主教。接著在西元一八六五年蘇格蘭長老教會派遣馬柯斯威爾博士，西元一八七一年又派遣坎貝爾博士來到臺南。另在西元一八七二年加拿大長老教會派遣馬偕博士來到北部臺灣，均備嘗艱辛為開教鞠躬盡瘁，現今西洋教會以大甲溪為界，在全島各處從事布教傳道。

領臺後傳入的宗教有三種，就是神道、佛教、基督教。

6　神道

十三派中現今在本島傳布的有天理教、金光教、神習教、御嶽教、以及實行教等五派，其信徒最初均為日本當地人，但近來本島人皈依者也日漸增多。

7　佛教（日本式）

日本當地佛教傳入臺灣是始於領臺當時的隨軍布教師駐在本島而努力開教，雖以本島人為本位，但隨著日本當地人漸次增加，自明治三十二年左右起傾向日本當地人本位，而忽略對本島人的布教。宗派有天臺、真言、日蓮、淨土真宗、禪宗等。

8　基督教（日本人傳道）

日本當地基督教在本島流布的有日本基督教會、日本教會、聖公會、日本組合基督正教會、希臘正教會等五派，其中日本基督教會的歷史最悠久，從明治二十九年起已開始布教，在各地擴張教勢。

三　迷信

本島人有很強的迷信之念，由此成為匪亂紛擾的泉源不知有幾回。容易陷入迷信的本島人，除向神佛占卜自己的吉凶禍福之外，也有求其他術者。施術者有巫覡、術士二種。

1 巫覡

施所有書符咒水等邪術的稱巫覡，有乩童、乩仙，均為受神佛之宣托。

2 術士

屬於這類的有日師、地理師、算命師、相命師、卜卦師等。即所謂的術士占卜吉凶禍福。如此此等的迷信、法術出現在他們的日常生活中，由此可窺知他們的土俗性民俗心理。

四 興趣

臺灣人的土俗如上所述出現在各種方面，但他們的興趣也反映土俗的一部分，從以下這些方面來看，就能了解臺灣人日常生活中的興趣所在，第一是從音樂與雜念，第二是從廣義的文學，第三是從藝術來看，可謂最好的方法。

1 音樂與雜念

臺灣的音樂有十種左右，重要的是從中國華南傳入的南管樂，歌曲使用土語，比從中國華北傳入、使用官話的北管樂高尚。所謂雜念，就是指當時流行的俗謠、情歌等，歌詞使用土語，有的使用樂器、有的獨唱。雖然住茅屋穿弊衣，卻愛好樂器雜念，實在讓人難以想像。受到因襲久遠的秕政收斂所苦的本島人，如何進入這種樂天享樂的境界，雖有各種理由可加以解釋，但他們喜愛音樂與雜念的程度仍令人感到不可思議。

2 文學

所謂臺灣的文學，幾乎全都是聚集中國文學的零碎部分而已。然臺灣既已經過清領以來二百餘年間，適應風土、順應環境，理應出現具有所謂臺灣色彩的臺灣文學，但因臺灣住民的思想崇尚拜金主義，故不可能產生優良的文學。然而若從往昔流入的中國文學來看，(1)在小說方面，如水滸傳、三國志等以歷史的事實或人物為基礎，把有的與沒有的有趣組合而成的歷史傳記，或以神仙、妖魔、道士、法術等為骨架，描寫變幻怪異情景的神怪題材最受喜愛，(2)有關昔譚歌謠（俗謠與童謠），主要以敘述物質性或感情纏綿而露骨呈現中華民族性的題材最受到青睞，(3)在純文學方面，完全只是模仿中國而已。

3 藝術

臺灣人產生的藝術上不能登大雅之堂，但若從有關稍有工藝性手藝建築等來看，均為色彩濃厚、結構繁雜，看不見端莊、優雅、莊嚴等氣息，僅在以丹青之美把形態複雜化之處，足以表現出臺灣人士俗的興趣與氣息。

第十六章　文化運動與臺灣議會

第一節　文化運動的端緒

在臺灣的所謂文化運動，可能就是企圖和總督政治與同化政策唱反調的一種民族性運動，但這是陷入錯覺性誤謬的少部分本島人，受到世界的思潮、環境的狀況等刺激，而走向政治性、民族性的盲目運動而已。

一　臺灣人的思想

在敘述這種文化運動之前，先剖析目前支配臺灣人的民族性思想，至少可分類為以下四種。

1　同化主義

這是本島人具有我等非變成與日本當地人一樣不可，真正了解同化主義、日本當地延長主義的思想，換言之就是統治本島需要的思想。

2　民族自決主義

這和包含眾多種族的各國所出現的民族自決主義一樣的主義，受中國等民族運動的刺激，在本島人的思想所湧出的主義，亦即所謂的祖國主義、大陸主義，中華民族僅期待中華民族的繁榮即可，即臺灣人是漢民族，因此希望在漢民族的勢力圈內生活，為此必須把臺灣變成臺灣人的臺灣才行的少數左傾派的聲音，日本領臺雖已經過三十年，但迄今猶不能真正了解日本統治精神的人所具有的思想。

3　大亞細亞主義

具有此一思想者的想法，認為全世界人類戰最大的是黃白戰，我們必須致力於大亞細亞的興隆，故必須把所有黃色人種大同團結才行。但這是理想論，遠離現實，因而被視為一種夢想。

4　無主義

這是完全沒有主義的人，只要自己平安無事、自己滿足快樂就夠了的個人主義，但此一思想在臺灣各階層意外的多。

二　實現文化運動

在臺灣的文化運動是以大正三年十一月二十二日板垣退介伯爵來到本島所倡導的臺灣同化會為嚆矢，因此先從臺灣同化會開始說起。

1　臺灣同化會的設立

當時的總督是佐久間左馬太，民政長官是內田嘉吉，警察本署長是龜山理平，拖著年邁的身軀來到本島的板垣伯爵，在臺北舉行發起典禮，之後在策士們的簇擁下巡迴全島，但因受到當局嚴密的監視而無法貫徹其初衷。板垣伯爵的同化會究竟是何種性質，在第十八章將詳述，在此僅列舉其要點來看時，就是把臺灣人變成與日本人一樣，臺灣人也應擁有和日本當地人一樣的權利與待遇。若從今日的狀況來看，算不上是特別的危險思想，但在當時卻被認為會赤化臺灣，而不由讓人同情板垣老先生。翌大正四年二月二十六日同化會被下令解散，但在此之前就發生該會幹部不法事件等，而導致如此悲慘的下場。總之，可視為今日所謂文化運動的先驅。

2　私立中學校的設立計畫

有關臺灣同化會的組織，據說是由臺中的富豪、現任臺灣文化協會總理林獻堂一族出資，但除此之外，林獻堂還有意在臺中開設私立中學校，企圖以此反抗臺灣總督府的教育方針，因為投一般臺灣青年之所好，因此在東京留學生之間特別獲得好評。此時總督府在臺中設立專門招收臺籍子弟的臺灣最初的中學校，因此林獻堂就打消設立私立中學的念頭，但如後所述，不論是文化協會的設立或臺灣議會的請願，均以臺中為中心的中部臺灣為策源地，以從事此等文化運動。

3 六三撤廢期成同盟會的組織

林獻堂因其子弟留學東京之故，而屢屢赴東京，每次都有機會接近臺灣的留學生。大正七年偶然在東京招待專門學校以上的留學生數十名，在其邀請函的內容提示：「如何為臺灣努力」一案，做為座談的資料，此時對同化論、非同化論、祖國論、大亞細亞主義論等議論百出，最後對撤廢六三反應熱烈，於是在所謂啟發會的名義下成立六三撤廢期成同盟會，由林獻堂出任會長。這是在臺灣的臺籍人民政治性運動之濫觴，也是今日文化協會的先驅。

4 後援高砂青年會

所謂高砂青年會，就是由東京的留學生組成的同鄉會，最初與政治運動並無直接關係。但因第一次大戰煽起民主思想，且該會在大正八年發行一本名為「臺灣青年」的雜誌，由此終於醞釀出政治性意味。現今所謂的臺灣青年會，即為高砂青年會的後身。

第二節　文化協會與臺灣議會

如上所述，臺灣流傳各種思想，其中最顯著且在表面成形的是文化協會，似乎是以臺灣議會的請願為標的。

一　文化協會

目前聲稱有會員約一萬，以居住臺灣的青年為中心，網羅東京及中國留學生的文化協會，是大正十年在臺灣所創設，由林獻堂出任總理至今。

1　文化協會的動態

文化協會的本部設在臺中市，支部設在臺北、新竹、彰化、員林等地。此外，在東京發行的機關雜誌臺灣民報，在臺北設立臺灣支局，據說該報的發行數高達約一萬份。大正十四年十月十七日在霧峰召開秋季大會時，據報出席者達二百人之多，會上林總理在演說中提到：

一部分猜疑者認為本會是否定日本統治權，但這是污衊，並非本會的方針，而之所以會有這種污衊，是因吾人不夠努力所致（中略），吾人必須更積極奮鬥。

接著，協理林幼春述說：

本會所舉行的活動皆依據人道主義，協調日本人與臺灣人屬於本會堅定的方針（中略）蓋文化乃社會之共通性，學問不分國界，何況文化更應相互尊重。

另一方面可視為該會旁系的臺灣青年會的秋季大會，十月二十五日在東京的神田中國青年會館召開，據報與會者有四、五百人，當時謝春木在會務報告中述說：

今夏派遣會員在臺灣各地進行文化講演，盛況空前，期盼此一事業能繼續下去。而石錫勳也慷慨激昂的表示：

抽象性言論沒有效果，非講求具體性善後對策不可。

因此最後進行示威遊行。

2 文化協會的使命

林總理雖表示：「以本會（指文化協會）否認日本統治權是污衊」，但迄今從該文化協會的行動來看，把文化協會視為和日本統治唱反調或暗礁也無可厚非。因為一部分文化協會會員宣傳不溫和的思想，如臺灣議會的請願等，就有對總督政治感到不滿的味道。

3 公益會的對立

似乎有對抗文化協會意味的所謂公益會，大正十二年八月在臺北盛大開會，但今日似乎以變得有名無實，不過該會會長是勳三等辜顯榮，副會長是勳四等林熊徵，在此附記。

二　臺灣議會的請願

臺灣議會的請願是象徵所謂民族自決，文化協會的標的也在此。

1　臺灣議會請願的旨趣

現今來看其請願的旨趣，就是「參酌臺灣特殊的狀況，鑒於世界的潮流，體察民心之趨向，而必須開設臺灣議會」。

2　臺灣議會請願的謬誤

一部分本島人之所以會有如臺灣議會請願的盲動，是因這些人的思想根本上不正確所致。以下列舉其誤謬事項來看，⑴在開設臺灣議會的旨趣中提到參酌臺灣特殊的狀況云云，但正因臺灣有特殊的狀況，才對總督賦予所謂律令制定權，而且鑒於世界的潮流，徵之民心的趨向民度，才新設評議會。但即使參酌臺灣特殊的狀況，他們現在卻又提出臺灣特殊的狀況，不是自相矛盾嗎？⑵把臺灣的統治變成如加拿大或澳洲般的自治統治制度是一大誤謬，英國領有加拿大或澳洲，當作本國的殖民地，均出自於經濟上的目的，但如臺灣並不僅為獲得經濟上的資源，而是純粹做為日本帝國之延長、全版圖之一部分，與日本當地同樣對待為本旨，把一視同仁增進島民的福利、開發文化做為統治臺灣的根本方針，若設置臺灣議會，就完全意味著日本臺灣分離的自治，與日本帝國的此一根本方針不相容。(3)以歐洲諸國殖民地為例，妄信不可能同化論，徒憧憬民族自決的虛名，乃是因自不量力所產生的謬見。假使認同特設臺灣議會、允許自治，姑且不論現在，將來民度提升時，此一懸海之孤島若脫離本國，僅憑二千三百餘方里的面積與三百餘萬的人口獨力經營財政、充實國力，不可能在生存競爭激烈的世界列強之間保持存立，這種簡單的道理不需要有識之士說明也應明白。因此所謂的民族自決，完全是著迷其虛名而已。

殖民地學者路易斯（Lois）曾說過：

母國並無讓屬領地獨立的想法，卻允許其屬領地施行自治制度，徒裝飾外表而已，不得不說是缺乏內涵，即使給與自治政治的名目卻無自治之實時，不僅無法增進屬地的福利，反而只會為此播下政治性紛爭的種籽而已。

真可謂至理名言。在做為日本帝國領土的延長，與日本當地同等對待為根本方針的臺灣，企圖設置特殊議會，從路易斯的論斷來看，不可行甚為明確。(4)現在姑且撇開政策上的立場，從國法上來看，在帝國議會另設獨立的臺灣議會，委諸一定的立法權，是日本帝國憲法不能認可之事，因此從這點來說，特殊議會的存立被否定也是理所當然的。

即使臺灣議會請願是錯覺性謬誤，但如上所述，少數人煽動多數本島人，熱中從事違反統治臺灣根本方針的政治運動，令人甚感遺憾。尤其已設置臺灣評議會，尊重民意、適應民度，或施行某種程度的自治，有關日本人與臺灣人之間的政治上、社交上的差別現已排除，故此時本島人特別需要自重。如此日本人與臺灣人親善融和、團結一致，成為日本帝國忠良的臣民，共同在太陽旗下沐浴一視同仁的恩澤，此乃吾人朝夕期盼之事。

第十七章　日臺蕃的種族關係

第一節　從種族上來看日臺蕃

日本人和臺灣人融和與同化臺灣人是統治本島的主要目標。而達到這個大目標的途徑是謀求政治的普及、教育的普及、產業的勃興等，但另一面進行人類學、人種學、考古學、土俗學等科學性研究，找出日本人臺灣人的種族性共通點或相似點，以促進臺灣人的自覺亦是必要的。

一　近代日本人（Recent Japanese）

在此使用所謂近代日本人一詞，請了解這是指日本當地人，一般來說皮膚是黃褐色，或有白色者，或有黑色、銅色、淡紅色等，非常混淆而幾乎無法訂立一定的標準，此外臉形也形形色色（有橢圓、扁平、菱形、方形等），頭髮有細軟或粗硬，或直毛、捲毛、紅毛、黑毛等，也很雜，鼻形有高有低，也有其他各種（扁平、鉤形等）。任何國家的人種彼此都有些許差異，但如所謂日本人之間如此顯著差異的人種卻很少見。在此能肯定日本當地人是異種族混合的議論。然何謂異種族，就是屬於學者早已研究，從各方面取得的調查研究結果，而對今日的日本人賦予近代日本人的名稱，有一種說法是近代日本人是舊蝦夷族、南通古斯族、印度支那族、漢族、印度尼西亞族、尼格利陀族等六個種族混合而成的。

1 舊蝦夷族（Palaeinn）

在有史以前最古老的時代，日本是個無人島無疑，但最早移居該無人島的先住民族是舊蝦夷族，亦即現在被趕至北海道千島、南庫頁島等地居住的蝦夷族的祖先。遷居日本時使用石器，他們使用的石器、土器或遺蹟，西從沖繩、九州邊緣至青森、北海道的地區都能發現，由此可知舊蝦夷族是散居在整個日本。那麼這些舊蝦夷族又是從何處來到此地的呢？蝦夷族的原居地是黑龍江地方，經朝鮮半島逐漸移居日本列島，這是休連柯氏一派所提倡的大陸說，以及蝦夷族是經南方諸島來到日本列島的南方說，二種說法均無確證，但蝦夷族無疑是卡烏卡相種與蒙古人種混血而成的雜種，事實上近來從新幾內亞島石器時代的遺跡（貝塚等）所發現的土器等，不論是圖案、樣式等均和日本石器時代的土器相仿，因此英國的考古學家喬伊斯先生發表新幾內亞與日本之間可能有關係的說法。現在類似蝦夷族的民族，除俄羅斯的農民（斯拉夫族）之外，還有印度的杜拉族、錫蘭的威達族、波斯的柯西特族等，這些可能和蝦夷族是同一種族。鳥居博士從此等研究假定蝦夷族的原居地是西亞細亞。總之，蝦夷族是白色人種。高加索型與蒙古人種混血而成的雜種，在日本人尚不存在前最早來到無人島的日本列島（坪井博士說是三千年）先住民族，究竟來自哪個方向，據說是屬於東北亞細亞民族的系統。

2 南通古斯族（Southern Tungus）

通古斯族是位於滿州、西伯利亞等的黃色人種，建立渤海、高句麗、金、清等國家的民族。在史上出現的肅慎、挹婁、契丹、女真、東胡、勿吉、靺鞨族等皆為通古斯族。鳥居博士所說的固有日本人即南通古斯族，形成日本民族的主要部分，其人數多，分布也廣，即是在古代史所謂的國津神。以出雲民族、天孫民族（其實兩者均為同一民族，不應區別）來比喻，早在天孫降臨以前就已移居日本的民族。如此一來，所謂固有日本人，就是北方民族的蝦夷族經朝鮮半島附近來到日本，從石器時代到金屬時代陸續來此。古代的日本人尊劍又佩帶在腰上，巧妙使用弓矢，且在弓矢使用羽毛附上鏑矢，以及結髮戴玉飾，穿長筒袖寬褲，穿革沓，腰繫紐帶等風俗，在南方人種絕對看不到，似乎是通古斯族的遺風。此外從石器的調查來看，日本當地的先住民族並非今日的日本民族（相當於近代日本人），而是屬於肅慎系的民族（通古斯族），另從大陸石器時代的年代與日本石器時代的年代相同這點來看，大略可推論固有日本人即南通古斯族與日本的關係。在日本垂仁天皇時代，新羅的天子天日槍帶領高麗、任那的人歸化日本，因而與日本民族的血融合同化，這是有史以來明確的事實，而新羅、任那、高麗皆為通古斯族。

3 印度支那族

所謂印度支那族，就是緬甸、安南、暹羅等印度支那的居民，被分類為泰族（暹羅人、安南人、柬埔寨人等）與緬甸族，原本被視為馬來人種，但其實是印度支那族。他們越過東京河分布在現今的廣東、廣西、福建、浙江、湖南、雲南、貴州、四川等八省、即長江以南的華南一帶的漢族以外的居民，苗以外的猺獞（這二種族在廣東省）、佘、畲（在福建省）、黎（海南島）等種族、吳越人皆為印度支那族。這種印度支那族的血加入日本人的血，隨著考古學等研究的進步而逐漸闡明。究竟是哪個民族把銅鐸傳入日本不詳，但銅鐸的圖案、款式以及上面所雕刻的人物、風俗等，與在長江以南印度支那族的居住地所挖掘的銅鼓相較來看時，才了解是印度支那族系統的器物。由此闡明印度支那族與日本的關係。

4 印度尼西亞族（Indonesian）

以往曾說日本人混有馬來人種的血，但馬來一詞的範圍太廣，做為人種學、人類學上的用語有語病，因此今日的學者把馬來一分為二，一種是固有馬來，另一種是印度尼西亞族，所謂固有馬來，就是馬來半島、爪哇等馬來族，文化的程度高，信奉回教，使用阿拉伯文字，受印度文化的影響頗深。而印度尼西亞族則是頗為原始的馬來，文化的程度低，以風俗來說，男子腰穿丁字褲，女子纏腰布、紋身、戴戒指手環，腰上插刀、赤足，現今仍進行狩首，主要居住在婆羅州、西里伯島、菲律賓、臺灣等。而這些印度尼西亞族專程乘獨木舟移居日本，或被黑潮、風等吹來而偶然漂抵。古代史的隼人有頗為類似印度尼西亞族的風習，此外在九州南部的隼人等居住地所發現的彌生式土器，也被認為與印度尼西亞族有關係。

5 尼格利陀族（Negrito）

最初廣泛分布在南洋群島，但被印度尼西亞族征服，現今僅在新加坡附近、菲律賓的內部等地苟延殘喘。印度尼西亞族是身高矮、頭髮捲曲的黑色人種。而在日本人中也有捲毛者，如果說未混入尼格利陀族的血就無法說明。法國的人類學家中有人輕易斷言尼格利陀族曾居住過日本，但尚無確證，因此鳥居博士認為印度尼西亞族來到日本前已和尼格利陀族混血，否則就無法解釋捲毛。此外，西村教授認為今日在日本國人中看到的細捲毛、扁平鼻、較厚唇、大嘴的人，就是尼格利陀族的隔代遺傳。

6 漢族（Hans）

日本人的血混有漢族的血，只要徵之秦、漢、吳等漢族系諸國人歸化日本的記錄就很明確，並無問題。

依據西村教室的文化中心說，以上六個種族中，舊蝦夷族居住在關東地方，南通古斯族居住在出雲、大和地方，印度支那族居住在肥、筑地方，印度尼西亞族居住在薩、隅地方（最後尼格利陀族也居住在此地方），漢族雖居住在筑前地方，但因長久期間融和混淆而分不出來，在紀元三世紀左右形成一種日本人，所謂近代日本人就是指這些人。而近代日本人、即日本國民的血管中流有最濃厚血液的是南通古斯族，但依據最近杉村博士的研究，中國華南的味道也甚為豐富，因此應視為印度支那族的血液也頗為濃厚。

二　臺灣人

假使把臺灣全島的土著都稱為臺灣人，從人類學上加以分類時，在平地有印度支那族居住，在山地有印度尼西亞族居住。

1　印度支那族

臺灣住民的福建人、廣東人原來被視為漢族，但這其實是錯誤的，應為印度支那族。其論據如下。(1)依據人種學性調查，長江以南的浙江、湖南、福建、廣東、廣西、貴州、雲南、四川等八省的住民，依據學者的研究是廣義的漢族以外的印度支那族，此外古代的吳、楚、閩、越的人也是印度支那族，他們以後採用漢族的文化，或漢族投入他們的結果，建立吳、楚、越、閩等王國而形成一種文化，因此表面帶有漢族的色彩。此外從此等地方廣泛分布印度支那族的苗族即可見一斑。(2)依據文獻的調查，就拿與臺灣有密切關係的福建省來看，福建省在秦代稱閩中，在漢代稱閩越，甚至連現今仍遺留閩江、閩縣、閩浙等名稱。在史記的吳的太伯註記載：「荊者楚之舊號、荊蠻者閩也、南夷之名」，由此可知閩越的人是漢人以外的種族、即印度支那族。在史記的東越列傳記載：「越人相攻擊，固其常，又數數反覆，不足以煩中國往救也，自秦弁弗屬」，閩越地方在秦時棄之，但漢武帝時進大軍掃蕩平定，誠如漢書中記載：「東越之地遂成空」程度的大征伐，但因此等地方是異人種，加上交通不便等，之後至隋代漢人不甚積極經營，但進入唐代後經營逐漸就緒，在此地設置福州、建州、泉州、漳州、汀州等五州二十四縣，其人口在開元年間達到五、六十萬人。此地的開發是在明末清初，尤其進入乾隆（十八世紀中葉）完成所謂九府二州五十八縣的大發展，也有多數漢人進入此地。而這些對岸地方的住民、即印度支那族開始盛行移居臺灣的是在明朝嘉靖末年、即六世紀中葉（日本足利時代末年），福州、泉州、漳州等地的人來到，荷蘭人居處臺南時期已達十七、八萬人，清道光初年、即十九世紀初最盛行移居來臺，之後有廣東地方的人們來到，原來這些移民被視為漢族，但其實是具有漢族文化（可能也混有漢族的血）的印度支那族。(3)依據遺物的調查，有關在臺灣的石器時代的遺物，遺物的出土處、即遺跡，大的有三處，臺南州的烏山頭與臺中州的大南庄與臺北州的圓山，從這些地方所發現的遺物有石斧、土器的碎片、土環、銛、石庖丁、紡錘、砥石、貝類等，但大正十五年在臺東廳馬武窟的地方發現的遺跡，除石斧之外還挖出石板的寢棺、刀、人骨、牙齒、玉等。然而到底是什麼人留下此等遺物，是否為生蕃的祖先所遺留，或是在此以前居住的人所留下，尚不明確，總之研究臺灣石器時代的人應注意的是，遺物是在現在生蕃居住的山地同高度之處發現的，磨製石斧僅在平地發現，另外則有刃的鑿形工具。由此可知先住民族不僅居住在平地，也居住在山地，可看出兩者之間的分野，在此所說的要點是依據鑿形石斧說，據說和安南、東京附近的相似。雖然這只不過是暗示臺灣也有印度支那系統民族居住而已，但卻更進一步加深原本被視為漢族的臺灣居民其實是印度支那族的想法。(4)依據蕃人的口傳。依據布農族、鄒族等的口傳，他們的祖先來臺灣前，臺灣住有與他們相異的所謂「薩爾索」的矮人。這種矮人可能是印度支那族的苗族（苗族的身高矮），若把這種薩爾索視為苗族，那麼在布農族、鄒族等移居前，臺灣可說是苗族的住地，可聯想苗族繁衍的情況，因此臺灣的住民是印度支那族的說法更加有力。

2　印度尼西亞族

臺灣的蕃人有熟蕃（平埔蕃）與生蕃，這是因生苗、熟苗把臺灣的蕃人依據領域之別來命名，並非人種學上的分類。熟蕃是被所謂漢族（其實是印度支那族）同化，幾乎無法識別，但生蕃現今依然旗幟鮮明。而且此等蕃人是印度尼西亞族，原本模糊稱為馬來族的人。蕃人是印度尼西亞族，從其風俗、習慣、體格、容貌的酷似（參照本章一的1）及印度尼西亞族的分布來看就很明顯。如同印度尼西亞族來日本前就混合尼格利陀族的血一樣，來到臺灣的印度尼西亞族也混合尼格利陀族的血，從阿美族等的捲毛就能看出。然印度尼西亞族是在何時來到臺灣，北部的泰雅族、中部的鄒族、布農族等較為古老，而南部的札里先、排灣族等則是較晚之後才來，東海岸的阿美族更新，據說他們全都是從菲律賓移居來的。

第二節　日臺蕃的連鎖

在以上第一節敘述有關複合近代日本人的種族與現居臺灣的種族，而在本節則就以上的記載，抽出日本人、臺灣人、蕃三族的共通點或相似點，並依據本土風俗等的比較就能得出三族連鎖的端緒，便宜上從考古性、民俗性、種族性三方面來敘述這點。

一　考古性調查

這是比較研究先史時代的遺物－石器、土器。

在臺中州大南社挖掘的土器
（1）、（3）圓筒形圖案　（2）梳子形圖案　（4）、（5）菱形圖案
（6）組合形圖案　（7）鱗形圖案　（8）屋頂形圖案

在臺中州大南社挖掘的石器　（1、2是鑿形磨製石斧）

1　依據銅鐸與石斧的形狀

在日本到底是何種族留下銅鐸，與在長江以南的印度支那族系統種族的住地所挖掘的銅鐸相比較時，其圖案、款式等有類似點，由此可推知在日本留下銅鐸的是印度支那族。而在臺灣發現的鑿形石斧，與在印度支那族住地的安南、東京附近出土的相似，由此可說明臺灣也留下印度支那族的足跡。當然不能以此就斷言臺灣人就是印度支那族，但另一方面依據人種學性調查，臺灣人又被稱為印度支那族，從發現鑿形石斧讓此一說法變得更為有利。

2　依據土器的圖案

土器的圖案在考古學上具有重要的價值自不待言，就從臺中州大南庄出土的來看，皆為幾何學性凹狀圖案，像是用竹筒蓋上連續圖形的圓筒圖案（1、3）、畫上斜線的梳子形圖案（2）、菱形圖案（4、5）、鱗形圖案（7）、屋頂形圖案（8），以及各種圖案的組合（6）等，此等土器的圖案類似印度尼西亞族。因在熊襲、隼人佔據的地方出土，使得九州南部與臺灣的種族性連鎖變得更強而有力。

二　土俗性調查

宮原博士依據蕃人間所進行的相撲與陀螺的民俗性研究，提出如下的說法。

1 依據相撲

相撲是裸體穿丁字褲來進行，因此並非起源於北方寒冷的國家，從這點出發就足以說明臺灣的蕃族在古代就有相撲，而且不僅是一種遊戲，也加以宗教化，和賽夏族的狩首一樣的意義，為展現英勇或裁定紛爭及嫌疑等是非曲直時進行。若徵之日本的記錄，在一千三百年前天武、持統天皇時代，命從大隅、薩摩來到大和朝廷的隼人表演相撲以供觀賞，相撲是隼人的特技，日本的相撲就是從隼人傳來的，此外從現今蕃人間也有相撲來看，可推斷隼人與蕃人同為印度尼西亞族，而隼人的血液後來也混淆融合日本民族（以南通古斯族為主體）之中，由此日本人的血液中也含有與印度尼西亞族的生蕃相同的血液。

2 依據打陀螺

陀螺何時傳入日本不詳，但與相撲一樣，臺灣的蕃族也有，陀螺並非單純的遊戲，而是用於除草祭等典禮，由此可知自古以來就有，仍然是藉由印度尼西亞族之手傳入日本。

3 依據栽培稻米

尤其最近出現從文化方面進入先史時代研究的一派學者，從日本有稻米文化出發來立論，因此依據其說法，印度支那族移居日本前是居住在長江南岸的沖積土上，在此從事稻米的栽培，但受到漢人的壓迫，被迫棄水田而退至南方的山地，另一方面跨海來到日本列島，而稻米就是他們移居時自己帶來的，受到固有日本人、即早就移居日本的南通古斯族熱烈歡迎，不久就擴大到全日本。

由以上敘述大致可了解日本人、臺灣人、蕃人三族的連鎖，總之被視為漢族的臺灣人，其實並非漢人，而是被漢族化的印度支那族，此外更加深熊襲、隼人等九州南部的異種族，和臺灣的蕃人一樣被視為印度尼西亞族的說法。如此說來，如今日般日本人、臺灣人、蕃人三族同住在臺灣，恰巧是有史以前、即近代日本人尚未形成前，日本列島散居各種族時的狀況，在改隸後的臺灣再度重複。換言之，分別居住在日本與臺灣的人，隨著改隸來到本島（日本民族）而無意相遇。如近代日本人以皇室為中心，獲得融合同化之實般，隨著日本人臺灣人的親善融和與統治臺灣的善政，第二種近代日本人即將形成。

第十八章　融合同化與統治制度

第一節　同化本島人的前提

臺灣是日本當地的延長，同化是統治臺灣的主要精髓自不待言，為闡明其同化的過程，以下稍微談談同化的內容。

一　板垣退助的同化會設立計畫

如本篇第十六章所述，板垣伯爵的同化會可視為所謂文化運動的第一步，但事實上絕非和統治臺灣本來的精神唱反調，如其會名的字義所示，指以日本人、臺灣人融合同化的先驅為己任之意味。

1　在臺日本人的有志之士對同化會的質疑

大正三年板垣退助伯爵來臺設立同化會的當時，在臺日本人的有力人士並不相信板垣伯爵的隨員。臺北的律師會的有志之士，在當時的覆審法院會議室，對同化會理事寺師、小林二人提出七條質問，要求說明，其中第一條是：

所謂同化是使日本當地人同化本島人（臺灣人）為旨趣，還是把本島人同化為日本當地人為旨趣，或是交相同化為旨趣。臺北的律師團當時屬於在臺日本人中的知識階層，且對在臺灣的政治性運動、社會性運動均以主動的態度率先出席的唯一團體，該團體中的有志之士對剛從日本當地初來乍到，尚不了解臺灣的狀況、臺灣人的民族性等的他們提出這樣的奇問。此事可說是團體中有志之士偶然對同化問題公開發表粗糙的見解。

2　同化問題的夢想

對同化問題的見解雜亂無章不僅是律師團而已。在當時的總督府或地方廳亦然，因此對同化會未樹立確切的方針，在不徹底的狀況下經過幾多歲月。此期間對有關同化問題的見解，官民均依舊，幾乎沒有任何的進展。就同化的大業在何種原理法則下、如何進行的根本問題，似乎未認真思考。人們僅夢想同化，有等待臺灣人自己來同化的感覺。

二　明石總督的同化主義

臺灣的同化問題因板垣退助而一段時期一度即將成為社會性運動，但因相關人士不具備知識與誠意，以致嚴肅的文化上大問題也無疾而終。然在大正七年六月六日，對第六師團長的陸軍中將明石元二郎下達任臺灣總督的人事命令，七月晉升大將不久的明石將軍隨即踏上赴任之途。朝野早就期待將軍在統治臺灣上會有顯著的成效，而且臺灣的官民也歡迎將軍，預料未來在政治性、經濟性、文化性活動上將有醒目的成效，並祝福本島住民的前途。然雖被視為精力絕倫的明石總督，因年老，又加上無法克服夏季的酷熱，以致在任一年餘時就得病，而在大正八年十月二十六日去世。然而明石總督在任中的治臺方針很明顯是同化主義，此外感受新附民與母國人相互溝通相法、保持親善，是政治上、文化上不可欠缺之事，因而自此以後在全島各地以同化為旨趣，陸續設立如風俗改良會或日語普及會等各種會。

第七任明石總督

1 在施政方針中出現的同化主義

明石總督對當時的民政長官下村宏指示的臺灣施政方針稿本中記載：

一提到同化本島人云云時，立即就有人認為很困難，因為可能有人不知感恩，故不如採取威壓方式。所謂威壓，究竟該怎麼做，若抱持著施恩就是企圖收買的心態，對方怎會信服。以偏頗的想法來管人，即使在日本當地也行不通。我對臺灣沒有任何偏見，為使臺灣成為日本真正的領土而來此，希望把臺灣人日本化。即使做不到也不要看太遠而杞人憂天。日本領有臺灣島與臺灣島民是既成事實。我被任命來治理臺灣，唯有接受盡力而為。抱怨或發牢騷沒有任何用處，只要盡量努力即可。

如此，明石總督的治臺方針就是同化主義，把臺灣人變成日本國人民而已。

2　在諭告中出現的同化主義

明石總督制定教育令，在謀求統一臺灣學政時的諭告中明確表示此一主義。亦即把教育勅語做為唯一的憲章，「臺灣的教育是觀察現時世界人文發達的程度，啟發島民使其有能順應的智能，涵養德性、普及日語，以具備日本帝國臣民應有的資質與品性」。事實上在明石總督時代確立島民教育的方針。

三　整頓統治制度

在敘述日本在臺灣的統治制度之前，先綜合概觀在各國殖民地的統治制度，相信在使統治臺灣的狀況更為鮮明上絕非徒勞。因為只要比較對照彼此來看，就能了解在臺灣的整頓統治制度，而且只要有如此完備整頓的統治機關，在面對民族同化大業的母國人時，就能具有向前邁進的確信。

1 各國殖民地制度的概要

在殖民地的統治制度依各殖民地而不同，而且依殖民地的文化發達程度而相異。嘗試把各殖民國在各殖民地的統治制度一般綜合來看時，在創設殖民事業時代均實施軍政，即將就緒而完成征服事業時，就撤回軍政制度而逐漸把司法與行政分離，而且殖民地的發達日益顯著後，就脫離母國的直轄而施行代議制或自治制。亦即在殖民地最初的統治制度形式是直轄殖民，但漸次經過階段後就轉為自治殖民。

2 在臺灣確立自治制的根本

在臺灣的統治制度正是顯示上述的經過。而且就地方官官制來說，在改隸以後也有數次的修正，也謀求地方行政的刷新，但此等均為官治行政，進行自治行政的機運尚未到來。然在大正八年男爵田健次郎以第一任文官總督赴任臺灣後，即聲明臺灣是帝國完全的領土，因此其設施應盡量與日本當地的步調相同。隔年大正九年九月一日首先修改地方官官制，把臺灣全島分為五州二廳，完全改變原來的行政區域，在州設知事，在市設市尹，在郡設郡守，在街庄設街庄長，上下相呼應來負責地方行政（參照本篇第十四章）。

以上官政的修正是地方新制度的前提，在此同時公佈州治、廳地方費令、市制、街庄制，把州廳、市及街庄做為地方公共團體。而且此一制度是希望先確立地方自治的基礎，並非所謂的地方自治，這點從田總督對有關新制實施的諭告中即可看出：

（略）大凡事有本末，物有先後，先培養其根幹，而後及於枝葉。本總督深深鑒於世運的進展與本島民眾的實況，謹奉聖裁先修正地方官官制，今又制定公佈新的州制及市制街庄制，正以本日見其實施。於新制度最初認可地方公共團體的成立，以確立自治的基礎。亦即其結果變成地方分權，成為文治的設施，處務變得簡捷，公共事業變成自營，可清楚劃分官民分治的領域，依此伸暢公益予以教化，以開啟增進社會之安寧與民眾之福祉的機運，云云。

第二節　同化島民與日本人

同化島民是否能做到，以下敘述若能做到，日本人應有何種心理準備，這也是本書著述的總結，不外乎是吾人之目的。

一　同化島民的可能性

把新領土民同化成自己的民族是和平的事業，但若不期待永遠就無法遂行。如果操之過急而想奏效，終將歸諸失敗，那就和法國在印度支那的事例差不多。

1 民族精神

具有悠久歷史性產物的所謂民族精神，是由固定性根深蒂固的根本思想和圍繞的可變思想所組成，前者有鞏固的固定性，後者有容易變化的柔軟可變性。而且民族依其固定性維持祖先傳來的民族精神，傳給子孫依其可變性受到教育及其他外在勢力的影響，能順應文運的進步。如此民族精神因其固定性，使民族本身的思想變化頗為緩慢，同時與其他民族的了解融合甚為困難。比英國征服南非更感困難的是使南非的土著央格魯薩克遜民族化。然存在與其他民族了解同化的餘地，雖然民族精神極為緩慢變化，但在長久歲月間會引起某種變化，這從各國的殖民史均可加以佐證，民族心理學家也加以證明，現實上在日本統治臺灣史上也呈現這種遲緩變化的事蹟。

2 經過長久歲月後能實現同化

無論如何，臺灣是中國領有約二百年間的土地，因此日本若想在三十有餘年就急於一口氣獲得成效加以同化，是很難辦到的。必須以耐心持久的精神努力同化新領土人民才行。以時間來說，或許需要忍耐未來百年間左右，這是居住臺灣的有識之士們一致的看法。

二 日本人的心理準備

總之，二個民族的同化可解釋為二個民族融合而形成另一個新的民族。而且未經了解的融合不僅不會產生同化，反而更加深兩者的區別觀。既然如此，統治臺灣政策或對新領土人民的同化對策，必須以渾然一體的融合融和為基調，而且一般日本人民在以日本文化對待他們時，必須做為一日的長者，經常抱持著指導者、誘導者、撫育者的作風與素養，並配合長時間與努力走上同化的階梯，依天皇一視同仁的想法使島民沐浴聖恩雨露之惠，使文化日益向上發展，與我等日本人共同成為皇室忠良之臣民。對此努力在為臺灣文化上，為增進民眾之福祉上，為人道上，是極為必要之事。

國家圖書館出版品預行編目資料

臺灣史．1600-1930 / 山崎繁樹，野上矯介著 ；楊鴻儒譯．— 初版．— 臺北市 ：鴻儒堂，民103.05
面； 公分
ISBN 978-986-6230-22-6(平裝)

1.臺灣史

733.21 103006894

作者簡介：

山崎繁樹

東京出生，曾任臺中州州立臺中商業學校（今國立台中科技大學）校長（1925～1927）、臺南高等商業學校教授。

野上矯介

茨城出生，曾任臺南中學校（今台南第二高級中學）教師、臺中州州立臺中商業學校（今台中科技大學）教師、臺中州州立教育博物館囑託（約聘教師）。

譯者簡介：

楊鴻儒

1930年3月生，台南人。陸軍官校畢業。曾任職國防部。譯有《日本統治下的台灣民族運動史》、《臺灣史》等多數。

臺灣史 1600～1930

二〇一四年（民一〇三年）五月初版一刷
二〇一五年（民一〇四年）五月初版二刷
本出版社經行政院新聞局核准登記
登記證字號 局版臺業字一二九二號

著　　者　山崎繁樹／野上矯介
中　　譯　楊鴻儒
發 行 所　鴻儒堂出版社
發 行 人　黃成業
地　　址　台北市中正區漢口街一段35號3樓
電　　話　02-2311-3810 / 02-2311-3823
傳　　真　02-2361-2334
郵政劃撥　01553001
E-mail　hjt903@ms25.hinet.net
電腦排版　先鋒打字印刷有限公司
電　　話　02-2581-3453
定　　價　八〇〇元